LIBRAIRIE
DU CONSTITUTIONNEL

HISTOIRE DE LA TURQUIE

PAR

A. DE LAMARTINE

SIX VOLUMES
DONNÉS
GRATUITEMENT AUX ABONNÉS DU **CONSTITUTIONNEL**

VOLUME II

PARIS
AUX BUREAUX DU CONSTITUTIONNEL
RUE DE VALOIS, 40, PALAIS-ROYAL.
1854

HISTOIRE
DE
LA TURQUIE

TOME II

L'auteur et les éditeurs de cet ouvrage se réservent le droit de le traduire ou de le faire traduire en toutes les langues. Ils poursuivront, en vertu des lois, décrets et traités internationaux, toutes contrefaçons ou toutes traductions faites au mépris de leurs droits.

Le dépôt légal de ce volume a été fait à Paris, dans le cours du mois de septembre 1854 ; et toutes les formalités prescrites par les traités ont été remplies dans les divers États avec lesquels la France a conclu des conventions littéraires.

PARIS. — TYP. DE SIMON RAÇON ET COMP., RUE D'ERFURTH, 1.

HISTOIRE

DE

LA TURQUIE

PAR

A. DE LAMARTINE

TOME DEUXIÈME

PARIS
LIBRAIRIE DU CONSTITUTIONNEL
10, RUE DE VALOIS, 10

1854

HISTOIRE
DE
LA TURQUIE

LIVRE TROISIÈME

I

La contrée alpestre habitée par la tribu d'Ertogrul et d'Othman, son fils, était située à l'embouchure des profondes et sauvages vallées qui ouvrent leurs défilés et qui versent leurs torrents sur le vaste bassin de Nicomédie, de Nicée, de Brousse, de Gallipoli et de Constantinople. La mer intérieure de Marmara, semblable à un lac semé d'îles, s'étend dans ce bassin entre l'Europe et l'Asie, resserrée d'un côté par le Bosphore, de l'autre par le détroit des Dardanelles.

Par le Bosphore, qui serpente sous les collines de Constantinople, la mer de Marmara se déverse dans la mer Noire; par le détroit des Dardanelles, elle se déverse dans la Méditerranée. Ses rivages nivelés et fertiles étaient bordés, comme un vaste quai, de rades, de ports, de villages, de villes. Des voiles innombrables portaient sans cesse d'une rive à l'autre les marchandises et les passagers que le commerce intérieur ou extérieur de la Grèce échangeait de l'Europe à l'Asie, et de l'Asie à l'Afrique. Ces provinces étaient le cœur de l'empire grec. A mesure qu'il s'était retiré par la perte de l'Égypte, de la Mésopotamie, de la Syrie et de l'Anatolie, il s'était resserré dans ce jardin et autour de ce lac de Byzance. Du haut des terrasses de son palais, l'empereur grec Andronic, qui régnait alors, pouvait embrasser désormais d'un regard tout l'espace soumis à sa domination. Une mer, cent villes et deux capitales lui laissaient encore les illusions de sa grandeur passée.

La première de ces capitales, plus semblable à un empire qu'à une ville, était Constantinople, répandue à ses pieds sur les collines, dans les vallées d'Europe, et débordant jusqu'en Asie à Scutari. La seconde de ces capitales, dont on pouvait apercevoir les blanches murailles crénelées, les noires forêts au pied du mont Olympe de Bithynie éblouissant de neiges éternelles, était Brousse, ancienne ville royale de cette province. Brousse, dont les traditions attribuaient l'origine à Annibal réfugié chez le roi Prusias pour fuir l'ingratitude de ses concitoyens, s'élevait à quelque distance du détroit des Dardanelles, sur une des croupes du mont Olympe, comme la citadelle avancée de l'Asie, commandant à la fois à la mer et à la terre. Sa situation culminante, son climat tempéré, les forêts qui s'élevaient derrière elle pour l'abriter, les ruisseaux écumants dont les neiges fondues de ses montagnes arrosaient l'été ses coteaux, les sources chaudes qui attiraient de toutes les contrées de l'Orient et de l'Europe les étrangers à ses bains, l'ombre de ses platanes, la feuille de ses mûriers, le pourpre de ses vignes, la fécondité de sa plaine en épis et en pâturages, avaient attiré immémorialement dans ses murs et dans ses campagnes une immense et active population. Elle surpassait Constantinople par le site, elle l'égalait presque par le nombre et par l'opulence de ses habitants. Les empereurs grecs y possédaient un palais d'été qui rivalisait de délices avec ceux d'Andrinople et de Constantinople. Brousse était de plus pour eux

la clef et le boulevard de leurs possessions d'A
Les défilés qui se creusent entre les racines du mo.
Olympe du côté de l'est et du nord, défilés qui,
après avoir contourné les plaines de Nicée et de
Nicomédie, s'enfoncent dans les provinces montagneuses de Lydie, de Phrygie, de Caramanie
et du mont Taurus, avaient été fermés avec prévoyance, par Bélisaire, de villes fortes, de citadelles,
de châteaux réputés inexpugnables pour endiguer les flots de barbares qu'on attendait par ces
vallées.

Ces citadelles, ces châteaux, ces défilés, avant-postes de l'empire derrière l'Olympe de Bithynie,
étaient possédés héréditairement en fief par des vassaux grecs qui répondaient de la sûreté de ce côté. Mais après le débordement des tribus seldjoukides,
dont Alp-Arslan avait inondé l'Anatolie, les villages
turcs étaient mêlés confusément dans ces vallées
aux villages grecs. Les deux races contiguës, quoique ombrageuses l'une envers l'autre, vivaient
tantôt en bonne harmonie, tantôt en inimitié et
en guerres locales, selon que le génie de leurs
chefs inclinait plus à la vie pastorale ou à la conquête. Chaque contrée, chaque ville, chaque château fort, était livré à ses propres forces. Les
empereurs grecs, menacés de tous les côtés par les

Bulgares, par les Serbes, par les Russes en Europe, et par les Turcs et les Mongols en Asie, menacés de plus par les factions qui agitaient leur capitale, n'avaient pas assez de troupes pour secourir leurs vassaux abandonnés. Le seul obstacle à une plus rapide et à une plus universelle invasion des Turcs était leur petit nombre. La différence de races et l'horreur de la religion nouvelle combattaient seules du côté des populations grecques contre la race et la religion des pasteurs de la Tartarie.

II

Une de ces forteresses qui couvraient les défilés du mont Olympe se nommait Angelocoma. Elle observait la route de Brousse à Kutaïah. Tous les ans, dans la saison où les troupeaux d'Ertogrul montaient pour chercher des pâturages frais sur les croupes élevées des montagnes et dans la saison où ces troupeaux redescendaient des montagnes dans la plaine, les habitants de cette forteresse insultaient les bergers et dispersaient les moutons des Turcs. Ertogrul, vieilli et enclin à la paix, se plaignit au seigneur d'Angelocoma. Celui-ci récrimina contre les bergers des Turcs qui provoquaient, disait-il, les bergers grecs, et qui les frappaient de leurs arcs. Ertogrul, dans une intention de concorde, offrit au seigneur byzantin de désarmer ses bergers pendant la saison des pâturages dans les montagnes. Il offrit de plus de faire déposer par ses bergers dans le château d'Angelocoma tout ce que ces Turcs possédaient de précieux, en gage de bonne conduite, et ne reprendre ces gages qu'à leur retour des hauts lieux.

Le Grec accepta ces conditions, faites de bonne foi par Ertogrul, *l'homme au cœur sincère*. Seulement, par excès de prudence, il exigea que ces gages seraient apportés dans son château, non par des hommes armés, dont il redoutait quelque surprise, mais par des femmes de la tribu, dont la faiblesse le rassurait contre toute violence.

Ertogrul accepta encore cette condition humiliante. Les gages furent déposés et rendus de part et d'autre pendant plusieurs saisons avec une fidélité qui honorait les deux races. Othman, le fils d'Ertogrul et l'époux de la belle Malkatoun, reconnaissant de la fidélité du seigneur byzantin, lui apportait chaque année, au retour des troupeaux, un présent composé de tapis aux riches couleurs, tels que les femmes des Turcomans en tissent encore aujourd'hui sous leurs tentes, en poils de chèvres, des fourrures d'agneaux noirs, des harnais de chevaux en cuir tressé, des laitages durcis et du miel produit de ses troupeaux et de ses ruches. Mais l'insolence avec laquelle le seigneur du fief recevait ces présents volontaires, comme un tribut de vassalité, souleva à la fin la fierté d'Othman. Il s'ouvrit à quelques-uns de ses compagnons de guerre et à quelques vieux conseillers d'Ertogrul son père, les trois Alp ou héros de la tribu.

Sous prétexte de porter comme à l'ordinaire, par la main des femmes, au châtelain grec d'Angelocoma les présents accoutumés, soixante guerriers couverts de longs manteaux et de voiles de femmes, et ayant des armes au lieu d'étoffes, de miel et de fruits, dans des sacs suspendus aux flancs des chameaux, s'introduisirent dans la forteresse. Ils devaient, à un signal donné, dépouiller leurs voiles, tirer leurs sabres et s'emparer du château.

Pendant cette surprise, Othman, caché dans une forêt de pins voisins à la tête de cent cavaliers d'élite, devait attaquer l'escorte du seigneur d'Angelocoma, qui revenait cette même nuit d'une expédition contre d'autres Turcs. Le subterfuge trompa la garnison; le combat entre Othman et l'escorte s'engagea dans le défilé d'Ermeni. Othman fut vainqueur à la fois dans le château et dans la plaine. Mais le combat acharné coûta la vie à plusieurs de ses guerriers. Un de ses neveux, nommé Baïkodschah, resta au nombre des morts. On lui éleva une coupole funéraire auprès du ruisseau.

III

Cette conquête encouragea Othman à plus d'ambition et à plus d'audace. Il marcha avec tous ses guerriers contre les Grecs maîtres du château de Kara-Hissar (la forteresse Noire), bâti à l'issue des défilés sur les derniers mamelons qui ferment la plaine de Bithynie sous le mont Olympe. Vainqueur à la bataille d'Agridjé, il établit sa capitale à Kara-Hissar. La victoire, cette fois encore, avait coûté à Othman la vie du plus jeune de ses frères, nommé Savedji. On l'ensevelit au pied d'un pin sous lequel il avait reçu la mort.

Les pleureuses et les parents du jeune héros suspendirent pendant de nombreuses années des lampes allumées aux rameaux de l'arbre, en sorte que les lueurs jaillissant des feuilles donnaient de loin à ses branches l'apparence d'un arbre lumineux. Les traditions conservent encore à ce lieu le nom de *Kandilli Tscham* ou le pin flamboyant.

Ce phénomène des regrets de l'adolescent passa plus tard pour un phénomène de la nature.

Cette même année 687 de Mahomet, 1288 de Jésus-Christ, Ertogrul expira de vieillesse au milieu des présages de la gloire de son fils. Comme pour consoler Othman de la perte de son père, Malkatoun donna, en même temps, le jour au premier né d'Othman, qui fut nommé Orkhan. Le sultan des Turcs seldjoukides, le troisième Alaeddin, qui était encore le suzerain nominal de tous les Turcs répandus dans la Syrie et dans l'Anatolie, donna à Othman la ville de Kara-Hissar, sa conquête, avec le titre d'émir ou de prince, qui l'égalait à tous les émirs de sa race. Othman reçut avec respect, en signe d'investiture, un drapeau, une timbale et une queue de cheval. Les gorges de la Bithynie entendirent pour la première fois les instruments de musique tartares retentir pendant les cinq prières que le Coran impose aux musulmans. L'église de Kara-Hissar fut convertie en mosquée. Othman, conseillé par le sage Edébali, son beau-père, rendit lui-même tous les vendredis la justice sur la place du marché et se montra, non-seulement impartial, mais politiquement favorable, dans ses jugements, aux chrétiens. Cette justice et cette faveur que les chrétiens trouvaient auprès d'Othman appelèrent la population et le commerce grecs à Kara-Hissar. Les émirs turcs des autres provinces de l'Anatolie portèrent envie à sa prospérité et à sa gloire. Ces rivalités ne l'enchaînèrent pas longtemps. Il s'avança lentement mais continûment, d'étapes en étapes, de Kara-Hissar sur Yenidjé-Tarakdji (*ville où se fabriquaient les peignes et cuillers de bois*), de là, à Modreni, ville bâtie entre deux montagnes sans ombre où l'on fabriquait des aiguilles pour les travaux de femmes. En contournant ainsi les pieds du mont Olympe, il sema, de cités en cités, la terreur et l'estime de son nom jusqu'à Brousse. Il revint chargé de dépouilles et de renom à Kara-Hissar. La trahison le rappela un moment de cette ville à l'ancienne résidence de son père Ertogrul, qu'Othman avait confiée au commandant turc de Biledjik. Ce vassal infidèle et jaloux conspira contre lui. Il invita Othman à ses noces avec la fille d'un seigneur grec nommée la belle Nilufer (Nénufar), dans l'intention de profiter du désordre de sa fête pour assassiner Othman. Mais Othman, averti par son ami Mikhal, qui avait feint d'entrer dans la conjuration, prévint le traître, s'empara par ruse de Biledjik et tua le futur époux de Nilufer pendant qu'il amenait sa fiancée dans sa forteresse. Othman donna la jeune fille à son jeune fils Orkhan, âgé de douze ans, en récompense de la valeur qu'il avait montrée avant l'âge dans le combat.

Il marcha ensuite contre la forteresse de Iar-Hissar, qui appartenait au père de la belle Nilufer, cause et dépouille de cette guerre, et réunit plusieurs provinces montagneuses de la Phrygie à ses conquêtes. La mort d'Alaeddin III, le dernier des sultans seldjoukides, en rendant l'anarchie générale, laissa Othman sans maître en Syrie, sans égal parmi les émirs turcs et bientôt sans ennemi devant lui jusqu'au mont et jusqu'à Nicée. Il affecta de dater de ce jour les titres et les droits à la souveraineté indépendante et frappa la monnaie à son effigie dans Kara-Hissar. La prière publique à la mosquée, faite jusque-là pour Alaeddin, fut faite au nom d'Othman. Il distribua les villes et les territoires qu'il laissait en arrière entre ses frères et ses généraux ; il donna à Orkhan, son fils, le gouvernement de Kara-Hissar sous la tutelle de Malkatoun, sa mère. Quant à lui, accompagné de ses plus braves guerriers, il se porta toujours plus avant vers le mont Olympe et vers la plaine que baigne au pied de l'Olympe la mer de Marmara.

IV

Les Grecs, de tous ces noms d'émirs turcs qui les enveloppaient, ne savaient que celui d'Othman. « Les noms, dit le Coran, viennent du ciel, ils sont « les prophètes de la destinée. » Othman signifiait *briseur d'os*. Le ressentiment d'une humiliation de jeunesse le poussa vers la ville de Kœpri-Hissar ou le *château des Ponts*. Le gouverneur de cette forteresse lui avait offert autrefois une fête sous les figuiers au bord du fleuve; mais, au milieu du festin, il avait tendu sa main à baiser à l'enfant encore sans gloire d'Ertogrul. Othman avait baisé la main, mais gardé le souvenir de l'infériorité. Il voulait à tout prix venger cet outrage. La passion égarait tellement sa raison, qu'ayant éprouvé dans le conseil où il proposait cette expédition une réprimande de son oncle Dündar, frère d'Ertogrul, âgé de près d'un siècle et vénéré des Ottomans, Othman ne put contenir sa colère et frappa le vieillard du bois de son arc. Le vieillard mourut du coup porté par son neveu.

Othman pleura sur les suites de sa colère, mais poursuivit son dessein. Kœpri-Hissar tomba

devant ses armées. Il régna où il avait été méprisé.
Toutes les villes et tous les châteaux des rives du
Sangaris reconnurent ses lois. Appuyé désormais
sur ces forteresses, il construisit lui-même une forteresse aux portes de Nicée pour bloquer cette ville
importante, et livra bataille sous ses murs à l'*hété-
riarque* qui commandait les gardes de l'empereur
de Byzance. La plaine, jonchée de morts, resta libre
devant ses pas. Il fit élever un tombeau à un de ses
neveux tombé dans sa victoire. Les musulmans, par
on ne sait quelle superstition traditionnelle, conduisent encore aujourd'hui leurs coursiers blessés
pour être guéris de leurs blessures en mémoire du
sang répandu dans ce lieu par les coursiers de leurs
pères.

Nicée, entourée de ses épaisses et hautes murailles, resta comme une île au milieu d'un débordement. Une seconde bataille contre l'armée du gouverneur de Brousse livra à Othman toute la plaine
bornée par le fleuve Rhyndacus, écoulement de l'O-
lympe. Othman jura que ses guerriers et ses troupeaux ne franchiraient jamais le lit du torrent; mais,
par une interprétation littérale, ses guerriers et ses
pasteurs, s'avançant dans la mer à l'embouchure
du fleuve, passèrent sur le bord interdit sans avoir
littéralement traversé le lit du Rhyndacus.

V

L'interprétation des traités appartient aux vainqueurs. Les Grecs cédaient pas à pas leur patrimoine aux Turcs, comme ils l'avaient cédé aux Latins. Othman avançait sa capitale à mesure qu'ils reculaient vers Byzance. Il s'était établi alors à Iénischyr, d'où il contemplait, au penchant du mont Olympe, la ville impériale de Brousse, dernier rêve de son ambition. Kara-Ali ou Ali le Noir, fils de son ami Aighoudalp, conquit l'année suivante à Othman la belle île grecque de Kalolimno, montagne dont les pentes adoucies verdissent sous de gras pâturages, et dont les bords étroits mais fertiles tentaient, par leurs vignes et leurs oliviers, la charrue de ses laboureurs. Cette île, en face du golfe de Moudania et de Gallipoli, semblait jeter un demi-pont sur la mer de Marmara pour passer d'Asie en Europe. En récompense de cet exploit, Othman donna en mariage à son lieutenant la plus belle fille grecque de l'île, dont la renommée avait enflammé l'ardeur des Turcs plus que toutes les autres dépouilles de l'île.

Cette conquête, et celle des bateaux grecs qui remplissaient les anses de Kalolimno, servirent aux pirates d'Othman à aborder la belle île de Chio, cette fleur de l'Archipel, située dans la grande mer en face des plaines de Troie et sous l'ombre du mont Olympe. Chio, dont les coteaux, exposés aux deux soleils et aux tièdes haleines de l'Archipel, étaient devenus, ce qu'ils sont encore, l'espalier de la Grèce, le jardin des sultanes, une forêt de lentisques, de grenadiers et d'orangers, était couverte de trois villes et de trois cents villages. Tantôt sauvage, tantôt cultivée, l'ombre noire des sapins et les vastes prairies encaissées dans ses vallons en pente qui descendent avec ses ruisseaux vers la mer y contrastaient avec la feuille pâle ou jaune des oliviers et des citronniers, et avec la blancheur du marbre de ses édifices et de ses terrasses. De distance en distance l'île, élevée en pente douce mais continue au-dessus des flots, semblait ouvrir des brèches profondes dans ses murailles naturelles pour laisser entrer et sortir les barques du continent chargées, comme des corbeilles flottantes, de ses gerbes, de ses fleurs et de ses fruits d'or. La beauté des filles de Chio, dont les formes rappelaient la Vénus païenne et dont les travaux, semblables à une perpétuelle fête, ne consistaient, comme aujourd'hui, qu'à recueillir la gomme odorante de l'arbre à mastic pour parfumer l'haleine des femmes de Constantinople et de Smyrne, ajoutait un prestige de plus à la possession de ce jardin de l'Orient.

Une nuit suprême couvrit de meurtres, de pillage, de sang et de flamme cette délicieuse contrée. Trente barques, sorties la nuit des Dardanelles et se glissant dans l'ombre de l'île, débarquèrent dans une anse de Chio quelques centaines de pirates turcs. Ils gravirent, le sabre et la hache à la main, les gradins étagés de l'île, forçant les postes, pillant les trésors, enlevant les femmes et les enfants, massacrant les hommes, incendiant les toits et les jardins. La population, réveillée en sursaut, n'eut que le temps de se réfugier à demi nue sur les montagnes, de se précipiter sur la rive opposée qui regarde la pleine mer, de détacher les navires et les barques de pêcheurs endormis dans les rades et de fuir sans provisions sur les flots. La nature ne leur fut pas plus douce que la guerre. Une tempête, qui s'éleva dans la même nuit, les brisa sur les écueils de l'île de Sciros, où ils périrent tous en contemplant de loin les lueurs de l'incendie de leur patrie. Un petit nombre d'habitants de la côte qui regarde l'Asie eut le temps de se jeter dans la citadelle et d'en fermer les portes aux pirates d'Othman.

VI

Ce pillage des îles disséminées de l'archipel depuis le golfe de Satalie jusqu'au fond du golfe du mont Athos, et l'enlèvement nocturne des femmes et des enfants de ces populations sans défense, couvrirent la mer de flottilles turques parties de la côte de Caramanie possédée déjà par d'autres princes tartares rivaux d'Othman. On nommait parmi ces émirs indépendants le prince de Castemouni, celui de Kermian, celui de Mentesché, celui de Caraman, le plus redouté de tous. Ces flottilles ravagèrent tour à tour Samos, Rhodes, Lemnos, Carpathos, Mitylène, rivale de Chio par son climat, son étendue, son opulence, ses délices, enfin Malte et Candie et les autres Cyclades.

Sur le continent, ces tribus turques, conduites par leurs émirs indépendants, débouchaient également de toutes les gorges du mont Taurus, soumettaient la Lydie, saccageaient la ville encore opulente de Sardes, brûlaient Larisse, ravageaient Éphèse, déjà ensevelie par les chrétiens sous les ruines de son temple. Les empereurs ne pouvaient plus se défendre que par la main de leurs ennemis

Andronic, qui régnait alors, offrit la main de la princesse Marie, sa propre sœur, à un émir turc nommé Khodabendé, qui promettait à ce prince de réfréner ses compatriotes et Othman lui-même.

Marie, fière de la protection de son futur époux, s'avança avec sa suite nuptiale jusqu'à Nicée et somma de là Othman de respecter en elle l'épouse d'un Turc supérieur à lui en nombre et en puissance. Othman ne répondit à ces sommations qu'en marchant lui-même de Ienischyr sur les Mongols ses rivaux jusqu'aux rives de la mer Noire. Aidé par son fils Orkhan et par les compagnons de son père, il refoula les Mongols d'une main en écrasant de l'autre les dernières convulsions des Grecs. A l'exception de Nicée, de Nicomédie et de Brousse, il assit partout sa domination dans l'Asie Mineure en face de Constantinople. Ses forteresses, bâties au pied du mont Olympe, interceptaient toutes les communications de cette capitale avec l'intérieur du pays.

VII

Vieilli avant le temps par la guerre et par la maladie, mais se voyant revivre dans son fils Orkhan,

Othman, après tant d'exploits, se retira pour mourir en paix à Ienischyr. Les douleurs de la goutte l'empêchaient depuis longtemps de monter à cheval, ce trône des Tartares. Son génie, toujours libre et toujours conquérant, lança de là Orkhan armé sur le but de sa vie, Brousse. Orkhan, gravissant pas à pas les flancs de l'Olympe, redescendit ensuite comme une avalanche sur cette capitale et campa son armée dans un site culminant nommé la Tête des Sources. C'est là que les nombreux ruisseaux découlant du mont Olympe se réunissaient pour abreuver la vaste cité.

La ville, quoique défendue par un commandant intrépide et par une forte garnison grecque, sentit que sa défense ne ferait qu'aggraver sa ruine en la retardant. Le faible Andronic, incapable de se mesurer en plaine avec les Turcs pour débloquer la seconde capitale de son empire, autorisa son général à capituler avec Orkhan au prix d'une rançon annuelle de trente mille ducats d'or que les chrétiens payeraient aux successeurs d'Othman pour en acheter une trêve, et qu'ils ont payée pendant trois cents ans. La population et l'armée de Brousse obtinrent de se retirer avec leurs trésors à Kemlic (*Cius*). Orkhan vainqueur entra sans combat dans la nouvelle capitale des Ottomans. Il respecta la vie, les biens, la religion de tous les habitants de cette immense ville, qui avait préféré le joug des Turcs à l'exil éternel de ses foyers.

Mais au moment où il envoyait à Iénischyr les courriers porteurs de la nouvelle de ce triomphe, un courrier parti d'Iénischyr lui apportait à lui-même la nouvelle de la mort prochaine d'Othman. Orkhan, plus affligé de la perte d'un père vénéré que réjoui de sa conquête, laissa son armée sous les ordres de Mikhâl, son lieutenant, et courut à Iénischyr recevoir la bénédiction et le dernier soupir d'Othman.

Othman n'avait plus rien à regretter ni à désirer dans la vie. Sa belle épouse, Malkatoun, l'avait précédé au tombeau, où il se réjouissait de la rejoindre.

Son beau-père, le sage Édébali, lumière de ses conseils, venait de mourir à l'âge de cent dix ans, toujours écouté comme un oracle de l'islamisme et de la politique; enfin, son fils Orkhan, aussi obéissant que brave, venait d'accomplir la pensée de toutes ses guerres en donnant dans Brousse un centre et une tête à la puissance désormais invincible des Ottomans. Il mourut comme meurent les hommes qui ont fini leur tâche avec leurs jours, sans se plaindre ni de la vie ni de la mort. Il rassembla autour du feutre étendu à terre qui lui servait de lit ses enfants, ses lieutenants, ses conseillers, et, s'adressant d'une voix encore ferme à Orkhan, son successeur, il prononça ces belles paroles, retenues d'âge en âge par les Ottomans.

L'historien Saadi a transmis à la postérité, dans sa solennité orientale, ce dernier entretien du père mourant et du fils vainqueur.

Au moment où ces deux princes furent l'un devant l'autre, les yeux attendris et le cœur pénétré de la plus vive affection, Orkhan, jetant un profond soupir, dit ces paroles : « Ah! Othman ! « est-ce donc toi, source des empereurs et sei- « gneurs du monde, toi qui as conquis et soumis « tant de nations? »

Cet excellent khan, tournant vers son fils des yeux mourants et soutenant à peine une voix presque éteinte, lui dit :

« Ne te lamente point, toi qui fais les délices de « mon âme : tu me vois aux prises avec la mort, « soumis au sort commun qui nous maîtrise, tant « jeunes que vieux, depuis que nous respirons tous « le même air de ce monde rempli de maux. Je « passe à la véritable vie ; puisse ta vie être comblée « de gloire, de prospérité et de bonheur. Prêt à me « séparer de toi, je meurs sans regret, puisque je

« te laisse mon successeur. Écoute cependant mes
« dernières instructions.

« Bannis loin de toi les soucis de cette vie. Cou-
« ronné de la félicité qui t'environne, ne cherche
« point, je t'en conjure, ton appui dans la tyrannie
« et détourne tes regards de la cruauté. Cultive au
« contraire la justice et fais-en l'ornement de la
« terre. Donne à mon âme séparée de ce corps le
« plaisir d'une suite de victoires que tu rempor-
« teras. Et quand tu auras conquis le monde,
« sers-toi de tes armes pour étendre la religion.

« Entretiens une amitié juste avec les royaumes
« chrétiens. Répands les honneurs sur tous les sa-
« vants ; c'est le moyen d'affermir la loi divine ; et,
« quelque part que tu apprennes que se trouve un
« homme doué de la science, comble-le de biens,
« de distinctions et de tes grâces.

« Que tes armées ne te rendent point présomp-
« tueux, et ne t'enfle point de tes richesses.

« Tiens près de ta personne ceux qui sont éclai-
« rés dans la loi ; et, regardant la justice comme le
« plus ferme support des royaumes, écarte tout ce
« qui peut y donner atteinte. La loi divine doit être
« notre unique objet, c'est notre seule fin ; et tous
« nos pas doivent tendre vers le Seigneur.

« Ne t'aventure point dans de vaines entreprises

« ni dans des querelles infructueuses, car ce serait
« une fausse ambition de ne chercher qu'à jouir de
« l'empire du monde. Quant à moi, je n'ai aspiré
« à rien autre chose qu'à la propagation de la foi :
« c'est à toi qu'il convient de donner l'accomplisse-
« ment à mes désirs.

« Le rang que tu vas tenir t'oblige à une grande
« douceur envers tous ; il y a des devoirs que tu
« dois au public, et c'est démentir le nom de roi,
« de ne pas prendre sur soi de se distinguer de son
« peuple par la bonté et la clémence.

« Tu dois te faire une étude constante de protéger
« tes sujets, et c'est en agissant ainsi que tu attire-
« ras sur toi la faveur du ciel. »

Telles furent les instructions d'Othman, refuge des fidèles; après les avoir prononcées à son fils, son âme s'envola dans les régions de l'éternité.

VIII

Othman, près de rendre le dernier soupir, avait demandé à son fils d'être enseveli à Brousse, afin de posséder au moins dans la mort ce qu'il avait convoité pendant sa vie. Il avait recommandé aussi à ses guerriers de faire désormais de Brousse la capitale des Ottomans. Orkhan et ses soldats accomplirent ce vœu du conquérant. Le corps d'Othman, escorté de ses imans et de ses compagnons de gloire, fut porté à Brousse et déposé dans une chapelle du château de cette ville, nommée la *Voûte d'argent*.

On suspendit dans la salle, auprès du tombeau, le chapelet de bois à grains énormes que le Tartare converti avait continué à rouler entre ses doigts, en énumérant les perfections de Dieu. Le tambour qu'il avait reçu d'Alaeddin, quand ce sultan lui avait donné en souveraineté la principauté de Kara-Hissar, fut placé sur son sépulcre. Un incendie récent du château de Brousse a consumé ces deux monuments grossiers de la piété et de la souveraineté d'Othman. Mais son sabre et son drapeau sont conservés intacts dans le trésor de l'empire. M. de Hammer, le plus studieux investigateur des origines du peuple ottoman, représente ce sabre comme une large épée à deux pointes qui perçait de quelque côté qu'elle frappât. Le khalife Omar avait inventé, dit-il, ce sabre à deux têtes et à deux tranchants. La postérité d'Othman fit un symbole brodé sur les étendards des Ottomans de cette arme, dont une pointe menaçait l'Asie, une autre l'Europe.

L'héritage d'Othman ne consistait que dans les armes d'un cavalier et dans les ustensiles d'un pasteur. On ne trouva dans sa maison, à Iénischyr, aucun trésor. Tout ce qu'il avait perçu de tributs avait été distribué à ses compagnons. Une cuiller de bois, une salière, une veste brodée en fil de couleur, un turban de toile de chanvre, quelques couples de bœufs pour le labourage, des troupeaux de brebis et de généreux coursiers d'Arabie étaient toute sa richesse. Ses chevaux passèrent à ses fils, ses troupeaux de moutons de Mésopotamie furent transportés à Brousse, où ils se sont perpétués en propriété des sultans et où ils paissent encore sur les flancs herbeux du mont Olympe.

IX

Son costume était simple comme ses mœurs. Il portait une veste courte (caftan) en gros drap de poil de brebis doublé de la même étoffe. Les manches vides de cette veste pendaient ordinairement derrière ses épaules. Un large pantalon à plis qui se prête à l'attitude des jambes repliées, attitude de repos des Turcs, était noué par un cordon au-dessus des chevilles de ses pieds nus.

Son visage ovale et régulier, bruni par la chaleur d'un sang généreux et par le soleil de l'Anatolie, lui avait fait donner le nom de Kara Othman ou d'Othman le Noir, surnom de beauté virile chez les Orientaux. Ses yeux avaient conservé la teinte azurée des enfants des steppes froides de la Tartarie; mais ses sourcils, sa barbe et ses cheveux étaient noirs comme les ailes d'un corbeau du mont Taurus. Ses jambes étaient courtes comme celles des races qui vivent accroupies et dont les selles à courts étriers tiennent le cavalier plutôt assis qu'à cheval sur leurs coursiers; son buste, au contraire, était long; ses bras démesurés tombaient plus bas que ses genoux et portaient ainsi plus loin que les hommes ordinaires les coups de son sabre.

Son esprit était simple, mais juste et droit, tel qu'il suffit au chef d'une horde de pasteurs. Tout son génie était dans sa foi, qui lui ordonnait de balayer devant l'unité du Dieu de Mahomet les idolâtries ou les superstitions qui obscurcissaient ou qui souillaient l'idée d'Allah sur la terre. Cependant, sur la fin de ses jours, ses rapports avec les Grecs de Byzance avaient aiguisé la simplicité patriarcale de son esprit, et lui avaient enseigné la politique des conquérants qui veulent posséder ce qu'ils subjuguent : la marche pas à pas dans la conquête et les haltes après la victoire. Il avança lentement, mais il ne recula jamais ; c'est le secret des fondateurs.

Son cœur, bon, franc, sincère, fidèle à l'amour pour Malkatoun, tendre pour ses fils, doux à ses compagnons, jamais cruel envers les vaincus, ne laissait à déplorer dans sa vie qu'un seul crime, le coup du bois de son arc sur le visage de son oncle qui s'opposait à une de ses expéditions ; mais ce crime, semblable à la colère d'un Achille sauvage, fut une convulsion de la main plus qu'une férocité de cœur. Il le déplora jusqu'à sa mort ; il ordonna à ses secrétaires de le consigner à sa honte dans son histoire, afin de prémunir ses descendants contre ces premiers mouvements de la colère qui deviennent des parricides involontaires, et qu'il faut expier devant les hommes pour qu'ils soient pardonnés devant Dieu. Il laissa, malgré cette violence du sang, une telle renommée de bonté pour ses peuples et de générosité pour ses ennemis parmi les Ottomans, que le surnom d'Othman le Doux lui est resté parmi ses tribus, et qu'au couronnement des nouveaux sultans le peuple, parmi les vœux qu'il adresse à haute voix au ciel pour ses souverains, leur souhaite, parmi toutes les vertus du trône, la douceur d'Othman.

LIVRE QUATRIÈME

I

Othman laissait deux fils qui semblaient se partager à eux deux le caractère de leur père : l'aîné, Orkhan, la valeur ; le second, Alaeddin, la piété. Tous deux étaient fils de la belle Malkatoun et formés à la science et à la religion par leur grand-père maternel, le sage Ébédali, père vénéré de Malkatoun.

Pendant qu'Orkhan, principal lieutenant d'Othman, combattait à la tête des guerriers turcs pour conquérir de nouvelles vallées et de nouvelles capitales à son père, Édébali élevait Alaeddin dans Iénischyr à la vertu, à la science de la législation.

Ce jeune prince avait de bonne heure la maturité d'un politique et d'un sage. Les deux frères, à qui leur mère avait recommandé une indissoluble tendresse l'un pour l'autre, ne se portaient aucune jalousie. Orkhan était pénétré de respect pour les talents d'Alaeddin. Alaeddin jouissait des exploits d'Orkhan.

Avant d'accepter l'autorité suprême qu'Othman avait léguée à son fils aîné, Orkhan supplia Alaeddin de partager avec lui l'empire ; mais Alaeddin, reconnaissant à la fois dans Orkhan le droit d'aînesse et le droit de la désignation paternelle, refusa obstinément ce partage du gouvernement, qui, en rompant l'unité de la souveraineté sur les compagnons d'Othman, aurait donné aux Ottomans l'exemple et les dangers de l'anarchie du pouvoir. Il ne voulut pas même accepter la moitié de l'héritage privé de leur père dans la moitié des troupeaux de moutons qui lui revenait par l'usage. Il ne consentit à recevoir, pour toute possession en propre, que le petit village de Fatour, dans la vallée retirée de Kété, dans les racines de l'Olympe, pays boisé que les Turcs d'aujourd'hui appellent encore la *Mer de feuilles* et qu'on voit noircir à l'horizon du haut du pont des bâtiments qui voguent sur le détroit des Dardanelles. « Puisque tu ne veux pas,

« dit Orkhan à son frère, absolument prendre les
« moutons, les taureaux et les chevaux qui t'ap-
« partenaient, sois donc le pasteur de mes peuples,
« c'est-à-dire mon *vizir !* »

Ce mot signifie en turc porteur de fardeaux, ou
celui qui supporte l'empire.

Alaeddin se laissa fléchir de tant de tendresse et
s'honora d'être le premier esclave de son frère dans
l'organisation et dans les soins intérieurs du gouvernement. Nous verrons bientôt avec quelle sagesse
de vues et avec quelle simplicité de rouages il organisa l'empire. Orkhan avait à peine déposé le
corps de son père dans la *salle d'argent,* qu'il s'occupa d'étendre sa domination.

Ses lieutenants, sortant à sa voix d'Iénischyr, de
Brousse et des sombres défilés de la Mer de feuilles,
contournèrent le golfe de Nicomédie, et pénétrè-
rent dans la presqu'île peuplée de villes, de villages
et de châteaux grecs qui s'étend de la mer de Marmara à la mer Noire, derrière la montagne des
Géants, horizon de Constantinople.

L'un de ces lieutenants était Konour le vaillant;
l'autre, Aghdji le vieillard, tous deux formés à la
guerre dans les camps d'Othman. Ils surprirent ensemble la forteresse de Semendria, à deux heures
de marche de Scutari, faubourg asiatique de Con-

stantinople; profitant du moment où le gouverneur de Semendria faisait ouvrir les portes pour laisser sortir le convoi de son fils qui venait de mourir, les Turcs s'élancèrent à l'assaut de la forteresse, empêchèrent les portes de se refermer à temps et conquirent la ville. Le pays conquis prit et conserva le nom d'Aghdji-Kodja, *Kodja-Ily* ou terre du vieillard.

Aïdos, forteresse voisine, fut livrée par l'amour à Abderrahman, jeune compagnon d'Orkhan. La fille du gouverneur grec d'Aïdos, éprise de la beauté d'Abderrahman, qu'elle avait vu combattre à cheval sous les murs de la ville, le revoyait en songe toutes les nuits. Sa passion l'emporta dans son âme sur tous ses devoirs. Elle lança au jeune Ottoman un billet attaché à une pierre qui tomba à ses pieds. Abderrahman, instruit par ce billet de l'amour et de la trahison de la jeune Grecque, qui lui indiquait une secrète issue pour parvenir dans la place, attendit la nuit, se glissa avec une poignée de braves par la poterne sur les remparts, fit un signal à son armée et s'empara de la garnison endormie. Il conduisit la jeune Grecque à Orkhan; Orkhan la lui donna pour épouse. Un fils, célèbre par sa beauté, naquit de leurs amours. Il fut nommé Kara-Abderrahman, et son nom, illustré par mille exploits, devint l'effroi des mères et des enfants des Grecs.

II

Les Turcs d'Orkhan furent bientôt maîtres de toutes les petites villes et de tous les châteaux qui formaient la ceinture de Constantinople depuis le golfe de Nicomédie jusqu'au pont Euxin. Ils élevèrent sur leurs champs de bataille des pyramides de crânes, telles qu'on en voit encore à présent entre Nissa et Sophia, monuments sacriléges qui prolongent la vengeance au delà de la mort et qui ressemblent à des restes de cannibales plus qu'à des trophées de combats. Nous avons passé nous-mêmes sous de semblables arcs de triomphe que la terre porte avec horreur, et nous avons entendu le vent du désert résonner dans les cavités de ces crânes et siffler dans les cheveux de ces morts.

Nicomédie, siège de l'empire au moment où Dioclétien l'abandonna par dégoût de la toute-puissance, tomba bientôt au pouvoir d'Othman; capitale maritime qui lui donnait un golfe et des vaisseaux pour le porter à l'autre rive.

III

Le modeste Alaeddin, pendant les conquêtes de son frère, constituait l'empire naissant en Bithynie. Ses lois, relatives d'abord à la souveraineté, réglaient l'armée, les monnaies, le costume du souverain. Le souverain ne portait que le titre arabe d'émir ; celui de sultan paraissait trop auguste encore à des princes pasteurs si récemment vassaux. La monnaie reçut l'effigie d'Orkhan. Son nom fut prononcé dans la prière ; son vêtement resta celui des bergers et des cavaliers tartares ; la coiffure seule prit la forme de la couronne ou de la tiare, signe de souveraineté chez les Persans. Les Turcs ne portaient à cette époque que des bonnets de feutre rouge qui couvraient le sommet de la tête tel que le réformateur Mahmoud les a rétablis de nos jours dans ses armées. Les guerriers y ajoutèrent des schalls de mousseline blanche et légère fabriqués dans l'Inde et contournés en cordon sur le front autour du bonnet. Cette coiffure, devenue nécessaire à des combattants, amortissait le tranchant des sabres sur la tête et préservait du soleil brûlant de l'Anatolie. L'émir, et plus tard le sultan, portèrent le turban brodé d'or, et lui donnèrent, selon leur caprice, des plis plus ou moins semblables à la mitre des mages ou à la corde en poil de chameau qui ceint le front de l'Arabe pasteur.

Jusque-là tout Ottoman était soldat ; l'armée n'était que la tribu en campagne. Une armée permanente de soldats devint le nerf de l'empire. La cavalerie se composa toujours des Turcs les plus riches en chevaux et en armes ; l'infanterie, des hommes choisis parmi les familles les moins opulentes. On assigna à chaque fantassin une solde d'un quart de dirhem d'argent par jour. On en forma un groupe de dix, de cent et de mille combattants commandés par des officiers aguerris dont le titre correspondait au nombre de soldats placés sous leurs ordres. Ces corps, qui se souvenaient de leur récente indépendance et que la discipline humiliait, perdirent par cette organisation quelque chose de cette fougue de courage et de cet héroïsme individuel qui ne recevaient de loi que de l'enthousiasme. Alaeddin et Orkhan craignirent un moment d'avoir affaibli l'esprit militaire de leur race en voulant le régulariser. Un beau-frère du sage Edébali, nommé Tschendereli, appelé au conseil et consulté sur les moyens de raviver et de perpétuer l'héroïsme des Ottomans, se souvint des institutions de la Perse et de l'Égypte, où des classes exclusivement militaires, composées d'étrangers, avaient le monopole des armes et imposaient à la fois à l'ennemi au dehors, à la sédition au dedans. Il proposa de créer parmi les Ottomans une caste semblable. Les éléments de cette caste étaient sous la main des conquérants. Dans ces fréquentes incursions qu'ils faisaient sur le continent européen et dans les îles, des multitudes d'enfants et d'adolescents, arrachés aux familles grecques, étaient ramenés en dépouilles dans les camps des Turcs. Les filles devenaient esclaves ou épouses; les garçons, bergers ou pages des vainqueurs. La prédication, la faveur ou la contrainte les faisaient facilement, à un âge si tendre, abjurer le christianisme pour professer la religion des Ottomans. Une fois convertie à l'islamisme, cette jeunesse, à qui les chrétiens reprochaient son apostasie, adoptait avec un fanatisme irrémédiable le Dieu de leurs nouveaux maîtres. Les adorateurs du Christ n'avaient pas de plus irréconciliables ennemis. Sans patrie, sans famille, sans autels dans les villes dont on les avait extirpés, ils ne connaissaient plus de patrie, de famille, de religion que Mahomet. On pouvait, en leur rendant la liberté au prix du service militaire, assurer à l'armée un recrutement de fanatiques dévoués à l'émir, et chez qui l'esprit de famille et d'indépendance ne lutterait jamais contre l'obéissance servile au souverain.

Cette idée, empruntée par le vieux Tschenderelli à la cour des khalifes de Badgad, qui avaient formé ainsi autour d'eux une garde d'esclaves turcs élevés dans l'islamisme, séduisit Alaeddin et Orkhan. « Le « Coran l'a dit, s'écrièrent-ils ; tous les enfants en « naissant apportent du ciel une secrète disposition « au dogme pur de l'islamisme. Non-seulement ces « étrangers, adoptés par la nation à la charge de la « défendre, lui donneront leur sang contre leur li- « berté ; mais encore l'exemple de cette liberté, de « ces armes, de ces grades, de ces honneurs affec- « tés par le souverain à ces enfants adoptifs du « prophète, entraînera des milliers d'autres en- « fants chrétiens à abjurer une religion qui ne les « protége plus, pour embrasser une foi qui les « affranchit, les récompense et les honore. »

L'institution immédiate de ce corps fut proclamée sous le nom d'iéni-tscheri ou de janissaires, c'est-à-dire nouveaux soldats.

IV

A peine Orkhan avait-il rassemblé autour de lui une poignée de ces jeunes conscrits à l'islamisme, qu'il voulut faire consacrer cette création militaire par la religion, âme de la guerre chez les Ottomans. Un saint derviche, nommé Hadji-Begtasch, vivait en grande renommée de piété au village turc de Sulidjé, non loin d'Amasie. Orkhan conduisit lui-même ses néophytes guerriers chez l'ermite pour le prier d'appeler la bénédiction divine sur sa nouvelle création et de donner un nom et un étendard à ces enfants. Le derviche, approuvant avec enthousiasme une institution qui devait arracher des infidèles à leurs erreurs pour en conquérir un million d'autres au Dieu de Mahomet, se leva, fit approcher de lui un des jeunes soldats de la nouvelle milice, et étendit, pour bénir en lui toute sa troupe, son bras sur la tête de l'enrôlé. Dans cette attitude, la manche du caftan du derviche se détachant de son épaule, retombait sur la nuque du soldat.

« La face de la milice que tu fondes aujourd'hui, « dit l'ermite inspiré à Orkhan, sera blanche et « éblouissante comme le jour, son bras sera lourd,

« son sabre tranchant, sa flèche pénétrante. Elle
« trouvera la victoire en partant, le triomphe au
« retour. Va ! »

Orkhan et ses soldats acceptèrent l'augure par une
superstition naturelle aux peuples primitifs. Les janissaires virent, dans la bizarre configuration de la
manche vide du derviche retombant sur les épaules de leur compagnon, une indication surnaturelle
de la coiffure qu'ils devaient adopter à la guerre.
En conséquence, ils ajoutèrent à leur bonnet de
feutre blanc un morceau d'étoffe taillé en forme
de manche flottant sur le derrière de la tête, et ils
plantèrent, entre le bonnet et le turban, une cuiller de bois au lieu d'aigrette, se glorifiant ainsi,
aux yeux des autres troupes volontaires et sans
solde, d'être soldés et nourris par l'*émir*. Ils donnèrent à tous les grades de leur corps privilégié des
noms rappelant la subsistance des troupes en campagne. Le colonel reçut le nom de grand distribu-
teur de soupe ; les officiers supérieurs ou secondaires s'appelèrent, l'un chef de la cuisine, l'autre
premier porteur d'eau. Après l'étendard de cette
milice, qui portait brodé en laine le croissant et le
sabre à deux pointes, la marmite devint le symbole
sacré de l'esprit de corps pour les janissaires, le
signe du ralliement, du conseil, plus souvent de la

sédition. La nation ottomane se retrouvait encore cinq siècles après dans les ustensiles de la tente qui avaient servi aux premières migrations de ces bergers tartares. Les janissaires ne comptèrent d'abord que mille hommes sous le drapeau d'Orkhan. Nous les verrons grandir en nombre, en héroïsme et bientôt en faction sous les successeurs de l'émir.

V

Alaeddin affecta pour solde aux autres corps de l'armée des terres conquises par eux sur l'ennemi. Ces fiefs distribués aux chefs conservèrent des devoirs envers le pays. Le principal était d'ouvrir et de réparer les routes. Ce fut l'origine du corps des pionniers, qui s'éleva bientôt à vingt mille hommes. Après ces pionniers, Alaeddin institua les *azabs*, infanterie irrégulière légèrement armée. La cavalerie régulière et irrégulière fut honorée du soin d'entourer l'étendard sacré et de veiller à la garde de l'émir. Chaque fief de la couronne dut fournir en outre, en cas de guerre, un certain nombre d'hommes montés, armés et équipés, nommés les mosselliman, c'est-à-dire les exempts d'impôt. Enfin, l'armée eut pour complément innombrable les *akindji*, ou cavaliers volontaires sortant de leurs tentes à la voix du souverain et venant, sans autre organisation que leur fanatisme, et sans autre solde que les dépouilles de la campagne, grossir les ailes de l'armée. Le commandement de ces escadrons indisciplinés, mais redoutables, fut longtemps héréditaire dans la famille de Mikal-Oghli, ami et compagnon d'armes d'Othman. Alaeddin ajouta à tous ces corps un corps de guides de l'armée appelés *tschaouschs*, chargés en même temps des messages de l'émir.

Telles furent les institutions militaires d'Alaeddin et d'Orkhan pour un peuple qui se donnait à lui-même la mission de conquérir l'espace devant lui, et qui ne voulait de trêve avec les peuples limitrophes que quand l'islamisme n'aurait plus d'ennemis sur la terre.

VI

A peine l'armée avait-elle reçu son organisation et ses étendards qu'Orkhan, impatient de descendre du mont Olympe dans la plaine, la conduisit au pied des remparts de Nicée. Le jeune Andronic, indigné de cette audace, tenta enfin de réveiller le courage des Grecs. Il rassembla les détachements et les garnisons disséminés sur la plaine de la Thrace, entre Constantinople et Andrinople, et, traversant à leur tête le Bosphore, qui baignait les murs de son palais, il passa à Scutari, faubourg asiatique de sa capitale. De là, il s'avança en ordre de bataille vers Nicée pour refouler en plaine les Ottomans moins nombreux que lui. Mais Orkhan, plus exercé que les généraux grecs aux stratégies et aux manœuvres de la guerre, replia à temps les dix mille hommes qu'il commandait derrière les défilés et les mamelons de la chaîne de montagnes qui vient mourir dans la plaine de Nicée. Ces défilés et ces mamelons, qui couvraient le petit nombre des Turcs, leur permettaient d'éviter ou d'accepter à leur gré les nombreuses mais molles cohortes d'Andronic. L'empereur lança en vain trois fois ses colonnes contre les Ottomans ainsi retranchés. Leur situation et leur courage les rendaient inabordables. Bientôt les Turcs, débouchant des défilés et descendant des collines sur les escadrons grecs les plus avancés, dispersèrent sous leurs flèches les ailes de l'armée d'Andronic, et, se repliant avec la rapidité de leurs chevaux sauvages, enveloppèrent le centre. L'empereur lui-même combattait avec un courage digne d'un autre peuple et d'un autre temps; son historien et son général, Cantacuzène, en le couvrant de son corps, fut renversé de son cheval tué sous lui.

Andronic lui-même, blessé d'une flèche à la cuisse, allait tomber avec le faible groupe de ses défenseurs dans les mains d'Orkhan. Sébastopolos de Mysie, un des soldats étrangers de sa garde, ramena au galop trois cents cavaliers au secours de l'empereur et parvint à relever Andronic. Les Turcs, refoulés un moment par le choc de la cavalerie de Sébastopolos, avaient laissé échapper cette prise.

L'armée d'Andronic, le croyant mort, s'était débandée à ce bruit et fuyait sans être poursuivie vers la mer. L'empereur, blessé et porté sur une litière, la suivait envoyant message sur message à Constantinople pour demander des bateaux à Scutari afin de sauver ses débris. On eut à peine le temps de l'embarquer enveloppé dans un tapis et baigné dans son sang. Les Turcs d'Orkhan arrivèrent presque aussitôt que lui au rivage. Cette honte donna cependant un remords aux Grecs. Ils repassèrent de nouveau le Bosphore sur les pas de leur empereur et livrèrent une seconde bataille en plaine à Orkhan.

Ce champ de bataille au bord de la mer de Marmara, sous les murs de Philocrène, ne fit qu'attester une fois de plus la lâcheté des cohortes byzantines qui n'avaient plus de soldats que les armes.

Une charge de trois cents cavaliers turcs commandés par Ali le Vieux, commandant de l'avant-garde d'Orkhan, forçà le camp des Grecs, les dispersa comme un troupeau de brebis, pénétra jusqu'aux tentes de l'empereur, dont les chevaux de guerre bridés d'or et caparaçonnés de housses d'écarlate devinrent la dépouille des Osmanlis. L'armée fugitive qui se pressait sous les murs de Philocrène, dont les clefs égarées ne s'ouvraient pas assez vite au gré de sa terreur, laissa tomber sous le sabre des Turcs un grand nombre de courtisans de l'empereur et de ses principaux officiers. Le reste se rendit prisonnier aux lieutenants d'Orkhan, ou se jeta pêle-mêle dans des barques qui leur prêtèrent l'asile des flots. L'empereur rentra humilié et découragé dans son palais.

VII

Il vit bientôt, du haut de ses tours, les derniers assauts des Ottomans contre les remparts de Nicée. Les pionniers turcs d'Alaeddin creusèrent un fossé de circonvallation autour de cette capitale abandonnée de ses défenseurs. Trois ans de siége avaient épuisé le courage et l'espoir de ses habitants. Orkhan, inondant la plaine d'un débordement de tous ses cavaliers, se présenta à la tête de tout un peuple pour submerger une seule ville. Nicée, ainsi cernée, se rendit sans combat pour sauver au moins sa population du carnage et de la servitude. Plus confiants dans le pardon du khan vainqueur que dans les secours de l'empereur vaincu, les Nicéens, en habits de suppliants, se portèrent en foule au-devant d'Orkhan, qui entra en triomphe dans sa conquête par la route d'Iénischyr en mémoire de son père. Les troupes de l'empereur qui formaient la garnison de la ville furent autorisées à se retirer avec leurs armes à Constantinople. Le plus grand nombre préféra le séjour de Nicée et le joug des vainqueurs au service d'un empire qui ne savait ni vivre ni mourir.

VIII

Ainsi Orkhan, chef d'une petite tribu de pasteurs turcs, venait de conquérir sans artillerie cette capitale de Nicée, que cinq cent mille croisés latins, commandés par les premiers princes et les premiers capitaines de la chrétienté, n'avaient pu conquérir, après sept semaines d'assauts, avec toutes les armes de l'Europe. C'est que Nicée, à cette époque, était défendue contre les croisés moins par les Grecs que par les Turcs à leur solde. C'était un Turc d'une taille et d'une force de géant qui lançait du haut des remparts des blocs de rocher sur les soldats de Godefroy de Bouillon. Les croisés dans ce premier siége ne cherchaient que la gloire, les Ottomans cherchaient le paradis dans la mort et une patrie dans le sang. L'Orient, qui avait résisté aux uns, cédait aux autres. La foi des premiers avait vieilli; celle des seconds venait de naître. La victoire est aux jeunes idées et aux jeunes races. Orkhan n'abusa pas de la sienne ; il se souvint des dernières paroles de son père.

Il ne contraignit les chrétiens qu'à reconnaître la souveraineté des soldats de Mahomet et à payer le tribut. Il leur laissa le libre exercice de leur religion natale. Seulement il revendiqua pour sa propre religion les plus beaux édifices du culte. Il éleva une mosquée à la place où trois cent dix-huit évêques d'Orient et d'Occident, réunis sous le sceptre de Constantin, avaient défini les dogmes du christianisme, où le philosophe Arius, dont la doctrine se rapprochait de celle de Mahomet, avait été condamné, où le culte des images avait été déclaré le complément sacré du culte de l'esprit. Il annexa le premier des Médressés ou séminaires théologiques et scientifiques aux mosquées. Un Kurde, Tadjeddin, et un Turc, Daoud, y furent les premiers professeurs de droit ottoman. Il y fonda, de plus, les premiers hospices chargés de nourrir les pauvres des dons obligatoires aux croyants. Ces hospices, nés de la prescription de Mahomet, qui revendiqua une part des revenus du riche pour l'indigent, s'appelèrent imarets. Orkhan lui-même, à l'exemple du prophète et des khalifes, y distribuait la soupe aux pauvres de Nicée.

IX

Bientôt cependant le fanatisme de ses imans et les exigences de ses compagnons de guerre pervertirent ses premiers desseins et le poussèrent aux persécutions et aux déprédations envers les chrétiens qui résistaient à son zèle. Il enrôla de force les enfants des Nicéens convertis à l'islamisme par le sabre pour recruter ses janissaires. Il fit brûler les images comme des signes consacrés d'idolâtrie qui scandalisaient les croyants à l'immatérialité de l'essence divine. Il renversa l'autel du synode de Nicée, base de tant de dogmes et de tant d'hérésies parmi les Grecs. Il effaça, avec la pointe de son sabre sur les murailles de ce synode, la profession de foi de Nicée, et il fit graver en lettres d'or la profession de foi des Ottomans : « *Il n'y a pas d'autre Dieu que Dieu, et Mahomet est son prophète.* » Enfin il partagea comme un vil troupeau, entre ses guerriers, les veuves et les filles grecques de la ville, privées par la peste ou par les combats de leurs maris ou de leurs pères. Il donna les unes en esclaves, les autres en épouses aux Ottomans. Il distribua entre ses principaux compagnons les magnifiques palais de la ville conquise. Son fils aîné, Soliman, fils de la captive grecque Nilufer, que son père lui avait donnée à l'âge de douze ans, reçut le commandement de Nicée. Son second fils, Amurat, encore dans l'enfance, fut nommé gouverneur de Sultan-OEni, sa première station montagneuse, à la place de Konour, qui venait de mourir de vieillesse.

Nicée, appelée désormais Isnik par ses nouveaux maîtres, conserva encore quelques années l'importance et la splendeur que cette capitale de la théologie grecque avait dues à ses conciles, à ses symboles et à ses schismes mémorables; puis elle ne garda plus de son antique renommée que les fabriques de faïence de Perse, où l'Orient venait s'approvisionner de luxe céramique.

« Aujourd'hui, dit M. de Hammer, le voya-
« geur qui erre dans l'enceinte de ses fortifications,
« dont les hautes et épaisses murailles ont été
« seules respectées par le temps et par la main des
« hommes, croit errer dans une steppe solitaire
« semée de loin en loin de quelques cabanes indi-
« gentes. Les caravanes de pèlerins n'y distinguent
« plus que les tombeaux de Gunduzalp, frère d'Oth-
« man et du poëte turc Khiali. L'antiquaire y lit
« encore, en écartant le feuillage des plantes qui
« tapissent les tours et les murs, les inscriptions
« fastueuses des empereurs grecs qui l'abandonnè-
« rent aux Ottomans. »

Alaeddin, le vizir d'Orkhan et le législateur de sa race, mourut dans le village de l'Olympe où il s'était retiré pour méditer ses lois dans la solitude, peu de temps après la conquête de Nicée. Orkhan pleura ce frère chéri et dévoué qui portait la moitié du fardeau de l'empire. Il nomma son fils Soliman vizir à la place de son oncle Alaeddin. Soliman, plus guerrier que législateur, s'occupa plus à étendre l'empire qu'à l'organiser.

Orkhan désirait posséder un port sur la mer de

Marmara, sur la rive asiatique, pour rivaliser avec Gallipoli, située sur la rive d'Europe. Les Grecs avaient construit de toute antiquité, non loin des racines du mont Olympe, au fond du golfe de Moudania, une ville maritime nommée *Brousse de la Mer*, puis *Kibotos*.

C'est de cette ville forte que l'armée des croisés latins avait marché au siége de Nicée, démantelant ainsi eux-mêmes en Orient les remparts de l'empire chrétien. Soliman vit, à l'approche de son armée, la population entière de Brousse de la Mer jeter ses armes et s'embarquer avec ses femmes, ses enfants, ses trésors, pour la rive opposée. La chute de Nicée avait ébranlé toute cette côte d'Asie. Les villes et les châteaux y tombaient d'eux-mêmes. Pendant ces conquêtes sur les Grecs, Orkhan lui-même, rapproché de son fils et de son vizir, à la tête de tous les guerriers de sa race, sortant de Brousse et descendant par les pentes opposées dans les vallées de l'Anatolie, réduisait à la soumission et à la dépendance tous les chefs et toutes les tribus de Turcs jusque-là insoumis qui ravageaient les provinces de l'empire depuis le mont Taurus jusqu'au pied du mont Olympe.

Ce reflux sur eux-mêmes des Turcs nationalisés sous Othman, et disciplinés sous Orkhan, rallia

sous un même nom et sous un même chef les neuf
émirs et les neuf peuplades détachés jusque-là du
trône des sultans seldjoukides. C'est en les combattant et en les ralliant tour à tour à l'unité
ottomane sous ses lois qu'Orkhan adjoignit à l'empire Nicomédie, la Mysie, ce royaume légué aux
Romains par Attale, et sa capitale, l'antique Pergame, célèbre dans les arts par l'invention du
parchemin, à qui le monde doit ses annales.

La bibliothèque de Pergame, qui contenait deux
cent mille manuscrits, périt dans cette lutte civile
entre les Turcs ; ses temples et ses édifices jonchent
de leurs ruines le sol que les chrétiens avaient déjà
bouleversé pour y ensevelir les dieux d'un autre
ciel, et que les Turcs bouleversèrent à leur tour pour
y ensevelir les statues et les images des chrétiens.
Ce n'est plus qu'une bourgade qui a perdu jusqu'à
son nom, où quelques Grecs et quelques Turcs font
paître leurs troupeaux sur les fondations du temple
d'Esculape.

X

Orkhan, après cette campagne contre sa propre
race, et après avoir nommé des gouverneurs de

son sang dans toutes ces provinces situées entre les deux mers, sentit le besoin de la paix pour laisser s'enraciner les institutions d'Alaeddin. L'empire grec ne pouvait lui échapper ; mais il fallait préparer dans les Ottomans un peuple capable de se transplanter en Europe sans rien abandonner de l'espace qu'il venait de remplir en Asie. Le croissant à deux cornes de son drapeau et l'épée à deux pointes signifiaient ce double empire promis à ses descendants.

Vingt années de paix furent consacrées par lui à peupler, à cultiver, à civiliser, à fortifier l'empire. Brousse, sa capitale temporaire, enrichie des dépouilles des royaumes renversés à ses pieds, et remplie d'esclaves et d'artistes grecs employés à illustrer la ville des vainqueurs, éleva ses remparts, ses mosquées, ses minarets, ses tombeaux, ses édifices, au niveau de ceux de Constantinople, qu'on entrevoyait dans le lointain. Les deux capitales semblaient se défier en attendant que l'une détruisît l'autre.

Des caravansérais immenses élevèrent leurs dômes, creusèrent leurs voûtes, firent jaillir leurs jets d'eau pour les caravanes qui, de tous les points de l'Asie, apportaient et remportaient leurs échanges à Brousse. Des couvents de derviches, de moines mahométans, couvrirent les flancs du mont

Olympe de pieux solitaires, parmi lesquels les Ottomans citent Geiklibaba ou le *Père des cerfs*, par allusion à son goût pour l'ombre des forêts, et furent dotés par Orkhan d'ermitages encore aujourd'hui célèbres. Les plus humbles industries pastorales ou agricoles recevaient des encouragements et même de la gloire, de la munificence d'Alaeddin et d'Orkhan. Ils honorèrent d'un tombeau monumental, encore debout, un vieux pasteur qui avait inventé de durcir le laitage dans des vases d'argile. On appela ce tombeau, le tombeau de Doghlibaba ou du *Père des potiers*. Une source, nommée la source du ciel, murmura au pied du monument, sous les platanes. Le peuple, crédule, attacha des traditions merveilleuses à ces sages, à ces ermites, à ces artisans des premiers temps de la conquête. Selon les chroniqueurs populaires des Turcs, le vieux derviche *Père des cerfs* vivait dans les hautes forêts de l'Olympe et n'en descendait que pour dicter à Orkhan les oracles du ciel.

Un jour qu'il était descendu ainsi à Brousse, assis sur le dos d'un daim apprivoisé et tenant à la main un rameau de platane, l'arbre favori de l'Olympe, le vieillard planta sa branche de platane dans la cour du palais d'Orkhan, annonçant que l'empire s'enracinerait et étendrait ses rameaux comme l'arbre séculaire. L'arbre et le palais ont péri, consumés dans un des incendies de Brousse.

Abd-el-Mourad, autre derviche, guerrier favori d'Orkhan, avait fait le vœu de ne jamais se servir dans les combats que d'un sabre de bois de platane. La vigueur de son bras donnait, dit-on, à cette arme le coup et le tranchant du fer. Orkhan, à la mort d'Abd-el-Mourad, fit déposer l'arme dans le trésor des reliques de l'empire.

XI

Les parents, les ministres, les compagnons d'Orkhan, enrichis par leurs gouvernements et par leurs dépouilles, bâtirent, à son exemple, des palais, des mosquées, des monastères, des caravansérais, dans la capitale. Les alentours se couvrirent de fontaines, d'aqueducs, de jardins délicieux. Les moines de Byzance, qui avaient recherché de toute antiquité les sauvages et ombreuses vallées du mont Olympe, ces Arcadies de l'Asie, cédèrent ces retraites aux solitaires musulmans. Les poëtes et les sages y fixèrent leur séjour, de préférence à toutes les contrées de l'Arabie, de la Syrie et du Taurus.

Scheiki, le premier des poëtes turcs, y écrivit son

poëme amoureux des aventures de *Kosrew et de Schirin*, ce cantique des cantiques en récit des Orientaux. D'autres poëtes s'y illustrèrent par des odes tour à tour religieuses comme des psaumes, voluptueuses comme des soupirs. Les théologiens, les jurisconsultes, y rédigèrent leurs commentaires et leurs codes.

Des colonies de Bagdad et de Damas semblèrent peupler de piété, de science, de littérature, la nouvelle Bagdad de l'islamisme. Cinq cents tombeaux élevés à la mémoire de ces théologiens, de ces poëtes, de ces législateurs, de ces vizirs, de ces héros, attestent la magnificence des sultans et la pente du caractère de ces pasteurs guerriers vers la méditation de la piété et vers l'enivrement intellectuel de la poésie. Parti du désert, guidé par la foi, illustré par les armes, on sentait dans ce peuple, plus encore qu'aujourd'hui, le triple génie de la contemplation, de l'adoration et de l'héroïsme.

La paix ou la trêve de vingt ans conclue entre Orkhan et l'empire de Constantinople n'avait profité qu'aux Ottomans. L'empire de Byzance portait en lui-même la guerre intestine, et les factions qui décomposent les États vieillis y avaient remplacé le patriotisme. Remontons le cours de ces années de paix pour contempler le déplorable empire dont Orkhan attendait avec certitude la dernière heure.

XII

Après que l'usurpateur Michel Paléologue VIII eut fait brûler les yeux du jeune empereur Lascaris, et obtenu du clergé asservi ou complice l'absolution de son crime et la reconnaissance de son usurpation, les Andronic Paléologue s'étaient tour à tour partagé ou disputé le trône. Andronic II avait un fils auquel il avait donné aussi le nom de Michel pour perpétuer en lui la mémoire de Michel Paléologue, son grand-père et le fondateur de leur dynastie. Ce second Michel, véritable Britannicus de l'empire croulant, avait été, par Andronic son père, associé à l'empire. Loin d'abuser de cette élévation anticipée, Michel avait combattu avec désintéressement et fidélité pendant vingt ans pour la défense et pour la gloire d'Andronic son père et son collègue. Il mourut avant l'heure de son règne. Il laissait un fils enfant, l'espérance et l'idole de son grand-père. Cet enfant reçut le nom d'Andronic le Jeune, pour le distinguer du vieux Andronic, qui l'élevait pour le trône. Cet enfant, indigne du sang de son vertueux père, fut corrompu avant l'âge par les complaisances et les adulations de la cour de Constantinople.

Ses compagnons de débauche, impatients de dévorer son règne, et trouvant que le vieux Andronic vivait trop longtemps pour leur ambition, lui persuadèrent de demander à l'empereur une province à gouverner par anticipation pour s'exercer à l'empire dans une licence complète d'autorité et de mœurs. Le vieux Andronic s'offensa d'une ambition si pressée de régner et réprima avec une juste sévérité les désordres dont son petit-fils scandalisait la capitale. Un fratricide annonça bientôt à Constantinople le règne d'un Néron de l'Orient. Soupçonnant qu'une courtisane grecque, dont il avait reçu les premières complaisances de l'amour, accueillait les visites nocturnes d'un autre amant, il aposta sous les fenêtres de cette femme des jeunes gens armés, instruments de ses débauches, avec ordre de tuer le premier passant dans lequel ils soupçonneraient son rival. Soit hasard, soit rivalité, le jeune Manuel Paléologue, son frère, passa à cette heure dans la rue et tomba sous le poignard des amis d'Andronic. Ce malheur ou ce crime, qui privait Andronic II d'un de ses petit-fils par le complot ou par le désordre de l'autre, remplit de douleur et de colère le cœur du malheureux prince.

Dans son indignation, l'empereur désigna pour son héritier un troisième fils de Michel. Andronic, héritier naturel et dépossédé, demanda des juges. Sa condamnation et sa déposition du rang d'Auguste étaient certaines si ces juges avaient été libres. Mais la faction du jeune ambitieux intimida par le nombre, par les cris et par les armes, le tribunal et l'empereur lui-même. Les cours du palais étaient remplies d'une multitude ameutée de courtisans qui se sentaient frappés dans le châtiment de leur chef. La popularité, comme dans les époques de décadence des mœurs, ne s'attachait pas à la vertu, mais à l'audace; tous les vices de Constantinople se sentaient couronnés dans Andronic. L'empereur, désarmé, transigea avec son petit-fils, et lui concéda le pardon en attendant qu'on lui ravît le trône. Andronic hâta par une conjuration l'heure de précipiter son aïeul.

XIII

L'âme de cette conjuration de palais était le grand chambellan, ou grand domestique de l'empire, Jean Cantacuzène, courtisan politique, écrivain, homme tel que les civilisations vieillies en font surgir entre les peuples et les trônes, qui réunissent en eux l'élégance des mœurs, l'art de la parole, la souplesse des flatteurs, la vénalité des ambitieux, le génie des conspirateurs. Jean Cantacuzène, habile à se préparer un règne en sapant un autre règne, fit évader pendant la nuit le jeune Andronic du palais et s'enfuit avec lui à Andrinople.

Une armée de cinquante mille Grecs, toujours plus prêts à déchirer l'empire qu'à le défendre, se rassembla de toutes les villes voisines autour de la faction d'Andronic le Jeune et de Cantacuzène. L'empire, divisé, eut ainsi pendant sept années deux capitales, deux armées, deux maîtres. Cette guerre parricide, entre le grand-père et le petit-fils, suspendue pendant si longtemps par les négociations de Cantacuzène, se dénoua sans choc par un partage des provinces, des honneurs et des trésors du trône. Mais ce partage, qui légitimait la révolte du jeune prétendant, ne lui suffit pas longtemps. Les défaites successives du vieux Andronic par les Ottomans servaient de griefs à son jeune collègue.

« Que ma situation, disait-il à ses peuples, est
« différente de celle du fils de Philippe de Macé-
« doine! Alexandre se plaignait de ce que son père
« ne lui laissait rien à conquérir, et moi de ce que
« mon grand-père ne me laissera rien à perdre! »

XIV

De telles paroles, en promettant un vengeur à Constantinople, détachèrent du vieil empereur la fidélité des soldats et l'amour du peuple. Le palais, surpris et forcé par le jeune Andronic, livra l'empereur à la merci de son petit-fils.

Abandonné de ses courtisans, n'ayant autour de lui qu'une troupe de prêtres et de pages, le souverain détrôné, sans se douter du danger, pendant la nuit, entendit à son réveil le bruit des armes dans ses appartements, et les acclamations des troupes qui proclamaient sa déchéance. Prosterné aux pieds d'une statue de la Vierge, il attendit la mort ou l'indulgence de son rival. On lui laissa la vie par dédain plus que par générosité. Cantacuzène n'avait pas besoin d'un sang qui aurait crié vengeance, et il avait besoin de conserver des espérances et des pierres d'attente aux deux grandes factions balancées l'une par l'autre entre ses mains habiles.

On accorda à l'empereur dépossédé et aveugle la résidence dans les appartements reculés du palais, quelques vains honneurs de titre et une pension de dix mille pièces d'or pour sa maison. Il n'avait d'autre distraction à ses regrets et à sa cécité, raconte son historien, que d'errer de chambre en chambre dans la solitude de ses appartements, et d'entendre le gloussement au soleil des poules des cours du voisinage, seul bruit de vie qui montât des cours désertes du palais.

Enfin les partisans de son petit-fils, toujours inquiets d'un retour de justice ou de pitié à ce vieillard, le contraignirent à attester sa renonciation au trône en revêtant l'habit monacal et en prononçant les vœux d'abnégation monastique. Le vieil empereur, sous le nom du moine Antonios, était réduit à supplier son petit-fils pour obtenir de sa munificence une robe fourrée pendant les rigueurs de l'hiver. Son médecin lui interdisait l'eau, son confesseur lui défendait le vin. Obligé de s'abreuver de sorbet d'Égypte, il vieillit négligé dans le palais où il avait si longtemps régné, offrant à son peuple et laissant à l'histoire le plus mémorable exemple de l'ingratitude humaine. Il mourut enfin sous l'habit de moine contre lequel il avait changé la pourpre.

XV

L'ingrat Andronic III, son petit-fils, jouit d'une puissance si indignement convoitée sans relever l'empire. Ses débauches le conduisirent jeune au tombeau. Il laissa pour héritier un fils qu'il avait eu d'une princesse de Savoie. Ce fils se nommait Jean Paléologue. Cantacuzène, le grand chambellan, gouverna pendant la minorité de cet enfant. La puissance de ce grand officier du palais, dont nous avons vu les intrigues contre-balancer le pouvoir de son premier maître, égalait celle des empereurs. Le registre de ses richesses privées rappelle les opulences de Lucullus ou de Crassus à Rome. La confiscation de ses trésors en argent, après son premier exil, suffit à équiper une flotte de soixante vaisseaux. Ses greniers contenaient l'approvisionnement d'une capitale en orge et en froment. Deux mille couples de bœufs labouraient ses terres de Thrace; deux mille cinq cents cavales entretenaient de poulains ses haras; trois cents chameaux, cinq cents mulets, cinq cents ânes, cinq mille génisses, cinquante mille porcs et soixante-dix mille moutons remplissaient ses étables ou couvraient ses pâturages.

Là où un sujet possède de telles richesses l'État ne tarde pas à s'appauvrir. Une telle fortune suffit à solder une ou plusieurs factions. Andronic le Jeune avait voulu plusieurs fois l'associer à l'empire. Il s'était contenté jusque-là de la puissance sans s'arroger le titre. Sa régence pendant une longue minorité lui présentait moins d'envie et plus de sécurité.

Mais Anne de Savoie, mère encore jeune de l'empereur enfant, conseillée par un rival de Cantacuzène, revendiqua témérairement la tutelle de son fils. Le clergé et le peuple de Constantinople se déclarèrent pour la mère contre le grand chambellan. Ses biens furent confisqués, sa mère jetée dans un cachot.

A cette nouvelle, Cantacuzène, jugeant qu'il n'y avait plus de refuge pour lui que sur le trône, séduisit son armée, et se fit couronner empereur à Démotica, ville de Thrace. Ses officiers grecs et les guerriers croisés qui peuplaient son armée lui chaussèrent les brodequins de pourpre, signe de l'empire.

XVI

Constantinople et les provinces d'Europe ne suivirent pas cette fois la révolte de l'armée, le clergé, les grands, le peuple, espérant mieux du règne débile d'une femme et d'un enfant que du règne impérieux d'un grand politique. Les trésors des palais et des églises achetèrent en Bulgarie des ennemis à Cantacuzène. Son armée, longtemps immobile derrière ses retranchements, s'alanguit dans l'inaction. A la fin, abandonné de ses troupes, l'usurpateur se réfugia vaincu sans combat dans Thessalonique. Il passa de là en Servie pour implorer le secours du despote des Serbes, peuple barbare qui commençait à s'immiscer dans les querelles de l'Orient, où il portait le poids de ses armes. Les Serbes, après l'avoir accueilli, le congédièrent sans insulte, mais sans secours. Cantacuzène revint vers la mer, et implora l'alliance des Ottomans, les conquérants de sa patrie.

Une de ses filles, donnée en mariage à l'émir, fut le gage de cette alliance, qui fit trembler dans Constantinople les ennemis de Cantacuzène. Deux de ses parents, prisonniers dans le palais, ayant aperçu un jour le premier ministre de l'impératrice qui examinait sans suite des travaux ordonnés par lui dans les cours de leur prison, s'armèrent des outils des ouvriers, se précipitèrent sur le ministre, et l'étendirent mort à leurs pieds. Les prisonniers du parti de Cantacuzène, brisant leurs fers à ce signal, et suspendant aux créneaux de leur tour la tête du ministre assassiné, appellent à la liberté le peuple. Mais le peuple, ému par les larmes de l'impératrice et de la veuve du mort, ne répondit à cette provocation qu'en forçant les portes de la prison et en immolant, innocents ou coupables, tous les prisonniers suspects d'attachement au parti de l'usurpateur. Celui-ci s'approchait avec un corps turc de Constantinople.

Anne de Savoie, menacée d'une rivale de puissance dans une autre impératrice qui s'assoirait à son niveau sur le même trône, jurait de s'ensevelir sous les cendres de son palais. Ces serments ne purent balancer la victoire. Cantacuzène, invincible avec ses nouveaux auxiliaires, entra dans Byzance, ménagea respectueusement l'impératrice, donna une autre de ses filles au jeune empereur, et se contenta pour lui-même de la régence pendant dix ans. Les enfants qui naîtraient de l'empereur et de sa fille devaient confondre le sang des

deux races prétendant à l'empire, les Paléologues
et les Cantacuzènes. L'empire, appauvri par la
longue guerre civile, était si ruiné, que le festin
impérial du mariage fut servi dans des vases d'étain
et d'argile.

XVII

Cette réconciliation fut agitée et courte. Le jeune
empereur, échappant à son tour au régent son collègue, s'enfuit à Thessalonique, appela les Serbes
à son parti, et, vaincu encore, se réfugia dans un
esquif sur le rocher de Ténédos, en face des Dardanelles.

Cantacuzène indigné répondit à cette agres-
sion en faisant couronner son propre fils empereur à Constantinople. Les marchands génois, qui
avaient construit une ville avec l'autorisation de
l'empire en face de Byzance, du côté opposé à la
Corne-d'Or, conspirèrent avec les partisans cachés des Paléologues contre l'usurpateur. Péné-
trant la nuit avec deux galères génoises chargées
de soldats et d'armes dans le port, ils se firent
ouvrir la porte du palais. Aux cris de « *Victoire
et fidélité à l'empereur Paléologue!* » ils entraî-

nèrent la garde même de Cantacuzène à la sédition. Cantacuzène, réveillé par ce cri vengeur et renfermé dans l'intérieur de son palais, abdiqua, pour épargner, dit-il, le sang de sa patrie. Il se retira dans un monastère sous le nom de père Josaphat, et, ne pouvant plus remuer l'empire, il voulut encore remuer le ciel.

XVIII

Une doctrine mystique, émanée des fakirs de l'Inde, apportée en Asie Mineure par les derviches musulmans, et adoptée avec une superstitieuse stupidité par quelques moines chrétiens, passionnait alors les esprits quintessenciés des Grecs, plus que les discordes civiles et les catastrophes de l'empire. Un saint abbé, supérieur des milliers de moines qui peuplaient les vallées et les rochers du mont Athos, cette ruche de cénobites, avait expliqué ainsi à ses moines la doctrine autour de laquelle le monde théologique s'agitait :

« Quand vous serez seul dans votre cellule, fermez la porte et asseyez-vous dans un angle. Élevez votre imagination au-dessus de toutes les choses vaines et transitoires; appuyez votre barbe et votre menton sur votre poitrine, tournez vos regards et vos pensées vers le milieu de votre ventre où est placé le nombril, et cherchez le siége de l'âme. Tout vous paraîtra d'abord désordre, obscurité et confusion. Mais si vous persévérez jour et nuit, vous éprouverez une jouissance délicieuse. Dès que l'âme a découvert la place du cœur, elle jouit d'une lumière mystique et éthérée. »

Ce rêve des quiétistes modernes, renouvelé des quiétistes orientaux, devait fasciner le génie argutieux des Grecs que la théologie avait aiguisé depuis sept siècles aux controverses sacerdotales. Des distinctions inexplicables qui prétendaient tout expliquer vinrent obscurcir encore ces ténèbres. La passion s'empara de ces fantômes de l'esprit pour diviser les cœurs. Il y eut des factions théologiques plus âpres et plus sanguinaires que les factions du palais.

La fureur des moines du mont Athos menaça la vie d'un autre moine nommé Barlaam, qui niait la divinité de cette émanation lumineuse du nombril humain. Un autre moine, nommé Palamos, prétendit que cette lumière était le milieu divin qui avait ébloui les disciples du Christ pendant sa transfiguration sur le mont Thabor. L'empire tout entier prit parti pour ou contre cette hallucination du mont Thabor.

Cantacuzène présida comme empereur le synode qui déclara cette croyance dans la divinité de la lumière article de foi. On priva de la sépulture les incrédules à cette chimère des visionnaires. Il continua de défendre dans son couvent, par ses écrits, ce qu'il avait défendu par sa puissance sur le trône. Il mourut dans l'emploi de ses dernières années à ces puérilités de la polémique.

XIX

L'empire lui dut le premier exemple du mariage d'une princesse chrétienne de la famille impériale avec un émir ottoman. Les ambassadeurs d'Orkhan vinrent prendre à Selymbria, sur la rive d'Europe, la belle Théodora, fille de Cantacuzène et de l'impératrice Irène, sa femme. On avait tendu un immense pavillon en soie sur le bord de la mer pour servir de gynécée à l'impératrice Irène et à ses filles. Elles y passèrent la nuit. Au lever du jour, l'empereur Cantacuzène parut à cheval à la tête de son armée derrière la tente. Les rideaux tombèrent ; la jeune et belle Théodora, victime sacrifiée à la concorde entre les deux races, se montra aux Grecs et aux Turcs assise sur un trône élevé dont le dais en soie et en or étonnait la simplicité des Ottomans. Les eunuques du palais de Constantinople, demi-hommes dont les Turcs empruntèrent bientôt l'infâme usage à la corruption des empereurs chrétiens, étaient prosternés le front dans la poussière, au pied du trône. Les trompettes remplirent les airs de sons belliqueux.

A ce signal, Théodora, pleurant sa mère, son Dieu, sa patrie, fut remise aux ambassadeurs d'Orkhan. Une flottille turque l'emporta sur l'autre rive où l'attendait son époux. Les deux religions s'étaient fait des concessions réciproques pour sauver le double sacrilége aux yeux des deux races. Théodora avait le droit de conserver le culte de son enfance dans le harem de Brousse. Quoique épouse d'un mari qui entretenait d'autres épouses dans son palais, elle y vécut en chrétienne pieuse et irréprochable au milieu des mœurs musulmanes. Elle y conquit l'amour de son mari et le respect des Turcs.

Peu de mois après cet adultère entre les deux empires, Cantacuzène, rentré en possession de Constantinople par le secours de son gendre, rendit visite à sa fille dans le palais de Brousse. Orkhan, accompagné des quatre fils qu'il avait déjà de ses autres femmes, vint au-devant de l'empereur, son beau-père, jusqu'à Scutari. Les festins et les chasses dans le mont Olympe signalèrent cette hospitalité d'Orkhan à Brousse. Théodora obtint de lui la permission de retourner de temps en temps visiter sa mère et ses sœurs dans la patrie et dans les temples de son enfance. Elle revint toujours fidèlement à Brousse, même quand l'ambition d'Orkhan eut fait oublier à ce prince les serments d'éternelle amitié qu'il avait faits au père de sa femme.

Mais l'empereur grec avait été obligé d'accepter de ses vainqueurs, devenus ses protecteurs, une loi plus odieuse et plus antipathique à l'honneur et à la foi des chrétiens. Les Turcs avaient stipulé pour eux le droit de conduire leurs esclaves prisonniers, même chrétiens de race, et de les vendre à leur profit sur les marchés de Constantinople, afin d'en tirer de plus riches rançons.

On vit, disent les historiens byzantins, on vit, à la honte des hommes et des anges, une foule de chrétiens de tout sexe et de tout âge parqués comme des troupeaux sans maîtres sur les places de Constantinople et vendus au plus offrant chrétien ou barbare, sans acception de culte. Les Turcs les accablaient de fer et de sévices sous les yeux des Grecs leurs compatriotes, afin d'exciter par la pitié les chrétiens riches à racheter leurs frères. Mais, malgré cette émotion publique, un grand nombre d'enfants et de vierges restèrent sans enchères et furent reconduits dans les provinces turques d'Asie pour y abjurer leur foi ou pour y subir l'esclavage sous des maîtres mahométans.

XX

Orkhan, à qui son père avait donné pour épouse, à l'âge de douze ans, la belle et fameuse Nilufer, avait plus de soixante ans quand il épousa Théodora.

Son fils aîné, Soliman, s'exerçait, sous lui, aux armes et à la politique. Orkhan lui avait donné le gouvernement absolu de l'antique Mysie, où les barbares eux-mêmes admiraient les ruines de la ville opulente de Cyzique, renversée et spoliée par Lucullus. Les ruines de Cyzique sont situées sur une presqu'île de la mer des Dardanelles, en face de la côte d'Europe. Une nuit que Soliman, assis au bord de la mer, contemplait, dans un solennel recueillement, ces débris de temples et de palais éclairés comme des monuments fantastiques par le demi-jour d'une lune à son premier croissant, une brume transparente, chassée par le vent du nord, vint se répandre sur ces ruines et leur imprimer, par ses ondulations, l'apparence de la vie et du mouvement. Il crut que ces fantômes de villes secouaient leur linceul et se relevaient de leur sépulcre. Le bruissement des vagues à ses pieds, ajoutant à ces illusions, lui semblait les murmures d'une grande ville qui se réveille. Il se souvint de cette lune prophétique qui, sortant autrefois en songe du sein d'Edébali, et représentant la belle et féconde Malkatoun, avait apparu à son grand-père Othman dans les gorges de la Phrygie. Cette seconde apparition de la lune, éclairant à la fois l'Asie et l'Europe dans une scène aussi solennelle, lui parut une confirmation de la promesse faite à son aïeul et un reproche de la temporisation de son père Orkhan. Ainsi la simplicité crédule du pasteur se mêle toujours, dans le Turc, à l'héroïsme du guerrier. L'Orient a des songes dans toutes ses histoires. C'est une lune qui conduit les Ottomans, d'abord en Phrygie, puis en Europe.

XXI

Soliman, à peine éveillé de sa contemplation, communique son rêve aux guerriers que son père lui avait donnés pour compagnons de guerre et de politique en Mysie. C'étaient Adji-beg, Ghazi-fazil, Évrénos, Ilbeki, ancien vizir d'un prince turc, maintenant vassal d'Orkhan. Ces hommes, aussi simples d'esprit que fermes de cœur, ne doutèrent pas d'un prodige dans une apparition naturelle. Le zèle qui les dévore pour la propagation de la foi du prophète ajoute la confiance à l'intrépidité. Ils n'attendent pas le jour pour accomplir l'ordre des astres. Ils s'élancent sur leurs chevaux toujours sellés et bridés autour des tentes; ils galopent vers le petit port voisin de Cyzique nommé Gouroudjouk. Une barque de pêcheurs les porte dans les ténèbres sur la côte d'Europe voisine de Gallipoli; ils parcourent rapidement les campagnes voisines de Tzympé, autre ville de guerre de la Thrace; ils enlèvent un Grec qui sortait des portes, le font monter de force avec eux sur la barque qui les ramène à Gouroudjouk; ils s'informent auprès de leur prisonnier s'il leur sera facile de surprendre les remparts de Tzympé.

Mais les navires manquaient à Soliman et à ses compagnons pour transporter une expédition sur l'autre rive. Le jour suivant ils construisent deux radeaux formés de troncs d'arbres reliés ensemble par des courroies de cuir de bœuf et pourvus de voiles et de rames. A la chute de l'ombre, ils s'embarquent au nombre de trois cents guerriers sur ces grossiers esquifs. Le courant, le vent, la nuit les secondent. Ils descendent en silence sur la plage, s'approchent sans être aperçus des remparts déserts de Tzympé, les escaladent en accumulant dans les fossés des amas de fumier rejeté par les habitants du haut des murailles; la moisson qui retenait la population presque entière dans les plaines de la Thrace les favorise. Ils égorgent le peu de soldats restés dans la ville; ils vont chercher sur la côte de Mysie de nouveaux renforts, et établissent en peu de temps une garnison de trois mille Turcs dans les murs de Tzympé, défiant et menaçant de là la ville opulente et forte de Gallipoli, rempart de la Thrace.

XXII

Dix mille cavaliers d'Orkhan, protégés désormais dans leurs incursions par la possession de Tzympé, fondirent sur la Thrace. Le ciel sembla conjuré avec les Ottomans contre cette malheureuse province, grenier de l'empire. Ses villes et ses villages s'écroulèrent sous de longs tremblements de terre. Les habitants fugitifs tombèrent en fuyant la mort dans l'esclavage des Turcs campés sous leurs tentes à l'abri des écroulements. Une secousse plus violente que les autres ouvrit de deux larges brèches les fortes murailles de Gallipoli. Soliman se précipita avec ses compagnons par ces brèches. Gallipoli, la clef des Dardanelles et de la mer de Marmara, la citadelle et l'arsenal de l'empire, une des premières conquêtes d'Alexandre, tomba au pouvoir de deux chefs de hordes tartares, Adji-beg et Ghazi-fazil. Ils donnèrent leur nom à la riche plaine de Thrace qui entoure la ville ; et leurs deux tombeaux, dit le savant Hammer, sont encore visités par les Turcs comme les deux premières bornes que l'empire ottoman planta en Europe.

XXIII

Soliman, revenu en Mysie, inonda coup sur coup la Thrace conquise de hordes turques, arabes, mongoles, qui se supplantèrent partout sur les rives de l'Hellespont aux populations grecques refoulées, ou qui partagèrent avec les vaincus les villes et le sol. A la fin de l'année 1357, les rives de l'Hèbre étaient couvertes de leurs chevaux et de leurs tentes jusqu'aux gorges de Chariupolis. Un courant incessant sembla déverser sans interruption pendant plusieurs années les populations asiatiques sur la côte d'Europe. Des *lettres de victoire*, sorte de manifestes de conquêtes signifiés au monde, selon l'usage oriental, furent adressées coup sur coup par Orkhan, de sa capitale de Brousse, à tous les khans, émirs ou sultans de l'Asie Mineure.

Ces lettres de victoire, en répandant sa renommée et celle de son fils Soliman, assujettissaient de plus en plus à sa maison les émirs de l'Ionie, de la Caramanie, de la Colchide et du Taurus, qui hésitaient encore à reconnaître sa suprématie. Orkhan autorisa Soliman à transporter sa résidence au sein de ses conquêtes d'Europe et lui donna pour capitale Gallipoli.

Les voyageurs, en passant devant les vertes collines baignées par la mer qui lave les pieds de cette ville, voient encore, dans les brèches des épaisses murailles, dans les coupoles et dans les minarets mêlés aux voûtes et aux tours des églises byzantines, les traces des deux peuples et des deux religions qui se sont combattus, puis confondus sur ce rivage. Les vallées voisines furent données par Orkhan en fief perpétuel aux principaux compagnons de son fils.

XXIV

L'heureux Soliman ne jouit pas longtemps de sa fortune et de sa gloire. Il avait transporté en Europe le goût, le luxe et les exercices belliqueux du désert. Un jour qu'il chassait les oies sauvages de la Thrace dans les marécages de l'Hèbre, près d'un platane célèbre comme celui de Godefroy de Bouillon près de Constantinople, nommé *l'arbre du Seïd* ou *Cid*, son cheval, qui rivalisait d'ardeur avec le vol de son faucon, le précipita avec un tel choc contre le tronc du platane, qu'il expira sans avoir jeté un cri.

Son père Orkhan, désespéré de perdre dans ce héros le premier-né de Nilufer et la gloire naissante de sa race, lui fit construire un magnifique tombeau sur les bords élevés et toujours murmurants de l'Hellespont, sa conquête. Ce tombeau, fréquenté des pèlerins jusqu'à nos jours, est encore honoré des visites, des éloges et des regrets des Ottomans, qui célèbrent en Soliman le premier envahisseur de l'Europe. Les cyprès qui l'ombragent se réfléchissent aux lueurs de la même lune dont le croissant prophétique fit rêver à Soliman sa navigation dans la même mer qui le porta sur son radeau à Tzympé.

Dans les périls publics, les Turcs invoquent le nom de Soliman. Il apparaît quelquefois dans les batailles à travers la fumée du canon, monté sur un coursier blanc et entouré de ses héros divinisés, comme les cadavres des monuments de Cyzique lui apparurent à lui-même mouvants et ressuscités à travers la brume de la nuit qui couvrit son passage en Europe.

XXV

Orkhan, au milieu de ses conquêtes, poursuivait l'organisation militaire, civile et religieuse de l'islamisme dans ses vastes possessions d'Asie. Comme Constantin et Charlemagne, il céda beaucoup au fanatisme superstitieux du culte auquel il devait tout. Les derviches, mot qui veut dire *seuils de la porte*, parce qu'ils vivent renfermés dans les murs de la maison, uniquement adonnés aux pensées de la vie future, et les fakirs, mot qui veut dire *pauvres volontaires*, parce qu'ils ne vivent qu'en glanant sur les richesses d'autrui, furent comblés par lui de déférence et de crédulité. Le clergé mahométan, multiplié et quelquefois dominé par de tels auxiliaires dont rien ne réduisait le nombre, commença à contre-balancer souvent tous les pouvoirs et à corrompre la simplicité de la religion du prophète par des traditions populaires et par des pratiques indiennes.

Mahomet, témoin pendant ses voyages en Syrie de l'accroissement démesuré des monastères chrétiens, des miracles fabuleux et des crédulités grossières dont ces solitaires ignorants infectaient les dogmes purs de l'Évangile, avait pressenti ce danger pour son culte. Il avait dit : « Point de moines dans l'islamisme »; et cette parole avait été au commencement obéie. Mais, sous les khalifes ses successeurs, moins vigilants que le prophète à prévenir tout ce qui rappellerait les Arabes à leur ancienne idolâtrie, les fakirs s'étaient, comme une lèpre, superposés au mahométisme.

Une autre parole du Coran : « La pauvreté fait ma gloire, » avait été interprétée par les docteurs de Médine, de Bagdad et de Damas comme une incitation à la vie ascétique et à la mendicité pieuse. De là, selon les savantes investigations de M. de Hammer, en Turquie, en Arabie et en Perse, trente-six ordres religieux ne tardèrent pas à éclore. Pour les uns, l'ardeur de la perfection mystique qui s'était propagée des Indes par les rivages du golfe Persique; pour les autres, l'orgueil de mépriser ce que le commun des hommes désire; pour ceux-ci, le respect des peuples toujours prêts à s'incliner devant ce qui les étonne; pour ceux-là, les douceurs de cette oisiveté sédentaire ou vagabonde qui moissonne où elle n'a pas semé, avaient été les mobiles de cette multiplication des moines mahométans. L'exemple des ermites, des cénobites des monastères chrétiens, dont les pays conquis sur les Grecs étaient couverts, leur faisait croire qu'il n'y avait pas de religion sans ces abus ou sans ces excès de la piété. Ils rivalisèrent bientôt de nombre et de délire avec les Thébaïdes de l'Égypte, les grottes du Liban, les cavernes du mont Athos, où des montagnes entières étaient percées comme des ruches par ces abeilles ou par ces frelons du monachisme chrétien. La renommée de sainteté qui s'attachait à ces solitaires s'attacha de même chez les mahométans aux costumes et aux sévérités des derviches.

Le premier monastère de cet ordre avait été fondé en Arabie par un fanatique nommé Ouweïs, qui s'était arraché toutes les dents en mémoire des deux dents que le prophète avait perdues sous le javelot d'un de ses ennemis dans son second combat contre les idolâtres. Cette mutilation, imitée d'abord par quelques compagnons d'Ouweïs, avait été remplacée à Bagdad par d'autres pratiques moins cruelles. Les derviches honorés par les khalifes y avaient conquis tant d'empire, qu'on appelait Bagdad la ville des saints.

Les derviches tourneurs, qui se donnent le vertige de leurs visions par de furieuses évolutions sur eux-mêmes, comme les moines grecs de Constantinople se donnent le vertige de la vision de la lumière incréée du mont Thabor par l'immobile contemplation de leur nombril ; les derviches hurleurs, qui s'exaltent par leurs hurlements jusqu'à délirer, et qui retombent anéantis comme les pythonisses antiques sous la lassitude de leurs fureurs sacrées ; les derviches disciples d'Inder-Baba-Reden, qui s'enivraient du haschisch, extrait de plantes vénéneuses recueillies dans les gorges du Thibet ou du Taurus ; les derviches sectateurs d'Aboul-Hassan, qui découvrit le premier les vertus excitantes des grains du café, arbuste des rochers de Moka ; les derviches poètes, apôtres d'Alaeddin, ce David des musulmans, qui chantait en vers les grandeurs et les miséricordes de Dieu, et qui sanctifia la poésie par la piété ; tous ces ordres, les uns fanatiques, les autres ridicules, quelques-uns utiles à la renaissance de la littérature arabe parmi les conquérants turcs, avaient pullulé dans le mont Olympe et dans Brousse.

Le règne d'Orkhan en vit naître d'autres. Quelques-uns ne sont que des jongleurs faisant fleurir des branches desséchées plantées en terre, jouant avec le feu ou apprivoisant les serpents comme les psylles de l'Égypte ; quelques autres rappellent les mystérieuses initiations d'Hermès, de Pythagore, des francs-maçons.

Chacun des chefs de ces ordres légua son esprit

à quatre apôtres, à l'exemple des quatre évangélistes du dogme chrétien. La littérature sacrée, favorisée, pendant le règne d'Orkhan à Brousse, par les libéralités et les fondations dont il honora les saints, les savants et les poëtes, rivalisa presque avec la littérature arabe et avec la poésie persane. Quelques-uns de ces théologiens, de ces légistes, de ces poëtes, reçurent le titre de *pacha*, titre dérivé de deux mots persans, *paï* et *schah*, qui signifie *pied du schah*. Cette dénomination asiatique remonte à Cyrus. Il donnait, par extension de son autorité, à ses grands officiers, le nom d'un des membres de sa personne. Les administrateurs étaient ses *yeux*; les percepteurs d'impôts ses *mains*, les surveillants ses *oreilles*, les juges sa *langue*, les gouverneurs, les vizirs, les visiteurs de provinces ses *pieds* ou ses *pachas*.

XXVI

La douleur qu'Orkhan ressentit de la perte de Soliman son fils hâta sa mort. Il succomba à l'âge de soixante-quinze ans, à cette tristesse qui saisit les hommes rassasiés de bonheur et de gloire quand ils voient disparaître avant eux de la terre ce qui devait les continuer et les perpétuer ici-bas. Après avoir, pendant la moitié de sa vie, combattu en héros, il avait pendant la seconde moitié régné en législateur. Le génie d'Alaeddin, son frère, et les longs jours de paix passés à Brousse au milieu des saints, des sages, des historiens, des poëtes accourus, de la Perse et de l'Arabie, à sa splendeur, avaient plus civilisé les Ottomans que les trois siècles de leur marche et de leurs combats de l'Oxus au bord de la mer de Marmara. La horde de pasteurs était devenue un peuple; les tentes s'étaient transformées en palais; les richesses conquises sur les Grecs à Nicée, à Nicomédie, à Brousse, à Gallipoli, à Constantinople même, avaient servi à construire en marbre et en pierres les mosquées, les tombeaux, les hospices, les caravansérais, les écoles, les séminaires, les casernes, les palais, les bains, les fontaines d'une nouvelle Bagdad sur le plateau de Bithynie. Ces trésors avaient été libéralement prodigués surtout à l'encouragement de la foi, à la culture des lettres, à l'éducation du peuple.

Les progrès rapides que les Ottomans firent dans ce long règne de quarante ans dans la jurisprudence, dans la théologie, dans l'éloquence, dans l'histoire, dans la poésie, ont fait comparer Orkhan à un saint Louis barbare des Turcs. Brousse tout entière, encore aujourd'hui, n'est qu'un splendide tombeau construit à sa cendre et à sa mémoire.

La nature, qui voulait faire grandir ce peuple vite, pour occuper le vide que l'épuisement de l'empire byzantin laissait en Asie, en Afrique, en Europe, semblait avoir donné tour à tour et alternativement aux Ottomans un chef belliqueux comme Othman, et un prince législateur comme Orkhan, afin de conquérir pendant un règne, et de civiliser pendant un autre règne les conquérants eux-mêmes.

Le portrait que les historiens turcs et chrétiens font d'Orkhan répond au caractère d'intelligence, de douceur et de majesté patriarcale que son règne lui attribue dans la famille des sultans.

Bien qu'il eût, comme son père Othman, le nez arqué de l'aigle du Taurus, les sourcils noirs et épais, les cheveux blonds de sa race, les yeux bleus d'un fils des steppes, le front large, les lèvres fortes, les épaules larges, les bras longs, le buste solide sur des jambes courtes, la rudesse des Tartares avait déjà disparu en lui sous la grâce du visage. La beauté de sa mère Malkatoun transperçait à travers la blancheur et la finesse de son teint. Il avait le geste noble, la voix caressante; on sentait le roi sous l'émir; un signe noir et velouté de poils blonds entre la joue et l'oreille, qui lui venait de Malkatoun, signe que les Orientaux considèrent comme un caractère de félicité écrit sur la peau, est comparé par les historiens contemporains à un grain de pavot flottant sur une coupe de lait. Ils attribuent le bonheur de ses entreprises, les conquêtes de son règne, la splendeur de ses dernières années à ce signe où les Arabes voient encore un présage. L'histoire les attribue à son génie, admirablement formé, par le sage Edhébli, son aïeul, aux circonstances; génie qui regardait, comme la double pointe de son épée, les deux horizons de Brousse, sa capitale: du côté sauvage, l'Asie et ses intrépides compagnons; du côté cultivé, l'Europe et ses civilisations raffinées, qu'il allait à la fois conquérir et rivaliser avec la force des armes et avec l'émulation de l'esprit.

Il mourut comme Moïse, les pieds encore sur l'Asie, mais les yeux déjà sur l'Europe, laissant à ses fils le double exemple de son ardeur à subjuguer ce qui résistait, et de sa patience à attendre la décomposition de ce qui cédait devant lui; pressé et lent à la fois à remplacer en Europe cette ombre d'empire qui l'obstruait encore, mais qui ne vivait déjà plus.

LIVRE CINQUIÈME

I

Amurat ou Mourad Ier, second fils d'Orkhan, par sa première femme Nilufer, fut proclamé émir des Ottomans par droit de naissance. Orkhan, qui destinait son héritage à Soliman, n'avait pas offert à Amurat les occasions de gloire et les grands gouvernements préludes du trône. Jusqu'à la mort de Soliman, il avait redouté entre les deux frères des rivalités et des compétitions de puissance propres à diviser les Ottomans. Quelques-uns de ses conseillers lui avaient même fait envisager la mort d'Amurat comme un sacrifice cruel, mais peut-être nécessaire à la paix de sa race après lui. Orkhan avait heureusement repoussé ces funestes conseils devenus plus tard la politique barbare de la maison d'Othman, jusqu'à nos jours, où la nature parut avec raison au sultan Abdul-Medjid la plus sûre et la plus sainte des politiques.

Amurat, quoique confiné par la prudence paternelle dans les loisirs ou dans les études de la paix, avait le courage de son père et les grâces de sa mère. Son visage recueilli, fier et doux, n'avait pas besoin d'autre diadème que sa majesté naturelle. Il trouvait son peuple façonné à l'obéissance, des lois acceptées, des gouverneurs fidèles, des armées aguerries, une immense renommée et une terreur universelle répandues en Europe et en Asie devant les pas des Ottomans.

L'ambition héréditaire d'Amurat était d'étendre les conquêtes de son frère Soliman dans la Thrace et dans la Macédoine, pour descendre de là dans la Grèce antique, et pour semer le dogme du Dieu unique dans ce berceau de toutes les fables du paganisme.

Cependant tous les historiens de son temps s'accordent à croire que le jeune Amurat, raffiné par les poëtes et par les philosophes persans à la cour de son père, et instruit des dogmes chrétiens par sa mère Nilufer, qui était née chrétienne, n'avait pas dans le fond de ses pensées le zèle de l'islamisme affecté dans ses paroles. On le disait moins intolérant que politique. La religion était le prétexte plus que le mobile de ses guerres ; il voulait surtout élargir la patrie de sa race, agrandir son nom et celui de sa maison par un grand règne. Régner, pour un peuple conquérant, c'était vaincre. Les nations jeunes et en marche vers leur destinée ne reconnaissent leur souverain qu'à la victoire.

Un obstacle restait derrière lui et près de lui, dans les gorges du Taurus et sur les côtes de la Caramanie. C'était l'émir de la Caramanie, chef comme lui d'une des tribus de ces Turcomans, à qui la fin des Seldjoukides avait laissé leur indépendance, et qui s'étaient comme Othman fondé des colonies conquérantes dans les différents royaumes de l'Asie Mineure.

II

Amurat, informé des dangers que la rivalité armée du prince de Caramanie commençait à lui. susciter à Angora, capitale de l'ancienne Galatie, replia toutes les troupes de son père au pied du mont Olympe, et, ramenant en arrière ses guerriers indignés d'être ralentis dans leur essor vers l'Europe par la jalousie d'un prince turc, marcha vers Angora.

Cette oasis des montagnes de l'Asie Mineure était célèbre parmi les pasteurs turcs par la laine de ses troupeaux de moutons, dont la queue élargie traîne jusqu'à terre, et par les riches couleurs dont les femmes d'Angora teignaient leurs toisons. Les laboureurs n'estimaient pas moins cette contrée pour ses vergers, arrosés du cours écumant de l'Ayasch, et dont les poiriers, les pommiers et les pampres ont fait donner au mont Adoreus, qui domine la ville, le nom d'Elmataghi, *montagne des pommes.*

Des bains célèbres, dont l'eau sort bouillante de ses sources, y attiraient les blessés et les malades de toute la Grèce; les ombrages, les grottes et les rochers pittoresques de la vallée voisine d'Atenosi, y rappelaient Tempé aux peintres et aux amants. Des débris de temples païens mêlés aux clochers et aux nefs des chrétiens, aux minarets et aux premières coupoles du prophète, et revêtus de l'éclat d'un ciel lumineux; enfin, des remparts, des fossés taillés dans le roc, des portes de bronze ciselé, restes de son antique opulence, égalaient presque Angora à Brousse.

Le prince de Caramanie, vaincu sous ses murs, abandonna cette dépouille à Amurat, et se dispersa dans les gorges du Taurus. Amurat fit d'Angora la clef et la citadelle du nord de ses possessions. Les Turcs du prince de Caramanie se fondirent dans son armée; les chrétiens se soumirent à son gouvernement et à ses impôts. Cette courte expédition rétablit l'autorité de son nom sur les tribus plus faibles de Turcomans qui campaient entre les deux mers. Il donna Angora en fief et en garde à un de ses généraux, et reprit triomphant le chemin de Brousse.

III

A l'exemple de son oncle, le vertueux Alaeddin, il organisa avant de conquérir. La plus décisive, comme la plus téméraire de ses institutions, après son retour à Brousse, fut celle du *beglerbeg*, mot qui signifie le prince des princes, l'émir des émirs, le vizir des vizirs : sorte de vice-royauté universelle comprenant la justice, l'administration, l'armée, qui plaçait dans la main d'un seul homme tout l'empire ; mais cet homme, qui n'était lui-même que la main visible et responsable du souverain, ne jouissait de cette toute-puissance déléguée qu'à la charge d'en répondre à chaque instant par sa tête. C'était plus qu'un premier ministre, c'était un maître absolu; mais ce maître était en même temps un esclave.

Ce titre de beglerbeg impliquait en même temps, pendant la guerre, celui de grand vizir. Amurat appela à ce poste un vieillard, ancien compagnon de guerre de son père et de son frère Soliman, nommé Lalaschahin, homme étranger à sa famille. Il interdit à ses parents rapprochés et à ses fils les hautes fonctions de l'État qui pouvaient tenter leur ambition et menacer le pouvoir suprême.

Après avoir ainsi constitué la vigueur du gouvernement dans l'unité d'action, et après avoir relégué dans l'impuissance tous les princes de sa famille, il traversa lui-même l'Hellespont, sur les traces de son frère Soliman, et subjugua ville par ville, forteresse par forteresse, toute la Thrace maritime.

Tandis qu'il s'avançait lui-même vers le nord, où coule l'Hèbre au pied des montagnes, ses généraux Évrénos et Ilbeki s'emparaient de Démotica, ville impériale, fameuse par ses monuments et ses fabriques de faïence. Le commandant grec de Démotica leur livra la ville pour racheter la vie de son fils unique fait prisonnier dans une sortie et menacé de la mort sous les yeux de son père.

Amurat, pendant ce siége, s'approchait de la seconde capitale de l'empire grec en Europe, Andrinople. Rejoint dans la riche vallée de l'Hèbre ou de la Maritza, qui sert à la fois d'avenue, de défense et de site à cette capitale, par Évrénos et par Ilbeki, Amurat, après avoir conféré avec eux et compté ses troupes, résolut d'enlever aux Grecs ce boulevard de l'empire au nord. C'était tout enlever à l'empire de Byzance, même la retraite vers l'Europe, d'où cet empire d'Orient était sorti.

IV

Andrinople, fondée par l'empereur romain Adrien sur les vestiges d'une ville primitive barbare, rappelle aux yeux, au pied des montagnes de Macédoine en Europe, le site de Damas au pied des montagnes de l'Anti-Liban en Asie. Comme Damas, elle a pour horizon rapproché les flancs herbeux et gras des cimes dentelées qui se perdent dans les nuages; comme Damas, les eaux limpides et écumantes de trois rivières la baignent; comme Damas, elle est assise à l'issue d'une vallée, à l'ouverture d'une vaste plaine, au milieu de vergers et de jardins de rosiers, de coignassiers, de vignes et de noyers qui la voilent à demi aux yeux. Les historiens et les poëtes l'ont chantée de tout temps comme la grâce de la terre et la force de l'empire.

Une population moins nombreuse, mais plus laborieuse et plus martiale que celle de Constantinople, défendait Andrinople. Ses habitants, déjà un peu énervés par l'oisiveté et par le commerce, pouvaient se recruter contre les Turcs des populations à demi barbares de la Bulgarie, de la Servie et de l'Albanie limitrophes de leur ville. Leurs remparts étaient assez larges pour contenir plusieurs armées. Mais la terreur, le découragement, la trahison, ces symptômes de la décadence des empires, avaient tout avili. Andrinople, sans espoir de secours du côté de Constantinople, sans autre résultat qu'une courte trêve même par la victoire, se résigna à son sort. Son commandant seul, nommé Adrien, après avoir héroïquement défié Amurat en plaine avec une poignée de soldats étrangers, qui conservaient au moins l'honneur, s'embarqua sur des radeaux avec ses guerriers, et, se livrant au courant de la Maritza débordée, arriva jusqu'à son embouchure dans la mer, et se réfugia de là à Constantinople.

V

Si Amurat n'avait pas eu Constantinople en perspective, il aurait établi le siége du nouvel empire à Andrinople. Tout l'y invitait, le site, le fleuve, les pâturages, la fécondité de la plaine, la population riche et active, les monuments, enfin le voisinage des Bulgares, des Serviens, des Albanais, plus faciles à refouler ou à contenir de là que de tout autre ville de l'Europe. Mais il craignit que la possession et les délices de cette capitale n'amortissent parmi ses soldats et parmi ses successeurs l'ardeur qui devait porter sans cesse leurs pensées vers Byzance. Il abandonna Brousse comme une station qu'on laisse derrière soi en levant un camp ; il ne voulut pour lui-même et pour ses descendants qu'une capitale précaire et provisoire, un camp, plutôt qu'une résidence fixe, assis sur la côte européenne de la mer. Il choisit Démotica, site intermédiaire entre Andrinople, Brousse et Constantinople.

Il laissa le gouvernement d'Andrinople à Lalaschahin, son grand vizir et son beglerbeg, pour achever la soumission de la Thrace, de la Bulgarie, de la Servie jusqu'au Danube. Lalaschahin conduisit l'armée victorieuse du sultan sous les murs de Philippopolis, grenier de ces provinces. Cette ville opulente et forte, bâtie sur un des contre-forts du mont Hémus, sur la pente escarpée d'une colline, dominée par une citadelle dont le site et les ruines attestent la ressemblance avec celle d'Athènes, défendue à ses pieds par le cours large et écumant de l'Hèbre, tomba plus lentement qu'Andrinople sous les assauts du vieux Lalaschahin.

Philippopolis ouvrait au trésor du sultan une source abondante de revenus. Indépendamment du tribut imposé par le Coran aux populations chrétiennes, la dîme prélevée par le gouvernement régulier sur le commerce de grains et de fruits de cette ville s'élevait, sous les empereurs grecs, à quatre millions d'*aspres* par année. Lalaschahin, voulant ouvrir aux armées des Ottomans une route militaire à travers les Balkans, les vallées et les plaines qui s'étendent sur les deux revers de ces Apennins grecs, employa les nombreux esclaves non rachetés, faits à Andrinople et à Philippopolis, à tracer cette route et à construire des mosquées et des hospices dans toutes les villes de sa conquête. L'Hèbre, sous les murs de Philippopolis, écume encore sous un pont de rochers de la longueur de deux portées de flèches, bâti par ce vizir.

Ce fut à l'occasion de ces nombreux esclaves de Lalaschahin que l'usage d'exiger des soldats turcs le cinquième de la rançon de leurs prisonniers pour le trésor public s'établit en loi dans le nouvel empire.

Une paix précaire ou plutôt une trêve fut conclue après la prise de Philippopolis entre l'empereur grec et le sultan. Amurat, rentré pour quelques mois à Brousse, expédia de là des courriers à tous les émirs turcs et jusque dans l'Irak arabique, pour annoncer ses victoires. Elles furent célébrées par les poëtes arabes dans la cour du sultan de l'Aderbidjan, Ouweïs, fils de la célèbre princesse Dischad ou *délices du cœur*, dont leurs vers ont immortalisé la mémoire comme celle de Nilufer (Nénufar) et de Malkatoun parmi les Ottomans.

VI

Cependant la chute de Philippopolis, d'un côté, qui ouvrait aux Turcs le Balkan et les vallées du Danube, les victoires d'Évrénos, général du sultan, sur les Épirotes et les Albanais, qui livraient tout le bassin de l'Adriatique aux invasions des enfants du prophète, avaient retenti dans la chrétienté d'Occident. Ces mêmes Latins, dont les croisades avaient sapé l'empire byzantin plus que les Turcs, étaient appelés par les bulles du pape Urbain V au secours des peuples de Valachie, de Servie, de Bosnie et de Hongrie, menacés à leur tour de la submersion de ce peuple inconnu qu'ils avaient appelé eux-mêmes contre les Grecs. Une ligue de ces peuples demi-barbares, quoique chrétiens, se concluait à la voix du pape.

Vingt mille Serviens, Hongrois, Valaques, Bulgares, s'avançaient pleins d'une ardeur désespérée par les gorges de la Servie et de la Bulgarie pour disputer les Balkans et l'Hèbre au grand vizir Lalaschahin. Lalaschahin ne comptait que dix mille combattants sous ses drapeaux. Mais ces combattants, aguerris depuis leur enfance et accoutumés à mépriser le nombre de leurs ennemis, n'attendirent pas, pour livrer la bataille, les renforts que Lalaschahin avait demandés à Brousse. Ildeki, contemporain et vétéran comme lui des vieilles guerres d'Othman et d'Orkhan, s'avança pendant la nuit à la tête d'une faible élite de l'armée, à travers les marais qui bordent la Maritza ou l'Hèbre. Le camp des confédérés chrétiens, se croyant suffisamment couvert par les débordements du fleuve, se livrait sans défiance aux désordres, aux ivresses, aux sommeils d'une nuit de sécurité. Ildeki fondit sur cette soldatesque brave mais indisciplinée, comme sur un troupeau sans gardien. Ses cavaliers, dont les cris et la course grossissaient le nombre aux oreilles des chrétiens, semèrent la mort, la flamme, la terreur et la fuite parmi cette multitude. Nul homme n'eut le temps de s'armer et de se rallier à un autre. Tous se précipitèrent, pour échapper au sabre des Ottomans, dans les flots rapides et profonds de la Maritza, qui les engloutit en foule et qui roula des milliers de cadavres sous les arches du pont de Philippopolis et jusqu'à la mer. Ce furent les messagers de la victoire d'Ildeki et de Lalaschahin au sultan. La petite plaine où cette victoire sans combat abattit l'espoir des croisés s'appelle encore *Sirf-Sindughi*, la panique et la disparition des Serbes. Nous avons visité nous-même ce champ de la terreur nocturne où le roi de Hongrie, Louis, échappa presque seul au sabre et aux flots par la rapidité et la vigueur de son cheval.

VII

Le généreux Ildeki, à son retour triomphal à Andrinople, parut trop heureux ou trop populaire à Lalaschahin, qui avait voulu se réserver à lui-même l'honneur et le prix du combat. Le grand vizir lui envoya une coupe de poison, avec ordre de mourir en expiation d'une victoire trop prompte et trop complète. La vie et la mort appartenaient au grand vizir comme au sultan. Ildeki obéit, et mourut en reconnaissant l'envie, mais sans accuser l'injustice.

Amurat, qui marchait déjà en personne au secours de son vizir, s'arrêta à la nouvelle de l'anéantissement des croisés du Danube. Il rentra à Brousse, et employa les dépouilles de la Thrace et de la Macédoine à la construction d'édifices religieux dans ses deux capitales de Brousse et de Démotica. Des architectes grecs prisonniers prêtèrent leur génie à ses mosquées et à ses minarets. Ils firent entrer la lumière à grands flots dans les temples. Les voûtes surbaissées des nefs byzantines s'élevèrent en coupoles dans les airs, et des galeries aériennes, d'où les disciples entendaient la parole des imans dans la chaire, circulèrent entre les coupoles et les parvis. D'immenses portiques, soutenus par des colonnes cannelées et rafraîchis par l'ombre des cyprès et par le murmure des fontaines jaillissantes, s'ouvrirent sur des cellules servant d'habitations aux maîtres et aux étudiants.

L'islamisme jaillit du sol, comme toutes les religions nouvellement acceptées, avec son architecture propre ; les architectures sont toutes filles des religions. Il semble que toute autre idée que l'idée de Dieu est insuffisante pour remuer ces masses de pierre par lesquelles l'homme écrit le nom de son Dieu sur le sol. Les Indiens, les Égyptiens, les Grecs, les Romains, les Goths, les Byzantins, avaient tous apporté au monde des architectures selon le génie de leurs croyances sacrées. Les uns, le panthéisme qui adore tout et qui prie en plein air ; les autres, les doctrines secrètes qui ensevelissent les vérités sous les pyramides pour les cacher au peuple ; les autres, les théogonies imaginaires qui multiplient les dieux par tous les délires de l'imagination, et qui créent des Olympes peuplés de statues dans leurs Parthénons ; ceux-ci, les cavernes dans les rochers ou les voûtes souterraines dans les villes, pour adorer le ressuscité d'un tombeau ; ceux-là, des coupoles simples de forme, éclatantes de jour, pour faire pâlir les idoles devant la lumière, pour prier et commenter la parole d'un inspiré d'Allah. Les traces de ces différentes idées divines, effacées les unes par les autres et souvent superposées les unes aux autres, ne se lisent nulle part sur la terre mieux que dans les provinces de l'empire ottoman.

Depuis la pyramide d'Égypte jusqu'aux ruines d'Éphèse ou d'Athènes, depuis les ruines du Parthénon jusqu'aux catacombes de Jérusalem, depuis les dômes épais de Sainte-Sophie de Constantinople jusqu'aux mosquées de Brousse et d'Andrinople, on lit dans leurs édifices le génie des différents cultes qui se sont disputés la terre ; et presque partout, comme à Brousse, les architectes d'un culte vaincu ont prêté leur art au culte vainqueur. De là, les transitions, presque partout visibles, entre les temples d'une religion vaincue et ceux d'une religion naissante; seulement le peuple nouveau chasse l'ancienne divinité et modifie le temple selon l'autel.

VIII

Amurat, quoiqu'il apportât, à l'exemple de son père et de ses successeurs, un zèle prodigue à la construction des mosquées et à l'enseignement religieux et littéraire de son peuple, ignorait tout lui-même hors de la guerre et de la politique; propagateur désintéressé des lumières importées de l'Arabie et de la Perse, la tradition affirme qu'il ne savait pas écrire. Cette tradition est contredite par toutes les vraisemblances de sa naissance, de son éducation, de son enfance passée sous la tutelle d'une mère célèbre par son esprit, d'un aïeul illustre par sa sagesse.

Comment le fils de Nilufer, le petit-fils d'Édébali, le successeur d'Orkhan à l'empire, le neveu et l'élève du savant Alaeddin, aurait-il été l'homme illettré que nous désignent les chroniques byzantines? Comment Orkhan, qui vivait entouré des sages et des poëtes de Perse, et qui consacrait tant de soins à l'éducation des derniers enfants de son peuple, aurait-il laissé ses propres fils croupir dans une ignorance qui offensait le Coran et qui déshonorait sa race? Les historiens ont évidemment ici adopté des crédulités populaires que le moindre examen sérieux réfute. Amurat, protecteur des imans et des lettrés de son empire, ne pouvait ignorer l'écriture. Ces historiens et M. de Hammer lui-même, le plus érudit de tous, se fondent sur une prétendue signature d'Amurat apposée à un traité que ce sultan venait de conclure avec la république de Raguse.

Ils racontent qu'Amurat, au moment de ratifier cette convention qui engageait la république à payer un tribut de cinq cents ducats d'or au sultan, en échange de la liberté de navigation et de commerce dans les mers turques, trempa l'intérieur de sa main dans l'encre, et, l'appliquant sur le parchemin, y marqua la trace de ses cinq doigts, comme le lion enfonce l'empreinte de ses larges pattes sur le sable. Par un hasard, disent-ils, de la disposition de la main du sultan dans ce geste, les trois doigts du milieu étaient réunis et étendus, le pouce et le petit doigt étaient écartés en éventail. Cette signature, disent-ils encore, fut imitée par les successeurs du sultan en signe de force, de dédain et de possession de la terre. Les secrétaires de l'empire, consommés dans la tradition et dans la calligraphie, complétèrent plus tard ce parafe en relief des empereurs ottomans par des lettres majuscules artistement entrelacées, et par des dessins à la plume où les cinq doigts transpercent toujours à travers ces augustes et mystérieuses arabesques. Le chiffre et le nom de l'empereur régnant s'y lisent au milieu de cette signature, appelée le *toughra*. On ajoute au chiffre du sultan le nom de *toujours victorieux*, comme les Romains et les Grecs ajoutaient le nom souverain de César.

Malgré ces traditions et ces usages commémoratifs de la prétendue ignorance du troisième des sultans, on ne peut raisonnablement admettre cette supposition des historiens ottomans. Ils oublient tous que les sujets, comme les souverains, avaient, dans les temps les plus reculés, en Orient, l'empreinte de leur cachet ou de leur anneau pour signature. Si Amurat voulut une fois s'écarter de cet usage et prendre sa propre main pour sceau vivant de l'empire, ce geste ne fut évidemment en lui que le geste d'une volonté plus forte et plus authentique marquée par la main souveraine sur un papier jeté aux infidèles, une affirmation, une précipitation, peut-être un dédain, mais non un témoignage d'infériorité d'esprit. Le Coran commandait à tous les croyants de lire et de copier sans cesse la parole du prophète. Une telle ignorance dans le chef des croyants aurait été un exemple de négligence et presque d'impiété.

IX

Les mathématiciens, les philosophes et les poëtes sortis, sous le règne de ce prince prétendu illettré, des écoles de Brousse, reportaient, au contraire, jusqu'en Perse et en Tartarie les sciences et les lettres arabes qui florissaient encore dans la récente capitale des Ottomans.

Un fils du juge de Brousse, Cadizadeh, alla professer les mathématiques transcendantes jusqu'à Samarkande, où l'attrait de ses leçons était tel, que, les jours où il prenait la parole, toutes les autres chaires de cette capitale de la Transoxiane étaient vides, et que les professeurs eux-mêmes devenaient disciples. Un autre savant de Brousse, Djemal-eddin, savait de mémoire le dictionnaire arabe tout entier, et réformait la langue dans les colléges d'Amurat. Le philosophe Boran-eddin, illustre à la même époque, remplissait les chaires turques de l'Asie Mineure de ses commentaires du Coran et de ses contemplations métaphysiques sur les perfections de Dieu et sur les destinées de l'âme. La sagesse arabe et la théogonie grecque se rencontraient et s'entrechoquaient dans cette Ionie où Mahomet succédait à Platon.

X

Pendant ces loisirs d'Amurat, à Brousse ou à Démotica, ses trois généraux, Évrénos, Timourtasch et Lalaschahin, poursuivaient son plan de conquête rapide de toute la partie de l'Europe comprise entre le Danube, la mer Noire et l'Adriatique. Ces provinces montagneuses, dont la nature semblait avoir fait le rempart de l'empire grec, résistaient plus que les plaines de la Thrace à ses soldats. Ils n'avançaient que pas à pas dans les défilés de la Bulgarie et dans les gorges de l'Épire. Timourtasch, réprimandé de sa lenteur par les reproches d'Amurat, s'élança enfin sur toutes les villes du revers du mont Hémus qui verse ses eaux dans la Tondja, affluent de l'Hèbre ; Lalaschahin, sur les vallées des Balkans, où il conquit à son maître des forges célèbres, arsenal intarissable des Grecs, destiné désormais à armer les Ottomans. Enfin, impatient de son repos, Amurat lui-même, sortant de Démotica à la tête d'une armée d'élite, traversa la presqu'île tout entière qui sépare le golfe de Salonique de la mer Noire, en contournant Constantinople, conquit Aïdos, Apollonie, Héraclée et toutes les villes qui bordaient le Pont-Euxin, entre les embouchures du Danube et l'entrée grecque du Bosphore. Aussi aventureux et plus heureux que Darius, qui avait fait graver son nom sur les rochers du Tearos, aux trente sources, en poursuivant jusque-là les Scythes, Amurat, dans une campagne de cinq ans, adjoignit tout ce continent et tout ce rivage à l'empire.

Ces territoires avancés en Europe faisaient forcément d'Andrinople la ville centrale et capitale des Ottomans. Amurat, à son retour, s'y fit construire un palais ou sérail digne de devenir la résidence du rival des empereurs à Byzance. Il y transporta le gouvernement militaire, laissant seulement à Brousse son nouveau grand vizir Khaireddin, pacha chargé de l'administration et de la justice dans ses provinces d'Asie. Ce vieillard, dont la mémoire est chère aux Ottomans, les gouverna en père jusqu'à l'âge où l'esprit succombe au fardeau des affaires, et mourut en allant chercher le repos à Iénischyr, où il était né sous le premier Othman. Le vieux beglerbeg Lalaschahin reçut pour récompense de son administration et de ses campagnes la possession héréditaire de Philippopolis, presque égal à Andrinople.

Philippopolis ne fut pour Lalaschahin qu'un avant-poste de l'empire d'où il s'élança avec une infatigable ardeur sur les groupes de montagnes et de vallées qui règnent entre les deux mers. L'Albanie, la Bulgarie, la Servie, régions boisées, pastorales, belliqueuses, inscrites entre le Rhodope, l'Hémus, les cimes de l'Épire, et les Balkans, furent envahies successivement par Lalaschahin. Il établit ses lieutenants dans les villes conquises, et refoula sur les cimes des montagnes les populations indomptées.

Amurat le suivait des yeux et le secondait par moment de son bras. Ayant appris que les villes grecques soumises par lui sur le Pont-Euxin avaient profité de sa lutte avec les barbares pour recouvrer leur indépendance, il traversa une seconde fois la presqu'île de Thrace avec une colonne légère, les reconquit, les châtia de leur révolte, et revint avec la même rapidité assiéger Apollonie.

Lassé d'un siége inutile autour de ses épaisses murailles, il se disposait à replier ses troupes, et il réfléchissait tristement à son revers le dos appuyé au tronc d'un platane quand la terre trembla sous ses pieds et qu'une nuée de poussière lui déroba la ville assiégée. C'était un pan des remparts qui venait de s'écrouler de lui-même et qui ouvrait passage à ses troupes. Il les précipita dans l'enceinte, et entra sans résistance dans Apollonie. Le platane auquel Amurat était adossé dans ce moment de fortune conserva le nom de *platane heureux*, et la ville changea son nom grec contre un nom turc qui signifie *ville renversée par Dieu*.

XI

Les dépouilles furent immenses. Les temples païens d'Apollonie avaient enrichi les temples chrétiens de leurs trésors et de leurs merveilles. Les coupes d'or et d'argent éblouissaient les yeux sur les autels. Les soldats d'Amurat jouaient avec les chefs-d'œuvre de métaux précieux et de ciselures grecques. Un de ces soldats, qui, pour cacher une coupe d'or, en avait coiffé sa tête et l'avait mal recouverte de son bonnet, frappa les regards du sultan. Amurat le fit appeler et lui reprocha de n'avoir pas payé la dîme de sa riche dépouille. Ébloui néanmoins de l'effet que cette bordure d'or produisait sur le front du soldat en dépassant le bonnet, il pardonna au coupable, et il ordonna qu'une bordure d'or recouvrirait désormais les bords du bonnet militaire de tous ses officiers; lui-même adopta pour coiffure le bonnet d'or à la place du bonnet de laine entouré d'une corde de mousseline qu'il avait porté jusqu'à ce jour. Une veste et un caftan de laine écarlate des fabriques de Kermian complétèrent son costume, imité par les principaux guerriers de sa maison et de ses armées.

XII

Libre de ses mouvements par la reddition d'Apollonie, il marcha avec son armée pour renforcer son lieutenant principal, Évrénos, qui lui conquérait lentement la Thessalie. Il redescendit de là le flanc septentrional du mont Hémus, au bruit des armements du roi ou kral des Serviens, Lazare, ligué avec Sisman, prince des Bulgares. Ces deux ennemis d'Amurat avaient concentré leurs troupes réunies dans le large bassin de Nissa, l'antique Naïssus, berceau du grand Constantin. Elle était la capitale de la Mysie. Ses fortifications restaurées par Justinien, sa situation à l'embouchure d'une vallée qui la ferme comme une clef de l'Europe, une rivière rapide qui la couvre sur deux de ses quatre faces, en faisaient un boulevard des Serviens et des Bulgares. Mais, à l'aspect des armées d'Amurat qui descendaient des pentes escarpées de l'Hémus sur la plaine, Nissa ne songea plus qu'à capituler, et les deux princes confédérés qu'à la fuite. Amurat leur accorda une paix précaire, assujettit Nissa, et rentra triomphant à Andrinople.

Les charmes de la situation de cette nouvelle capitale, son climat tempéré, ses eaux murmurantes, ses gras pâturages, ses fruits savoureux, ses chasses attrayantes dans les forêts de l'Hémus, enfin le luxe de ses palais et les soins du gouvernement d'Europe plus rapproché de ce centre des affaires l'y retinrent quelques années en paix avec l'Europe et l'Asie. Il y compléta l'organisation, la discipline, l'uniforme, les insignes, les drapeaux de ses armées. Pour distinguer les couleurs de l'étendard des Ottomans de l'étendard des Arabes de Mahomet, que le prophète avait prescrites jaunes, couleur du soleil ; les Fatimites, vertes, couleur de la terre ou couleur de la robe du fils d'Abdallah ; les Ommiades, blanches, couleur du jour ; les Abassides, noires, couleur de la nuit ; les Byzantins, bleues, couleur du ciel, Amurat adopta le rouge, couleur du feu et du sang, symbole de sa mission conquérante.

Le vieillard Lalaschahin, investi jusqu'à sa mort du titre de généralissime ou de beglerbeg, ayant succombé aux années, Timourtasch hérita de son autorité et de son titre.

XIII

Trois fils grandissaient dans le palais et dans le camp d'Amurat. L'aîné de ses fils, nommé *Bajazet* ou *Bayézid*, surnommé depuis *Ilderim* (l'éclair), était destiné à lui succéder. Amurat, à l'exemple de ses pères, voulut que la dot de sa belle-fille fût un accroissement de son empire. Il envoya demander sa fille unique à l'émir turc de Kermian, voisin de ses possessions du mont Olympe. Le prince de Kermian, flatté d'une si auguste alliance, remit sa fille aux ambassadeurs d'Amurat. Son premier écuyer fut chargé de conduire par la bride, jusqu'au palais d'Amurat, le cheval de la fiancée. Amurat et son fils se rendirent d'Europe en Asie pour recevoir la jeune fille. Des envoyés de tous les princes arabes, persans, égyptiens, syriens, turcs, grecs même, présentèrent au sultan et à son héritier les présents les plus somptueux dont l'histoire orientale ait gardé les registres depuis les merveilles de Bagdad, les chevaux de l'Arabie, les tapis de la Perse, les soies d'Égypte, les esclaves mâles et femelles, noirs ou blancs, de l'Éthiopie ou de l'Archipel.

Le général d'Amurat, Évrénos, qui avait abjuré le Dieu des Grecs pour l'Allah de Mahomet et qui conquérait la Grèce antique aux Ottomans, se signala par des présents qui étaient la dépouille des îles et des continents de l'Adriatique. Deux cents jeunes esclaves grecs de sa race, choisis parmi la fleur de la jeunesse et de la beauté de la Thessalie, ouvraient la marche de son cortége de tributaires ; dix de ces esclaves portaient sur leurs têtes des plats d'or remplis de ducats de Venise ; dix autres, des plats d'argent comblés de sequins ; dix-huit autres, des aiguières d'or ou d'argent pour laver les mains ; le reste, des coupes, des cristaux, des verres de Venise, dans lesquels étaient incrustées et transparentes des pierres précieuses. Toutes ces merveilles, que les Ottomans appellent *satschou*, ou choses à jeter sous les pieds, furent en effet semées sous les pieds de la fiancée et de Bajazet. La fiancée posa à son tour aux pieds d'Amurat et de son mari les clefs d'or de quatre villes capitales des contrées gouvernées par le prince de Kermian, son père, parmi lesquelles les clefs de Kutaïah, un des boulevards de la Caramanie asiatique, la ville aux sept mosquées et aux sept bains, aux vergers prodigues de fruits, aux arbres touffus, aux tombeaux des saints et des braves blanchissants sur les collines à travers l'ombre des cyprès.

XIV

Kutaïah devint ainsi comme une racine profonde poussée par l'empire d'Othman dans les rochers du mont Taurus. Les émirs secondaires de Kermian et de la Caramanie, et le plus puissant d'entre eux, l'émir de Hamid, préférant la sécurité du titre de vassaux d'Amurat à des rivalités impuissantes, lui cédèrent la souveraineté de toutes les villes fortes et de toutes les vallées des environs de Kutaïah pour garder sous sa suzeraineté leur rang et leurs richesses.

Begschyr, ou la *cité du prince*, construite par le khalife Alaeddin sur les bords du lac Trogitis, Sidischyr, autre ville de ces Alpes, au bord d'un autre de ces lacs, la ville blanche ou *Akschyr*, Isparta, Ighirdir, Kara-Aghadj, cités renaissantes sur les plages des lacs ou sur leurs îles, riches en forêts, en ruisseaux, en herbages, en population, en troupeaux, en fabriques de tissus ou de teinture de laine, reçurent les lois et les gouverneurs d'Amurat.

De tous les émirs qui s'étaient partagé l'Asie Mineure, et qui espéraient y fonder leur indépendance, il n'en restait que trois d'insoumis : l'un dans le Diarbekir, chef des Turcomans du *mouton noir*; l'autre à Marasch; l'autre à Adana, provinces intermédiaires entre l'Arabie et l'Anatolie. Ces trois tribus, qui formaient ainsi l'arrière-garde des Turcs dans leur marche vers l'Europe, n'inquiétaient pas Amurat; ses pensées étaient en avant. Il savait que la force était là avec la victoire et la richesse. Certain que ces indépendances tomberaient d'elles-mêmes, à leur heure, derrière lui, quand il serait le plus grand des Ottomans par la renommée, il ne ralentissait pas ses invasions en Thrace, en Grèce, pour rallier quelques tribus de plus sur les confins de la mer Noire ou de la Syrie.

XV

Son vizir Timourtasch avait de nouveau franchi les remparts du Rhodope et de l'Hémus, ravageait la Macédoine, subjuguait Monastir, tandis que l'aile droite de son armée, restée dans la vallée intérieure, entre l'Hémus et le Rhodope, bloquait la ville forte et populeuse de *Sophia*; Sophia, située sur la même ligne qu'Andrinople, Philippopolis; Nissa, dans le long bassin qui circule entre Constantinople et le lit du Danube, était l'ancienne Sardique. Les montagnes de l'Albanie à gauche et des Balkans à droite s'ouvrent tout à coup comme les rives boisées d'un grand lac pour étendre autour de Sophia une vaste plaine nivelée où serpente la rivière d'OEscus. Ses eaux fertilisent partout le pied des montagnes et le lit de la plaine. La ville est, comme Damas, noyée à demi sous les vapeurs de l'eau, sous l'ombre des montagnes, sous les feuilles des poiriers et des abricotiers; ses jardins, qui remplacent aujourd'hui ses remparts, serpentent et fleurissent à travers les blocs de ses bastions démolis. L'agriculture, le commerce des fruits et des troupeaux, les marchés des Serviens et des Bulgares

LIVRE CINQUIÈME.

voisins, l'animent d'une perpétuelle affluence. Du côté qui regarde la Servie, deux promontoires avancés de rochers tapissés de vignes, entre lesquels roule la rivière, lui forment comme une porte naturelle qu'un petit nombre de guerriers peut défendre. Cette ville, conquise par les Ottomans, leur donnait, indépendamment d'un séjour délicieux, une capitale au centre des barbares.

Mais ses remparts, ses tours, sa rivière, ses citadelles avancées au sommet de ses promontoires sur la plaine, la défendaient depuis plusieurs années contre le blocus et les assauts du général de Timourtasch. Un subterfuge habituel chez les Turcs et une trahison domestique fréquente chez les Grecs la livrèrent à Timourtasch. Un jeune Ottoman de l'armée de Timourtasch, feignant d'avoir été menacé de mort par ce général, se réfugia dans la ville assiégée, et tomba aux pieds du gouverneur en lui demandant la vie et sa protection. La beauté de cet adolescent, nommé Soundouk, ses supplications, ses serments, ses larmes, convainquirent le gouverneur de Sophia. Il reçut le beau page dans la citadelle, et l'attacha avec d'autant plus de sécurité à son service qu'il le crut plus irréconciliable avec ses compatriotes ottomans.

Pendant les loisirs d'un blocus qui durait depuis

tant de mois, et qui laissait libre l'espace couvert de forêts qui descend de la Servie vers Sophia, le gouverneur chassait quelquefois au faucon dans ces solitudes. Soundouk, dans une de ces chasses, feignant un jour de suivre au galop un gibier qui fuyait devant son cheval, entraîna son maître hors de la vue de ses autres serviteurs, puis, tout à coup se retournant, le renversant de son cheval, et le garrottant avec des cordes suspendues à sa selle, il le replaça sur son cheval, et, le conduisant par des détours au camp des Turcs, il le livra prisonnier à Timourtasch. Le gouverneur, exposé dans ses fers, sous les murs de Sophia, aux regards de la ville, enleva l'espoir et le courage aux habitants. Sophia ouvrit ses portes aux Ottomans et devint l'arsenal d'Amurat dans ses guerres contre les Albanais, les Serviens, les Valaques et les Hongrois.

XVI

Ces conquêtes successives et si faiblement disputées formaient une circonvallation de plus en plus rétrécie autour de Constantinople. L'empereur Jean Paléologue, menacé par de nouvelles prétentions d'Amurat, n'espérait plus rien des Grecs et ne possédait plus les trésors nécessaires pour solder les barbares contre les barbares.

Les querelles théologiques séparaient, par un schisme d'autant plus envenimé qu'il était plus inintelligible, l'Église grecque de l'Église latine. Pour obtenir le secours du pontife romain, dont les bulles suscitaient seules alors le zèle religieux des princes et des peuples de l'Occident en faveur des chrétiens leurs frères en Orient, il fallait abjurer d'abord le schisme. Ce n'était qu'au prix de cette abjuration que Rome pouvait intervenir dans la cause des empereurs de Byzance.

Jean Paléologue résolut de tenter par lui-même cette grande négociation religieuse et politique avec le pontife romain. Puisqu'un moine inconnu et vagabond, Pierre l'Ermite, avait réussi à précipiter l'Europe sur l'Orient en armées innombrables pour arracher le sépulcre de Jésus-Christ aux khalifes, il pensa que le spectacle d'un empereur chrétien d'Orient, revêtu de la pourpre de Constantin, et venant mendier à la cour des princes latins et du successeur des apôtres un peu de l'or, du fer et du sang de l'Europe pour sauver la première capitale et le premier peuple du christianisme du joug de Mahomet, arracherait quelques larmes, quelques tributs, quelques vaisseaux et quelques guerriers à l'Occident.

Le récit des extrémités auxquelles cet empereur fut contraint pour accomplir son entreprise désespérée d'émouvoir l'Europe arrache des larmes aux historiens grecs compagnons de son pèlerinage à travers les cours.

XVII

Jean Paléologue, fils de l'infortuné Manuel et associé par lui à l'empire, avait reçu du vieillard son père et son collègue les traditions de la politique du palais.

« Il ne nous reste, avait dit le vieillard à son
« fils, pour unique ressource contre les Turcs
« que la crainte qu'ont ces barbares de notre réu-
« nion aux Latins. Aussitôt que vous serez menacé
« des dernières extrémités par ces infidèles, mon-
« trez-leur les armées des chrétiens d'Occident
« prêtes à accourir à votre voix pour vous secourir.
« Pour que cette assistance leur paraisse possible
« et réelle, faites tomber le dernier obstacle qui
« s'oppose à l'alliance des Grecs et des Latins, le
« schisme qui nous sépare.

« Demandez aux Latins la convocation d'un con-

« cile où les dogmes des deux Églises seront débat-
« tus. L'union ne sera jamais accomplie, rapportez-
« vous-en à la discorde éternelle de l'esprit de con-
« tention et de dispute qui anime les deux clergés.
« Mais les Turcs la verront toujours prête à s'accom-
« plir, et vous ménageront dans la crainte qu'elle
« ne s'accomplisse en effet »

Ces conseils étaient si sages, que les Turcs, plus consommés déjà dans les secrets de la diplomatie qu'on ne l'aurait supposé chez des pasteurs à peine sortis de leurs pâturages, proposèrent à l'empereur d'Allemagne, Sigismond, des subsides pour qu'il prévînt cette réunion des deux Églises en s'opposant à la réunion du concile.

Jean Paléologue avait écouté avec dédain ces avis consommés de son père. Un témoin de leur entretien raconte que le vieux Manuel lui dit après que son fils se fut retiré de l'appartement. « Hélas !
« mon fils se croit un héros et un grand monarque,
« mais nous ne sommes plus dans un siècle d'hé-
« roïsme et de grandeur ici ; le courage de mon
« fils pourrait être le salut de notre patrie dans un
« autre temps, il lui sera fatal aujourd'hui : il nous
« faut moins un héros qu'un sage temporisateur
« sur le trône. »

Peu de semaines après, le vieillard mourut à

l'âge de quatre-vingts ans, après avoir distribué entre ses enfants les débris de principautés qui adhéraient encore à Byzance. Andronic, son second fils, eut Thessalonique, les quatre plus jeunes, Théodore, Constantin, Thomas, Démétrius, se partagèrent la Grèce. Andronic, à peine en possession de Thessalonique, la vendit aux Vénitiens à prix d'or et mourut de la lèpre dans l'obscurité.

Les autres, bientôt chassés de leurs principautés de Grèce par les lieutenants d'Amurat, revinrent végéter dans le palais de Constantinople sous la protection de Jean Paléologue, leur frère et leur empereur.

A peine sur le trône, ce prince, enivré d'amour pour la princesse de Trébizonde, avait répudié sa femme pour épouser cette merveille de beauté, fameuse parmi les Grecs de la mer Noire. Il se hâta de provoquer un concile général pour unir, par une transaction politique, l'Église grecque à l'Église latine. Le moment était favorable : la discorde régnait dans l'Église latine entre les papes et les conciles. Le concile de Bâle, qui venait de déposer et de jeter dans un monastère le pape Eugène, désirait signaler son gouvernement par un grand service rendu à la chrétienté. L'empereur Sigismond d'Allemagne, malgré les vases d'or que les envoyés d'Amurat lui avaient apportés pour le détourner d'écouter les propositions de Jean Paléologue, cédait au désir du concile.

Les évêques qui le composaient pressaient Jean Paléologue de venir avec ses patriarches discuter et sceller la réunion de l'Orient et de l'Occident chrétiens. Jean opposait la pénurie de son trésor; le concile convint de lui allouer pour son voyage une somme de dix mille ducats d'or, de le défrayer de toutes ses dépenses pendant son séjour en Europe, et d'entretenir aux frais de l'Église latine une suite de huit cents personnes de la maison ou du clergé de l'empereur d'Orient. On lui envoya de plus un riche subside, des vaisseaux et des soldats latins pour protéger pendant son absence Constantinople contre les Turcs.

Enfin, le nouveau pape Eugène, pour enlever à Jean tout prétexte de différer les conférences, convoqua le concile général à Ferrare, en Italie, lieu plus rapproché de la côte de l'Adriatique.

Amurat, informé de ces négociations, et redoutant les suites politiques d'une union des deux Églises, qui ne ferait plus des chrétiens qu'un seul peuple, offrit à Jean Paléologue des garanties de sécurité et même des trésors, s'il consentait à repousser les invitations intéressées du pape. Parmi les grands e!

le clergé de Constantinople, les uns poussaient, les autres retenaient l'empereur indécis. A la fin, le désespoir de sa déplorable situation à Constantinople, et l'empressement de fuir, au moins pour quelque temps, un palais qui lui rappelait à la fois la grandeur de ses ancêtres et la misère de son règne, l'emportèrent dans son cœur. Il s'embarqua sur les galères du pape, emmenant avec lui le patriarche de Constantinople, Josèphe, vieillard accablé d'années et redoutant les dangers de la navigation. Une suite, dont les titres magnifiques contrastaient avec la misère présente et avec la petitesse de l'empire, s'embarqua avec l'empereur.

C'étaient les grands officiers du palais et les grands dignitaires de l'Église : le grand Ecclésiarque, les évêques d'Héraclée, de Cyzique, de Nicée, de Nicomédie, le prélat Bessarion, les moines chefs de monastères, les patriarches d'Alexandrie, de Jérusalem, d'Antioche, de Russie, revêtus de leurs robes d'or, et emportant avec eux les vases précieux de leurs églises, pour éblouir encore les Latins par la pompe de leurs cérémonies ; c'étaient, enfin, les savants, les poëtes et les musiciens du palais, consacrés au service de la chapelle impériale. On eût dit la migration de tout un culte, emportant ses autels sur un autre continent.

La flotte, ainsi chargée de la cour et de l'Église de Byzance, vogua lentement, à travers l'Archipel et à travers l'Adriatique, vers Venise. Pendant quatre-vingts jours d'une navigation contrariée par les vents et les flots, Jean Paléologue, longeant les côtes de la mer de Marmara, de l'Ionie, de la Thrace, de la Grèce, de l'Épire, de l'Albanie, eut le temps de mesurer de l'œil, par la grandeur de ses possessions antiques, la grandeur de l'empire qu'il avait perdu.

Les Vénitiens, intéressés à flatter cette ombre d'empereur pour en obtenir les ports et les îles où leurs flottes portaient leurs pavillons et leur commerce, lui firent une hospitalité telle qu'ils auraient pu la faire à Charlemagne ou à Constantin. Le doge et les sénateurs de cette république, montés sur le *Bucentaure,* palais flottant des cérémonies navales, naviguèrent au-devant de lui sur les lagunes. L'empereur, assis sur un trône élevé à la poupe de son vaisseau, reçut les prosternations et presque les adorations du sénat. L'armée et le peuple entier de Venise suivirent, dans une flotte de gondoles pavoisées des couleurs de Rome, de Byzance, de Venise réunies, la navigation triomphale de Jean sur leur grand canal.

Les Orientaux, étonnés de voguer entre les monuments magnifiques d'une capitale à l'ancre sur la mer, pleuraient en reconnaissant, sur les places publiques de cette capitale, les arcs et les statues que ces insulaires avaient enlevés à la Grèce et aux îles de l'empire.

Après quelques jours de repos à Venise, l'empereur et sa cour furent accompagnés par terre et par eau avec la même ostentation de respect aux portes de Ferrare. Là, un cheval blanc, signe de souveraineté et un cheval noir, signe de deuil, attendaient l'empereur. Il monta le cheval noir; des pages conduisirent devant lui le cheval caparaçonné de velours écarlate parsemé d'aigles d'or. Les seigneurs d'Italie portaient un dais sur sa tête.

Le pape attendait son hôte sur les escaliers du palais de Ferrare. L'Église d'Occident et l'Église d'Orient se donnèrent par leurs bouches le baiser de paix. Le patriarche Josèphe réclama l'égalité dans les cérémonies avec le pape. Les évêques refusaient de baiser le pied du pontife romain. Ces disputes sur la préséance préludèrent aux disputes sur la foi. On éluda les premières, on éternisa les secondes. Le clergé italien, dévoué au pape, assistait seul à ce concile repoussé par celui de Bâle. On s'ajourna à une autre session sans avoir rien conclu.

Pendant les six mois d'été employés par le pape à recruter des prélats à son synode, Jean Paléologue, retiré dans un château de plaisance de la plaine de Ferrare, entouré d'une poignée de courtisans et de gardes grecs qu'on appelait, d'après les Turcs, ses janissaires, se livra aux loisirs de la chasse au faucon. Sa misère anéantissait le respect des Latins autour de lui. Les évêques byzantins voulaient s'éloigner, dans la crainte des vengeances populaires qui les attendaient à Constantinople s'ils vendaient leur foi aux Latins par complaisance pour l'empereur. Le pape les retint par force et transporta, à la fin de l'année 1438, le concile à Florence.

L'empereur, ses officiers, ses patriarches, recevaient, par mois, une misérable solde calculée pour chacun sur l'importance de son titre. La somme totale ne s'élevait qu'à six cents florins par mois. La pitié succédait au prestige autour de ce fantôme d'Orient. La peste le chassait de Ferrare, les Milanais lui fermaient la route de Florence par les Apennins. Le pape et l'empereur furent contraints de se dérober par les sentiers les plus escarpés de ces montagnes.

Pendant ce voyage, le concile de Bâle nommait séditieusement un second pape dans Félix V ; mais la catholicité, indignée, déposait ce pape et se ralliait à Eugène. Après neuf mois de disputes, de concessions, de contrariétés et de réserves, le concile de Florence scella enfin la réconciliation des Églises d'Orient et d'Occident. La mort du patriarche Josèphe, la pourpre romaine donnée à Bessarion, les supplications de l'empereur, pressé de recueillir le fruit de l'union, les menaces du pape aux prélats d'Orient, des distinctions métaphysiques sur la procession du Saint-Esprit, de l'une ou des deux personnes de la Trinité, des interprétations favorables aux deux partis enfin permises dans la conscience des fidèles, l'or et les faveurs largement distribués par le pape aux docteurs de Constantinople, pacifièrent cette longue guerre. Le pape Eugène triompha, et Félix alla s'ensevelir dans la pittoresque retraite de Ripaille, sur les bords du lac Léman, sous les ombrages des châtaigniers de Savoie.

XVIII

Mais la paix conclue entre les deux Églises par la politique de l'empereur et du pape ne fut pas ratifiée par les peuples. L'empereur et ses évêques, embarqués sur les galères de Venise pour revenir à Constantinople, y furent reçus comme des apostats de la foi nationale. Pendant leur absence, des moines fanatiques, agitant les préjugés de race contre race et de dogmes contre dogmes, avaient ameuté les consciences et le patriotisme contre le pape, contre l'empereur, contre les évêques, qui avaient, disaient-ils, trafiqué de la foi du Christ.

Ces évêques, intimidés par les reproches et les menaces du peuple à Constantinople, confessèrent humblement leur erreur pour se la faire pardonner. « Hélas, dirent-ils sur les places publiques et dans « les chaires, nous avons abjuré notre foi, nous « sommes des impies, des *azymites* qui ont renoncé « à la communion sous les deux espèces du pain « et du vin ! Nous avons succombé à la misère, on « nous a séduits par la fraude, par la terreur, par « les considérations mondaines d'une vie fugitive; « nous méritons qu'on retranche de nos membres « ces mains qui ont scellé notre crime, qu'on arra- « che de nos palais ces langues qui ont proféré le « blasphème ! »

XIX

Ces paroles, rapportées par les historiens contemporains de Byzance, firent tomber en désuétude et en mépris l'union des deux Églises avant d'être accomplie en Orient. Des conciles orientaux fulminèrent contre les conciles romains. En vain le pape envoya-t-il jusqu'en Russie des ambassadeurs pour retenir le clergé russe dans la foi romaine, les Russes, évangélisés par les moines grecs du mont Athos, suivirent les Grecs dans le schisme, comme ils les avaient suivis dans le christianisme.

Le cardinal Isidore, prélat romain, aux habitudes élégantes et mondaines de la cour des papes, scandalisa la simplicité moscovite en vivant avec les seigneurs licencieux et en célébrant les mystères avec des gants et avec des bagues aux doigts. Les Russes menacèrent sa vie, et il n'échappa à la mort qu'en s'abritant dans un monastère converti pour lui en prison.

Jean Paléologue, tremblant à la fin pour son trône et pour lui-même, abjura l'union qu'il avait scellée, et céda à son peuple sa foi, de peur de lui céder sa vie. Ainsi échoua la dernière tentative pour relever, par les armes des Latins, l'empire de Constantinople.

XX

Amurat triompha à Brousse de la déception de l'empereur. Jean Paléologue, afin d'acheter son pardon, lui livra son troisième fils, le jeune Théodose, pour le former, disait-il, à la valeur et aux exercices militaires dans les rangs des janissaires ottomans. Théodose, après un séjour de quelques mois à la cour du sultan, passa en Morée pour y recevoir l'investiture du territoire de Sparte, héritage d'un descendant des Cantacuzènes. L'empereur, las d'un gouvernement si agité, confia l'autorité à son fils aîné, Manuel.

Son autre fils, Andronic, jaloux de l'élévation de son frère, conspira secrètement avec Saoudji, fils d'Amurat, qui commandait, comme autrefois Soliman, les armées turques de son père en Europe. Ces deux jeunes ambitieux, impatients du trône, rêvaient de combiner leurs crimes pour se porter, par une révolte simultanée, l'un à l'empire, dans Constantinople, l'autre, à la place de son père, à Brousse. Amurat découvrit le premier la trame de cette conjuration parricide. Il vole en Europe, se présente à son armée, en est salué comme père et comme sultan, s'approche de Constantinople, confère avec l'empereur, lui conseille de s'unir à lui pour marcher ensemble contre leurs deux fils rebelles, et de leur crever les yeux pour les rendre à jamais inhabiles au trône.

Andronic et Saoudji avaient réuni leurs partisans en un corps d'armée campé sur les bords escarpés d'un petit fleuve de Thrace, l'Apricidion. Ils se croyaient sûrs par la complicité même de la fidélité de leurs complices. L'intrépide Amurat, plus sûr de son ascendant sur ses anciens compagnons d'armes, monte à cheval dans une nuit sombre, franchit seul l'Apricidion, et, se dressant sur ses étriers, élève tout à coup sa voix connue et formidable qui rappelle ses soldats à leur sultan.

A ce cri, les sentinelles turques saisies d'un effroi et d'un remords surnaturels, jettent leurs armes, éveillent le camp et courent, bientôt suivies de leurs camarades, autour du cavalier nocturne. Amurat les harangue et leur pardonne. Ils jurent qu'ils ont été trompés par Saoudji, croyant que le fils agissait par les ordres du père. Le fils, abandonné à son crime, fuit avec le prince grec et ses complices dans la petite forteresse de Dydimotique, sur les bords de l'Hèbre ou de la Maritza.

Amurat les suit, les assiége, les force à capituler, se joue ensuite de la capitulation, fait crever les yeux d'abord, puis trancher la tête à son fils; et, vengeant également les droits de la paternité et du trône dans les jeunes nobles grecs complices d'Andronic, il les fait amener sur les remparts et lancer dans le courant de la Maritza. Lui-même, placé avec ses principaux officiers sur un promontoire avancé du fleuve, assistait, le sourire sur les lèvres, à cette expiation d'un double parricide, suivant tour à tour d'un regard impassible, tantôt les lièvres effrayés que ses chiens faisaient lever dans les broussailles, tantôt les cadavres accouplés que la Maritza roulait, au milieu de son écume sanglante, à ses pieds.

Pour que nul dans sa cour et dans son armée ne pût lui reprocher sa sévérité envers Saoudji, il ordonna à tous les pères qui avaient des enfants coupables dans la conspiration de trancher de leur propre main la tête de leurs fils. L'autorité paterternelle, loi des lois chez les Tartares, ne lui parut assez cimentée que par ces représailles qui faisaient frémir la nature, mais qui la vengeaient. La justice et la colère lui soufflèrent, pour la première fois dans cette circonstance, le goût de ces cruautés qui rendent son nom terrible aux Ottomans.

Andronic, le premier instigateur du crime et le corrupteur de Saoudji, fut livré par Amurat à son père pour qu'il accomplît lui-même la vengeance que les deux souverains s'étaient jurée contre leurs enfants. L'empereur, pour complaire au sultan, fit verser de l'huile bouillante sur le globe des yeux de son fils. Toutefois, l'indulgence paternelle ne poussa pas le supplice jusqu'à l'aveuglement complet du coupable. Un reste de lumière resta au regard d'Andronic ; mais il fut privé de ses droits au trône qu'il avait voulu anticiper par le crime.

XXI

Ce crime de Saoudji avait paru d'autant plus impardonnable à Amurat, qu'il avait été plus longtemps et plus odieusement prémédité. De sinistres soupçons couvaient depuis plusieurs années dans l'âme du sultan contre ce jeune homme. Le recueil de Feridoun contient une correspondance authentique entre Amurat et son fils de prédilection, qui fut, depuis, le sultan Bajazet, correspondance où l'on voit transpirer d'avance les inquiétudes d'un père et d'un souverain qui redoute son héritier. « Je t'annonce, dit dans sa lettre Amurat à Bajazet, « laissé en observation par lui à Brousse, je t'an« nonce qu'au printemps nous aurons une grande « guerre avec la Hongrie, guerre dont le commen« cement sera, il faut l'espérer, favorable aux « croyants, et dont la fin dépendra des décrets de « Dieu. A la réception de cette lettre, tu rassem« bleras et tu armeras toutes les troupes. Mais, en « même temps, tiens les yeux ouverts sur les ac-

« tions de ton frère Yacoub, qui réside à Karasi,
« ainsi que sur la conduite de mon fils Saoudji,
« commandant de Brousse, dont Dieu veuille pro-
« téger la vie! Du reste, exécute fidèlement mes
« ordres et informe-moi exactement de tout ce qui
« pourra survenir. »

On voit que Bajazet possédait seul, entre les enfants du sultan, toute la confiance de son père. Soit que Bajazet eût déjà des indices de la rébellion de Saoudji, soit qu'une rivalité sourde existât déjà entre les deux frères : « Mon frère Yacoub, répon-
« dit-il à son père, fait son devoir et rend bonne
« justice dans son gouvernement. (Que Dieu double
« ses dons sur lui!) Quant à Saoudji-Beg, tu trou-
« veras, dans la même bourse qui contient cette
« lettre, une lettre originale du grand juge de
« Brousse qui le concerne. C'est à ta justice à m'en-
« voyer désormais de nouveaux ordres. Je suis ton
« esclave, le pauvre Bayézid. »

XXII

Manuel, que Jean Paléologue avait, comme on l'a vu, associé à l'empire, frémissait de l'ascendant qu'Amurat exerçait jusque sur la famille de l'empereur dans Constantinople. Il osa attaquer le sultan dans la ville de Seres, une de ses conquêtes. Khaïreddin-Pacha, grand vizir d'Amurat depuis la mort de Lalaschahin, marcha contre Manuel, l'écrasa et le poursuivit jusque dans Salonique, s'empara de la ville et déconcerta ainsi tous ses plans.

Manuel, n'osant retourner à Constantinople, dans la crainte d'être livré, par le vieil empereur son père et son collègue, à Amurat, s'enfuit sur une barque à Lesbos, ville de l'île de Mitylène possédée alors par les Génois. Les Génois, trop politiques et trop trafiquants pour être généreux, lui fermèrent ce dernier asile. Manuel, à qui la terre et la mer se fermaient, osa tenter la générosité d'Amurat. Il fit voile vers le pied du mont Olympe, et parut en suppliant sur les terres du sultan.

Amurat n'abusa pas de l'infortune de son ennemi. Il monta à cheval, et s'avança, dans toute la pompe de la souveraineté, au-devant d'un autre souverain. Manuel, à l'aspect du sultan, descendit de son cheval, se prosterna dans la poussière, implora son pardon pour ce qu'il appelait lui-même son crime de lèse-majesté. Amurat l'accueillit avec magnanimité, et le renvoya avec une escorte impériale à Constantinople, priant, dans une lettre de sa main, le vieil empereur d'excuser la faute d'un fils téméraire, mais non rebelle.

Ainsi le chef d'une peuplade de l'Oxus régnait déjà par ses armes, en Asie, sur des sujets et des vassaux innombrables; en Europe, par son empire sur la famille même des empereurs.

XXIII

La mort lui enleva bientôt son second vizir, Khaïreddin-Pacha, vainqueur de Salonique. Amurat se plaisait à s'entretenir, avec ce conseiller consommé, de la guerre et de la politique. On trouve dans Chalcondyle, l'historien byzantin de cette époque, une conversation entre le sultan et son vizir qui prouve la familiarité de l'un, la rude liberté de l'autre.

« Sultan Mourad, demanda un jour, en partant
« pour la campagne de Salonique, Khaïreddin à
« son maître, comment faut-il conduire la guerre
« pour t'assurer toujours la victoire et l'em-
« pire?

« Il faut, lui répondit celui-ci, profiter toujours
« des occasions, ces offres de Dieu, et t'assurer du
« dévouement des soldats qui combattent pour la
« foi.

« Bien, reprit le vizir; mais comment profite-
« t-on des occasions?

« On en profite, dit le sultan, en pesant rapide-
« ment dans son esprit les dangers ou les avanta-
« ges qu'elles nous présentent.

« Ah ! sultan Mourad, répliqua en riant le vizir,
« je vois en vérité que la nature t'a doué d'une
« rare sagesse ; mais tu oublies que l'occasion fuit
« et qu'on ne peut la faire attendre pour balancer
« ainsi dans son esprit ce qu'elle offre de péril con-
« tre ce qu'elle offre de fortune. Ajoute donc à tes
« conseils la promptitude. Un grand général doit
« délibérer avec une grande prudence avant l'ac-
« tion, agir avec la rapidité de l'éclair dans l'action :
« et, pour s'assurer l'affection et la confiance de
« ses troupes, frapper lui-même de grands coups
« d'éclat en vue et à la tête de l'armée ! »

XXIV

Amurat, par reconnaissance des services de Khaïreddin, donna, à sa mort, le titre de grand vizir à son fils. Il pensa que les enseignements et les exemples d'un tel père suppléaient à l'âge dans le génie du jeune vizir.

La vieillesse du sultan, la jeunesse du vizir, les dissensions sanglantes dans la famille d'Amurat, attestées par le supplice de Saoudji, son héritier naturel, enfin les tentatives de Manuel pour reconquérir la Thrace, parurent à l'émir de Caramanie, jaloux d'Amurat, une occasion favorable pour s'affranchir de la suzeraineté des Ottomans. Ces émirs, de la maison des Caramans, illustres parmi les princes turcs qui avaient inondé la Cilicie et donné leur nom à cette province, avaient pris le titre de Bedreddin ou *pleine lune de la foi*. Celui qui régnait alors sur les hordes turcomanes était Alaeddin. Amurat, pour s'assurer de sa fidélité, lui avait donné pour épouse une de ses filles. L'ambition rompit ce lien du cœur. Alaeddin, après avoir coalisé contre le sultan toutes les populations turcomanes répandues dans la Cilicie et dans la Cappadoce, nommée maintenant la Caramanie, les fit avancer en masses innombrables vers Iconium, cette première capitale des Turcs seldjoukides.

Amurat et Ali, son jeune vizir, descendent aussitôt du mont Olympe à la tête des premières troupes qu'ils ont sous la main. Ils envoient à Timourtasch, généralissime de l'armée d'Europe, l'ordre de repasser avec toute l'armée en Asie, et de les suivre à marches rapides vers Iconium. Timourtasch arrive presque aussi vite qu'Amurat dans la plaine d'Iconium. L'émir de Caramanie en couvrait plus de la moitié des nuées de sa cavalerie. Amurat retrouva sa jeunesse à l'aspect de ces ennemis dignes de lui. Il passe en revue ses vainqueurs de l'Europe : leur confiance et leur expérience le rassurent contre le nombre. Il supplée à la jeunesse de son vizir en réglant lui-même l'ordre de bataille. Il donne à son fils Yacoub le commandement de son flanc droit, à Bajazet, son second fils, le commandement de son flanc gauche; il range derrière eux la réserve solide et irrésistible de l'armée d'Europe sous son vieux chef Timourtasch; lui-même, placé en avant et au centre avec sa nombreuse cavalerie et ses invincibles janissaires, il se réserve les premiers et les derniers coups. Alaeddin, à cheval en face de lui, à la tête aussi de ses cavaliers les plus intrépides, le défiait par ses flèches et par les évolutions de son cheval entre les deux camps.

Au son des timbales et des cornes de bœuf, les Caramaniens de l'aile droite d'Alaeddin s'élancent les premiers contre le flanc gauche d'Amurat, commandé par Bajazet.

Bajazet, avant de lancer ses Turcs au combat, accourt vers son père, descend de cheval, se prosterne aux pieds du cheval du sultan et lui demande respectueusement l'autorisation de vaincre ou de mourir pour sa maison et pour sa race. Le sultan relève son fils et ordonne la charge. Bajazet, suivi de Timourtasch, coupe en deux l'armée des Turcomans et en disperse les lambeaux dans la plaine. Le reste de l'armée d'Amurat n'a qu'à envelopper et à recueillir les escadrons vaincus par Bajazet et Timourtasch. La plaine, libre ou jonchée de cadavres en un instant, découvre la ville d'Iconium sans autre défense que ses remparts. Amurat, qui ne destine à son fils qu'un trône pour récompense, nomme Timourtasch pacha à trois queues sur le champ de bataille, triple décoration d'une dignité qui n'avait encore été décernée à aucun Ottoman.

Iconium, assiégée depuis douze jours, allait céder aux assauts des Ottomans ; la porte s'ouvre, un cortége en sort, c'est la fille d'Amurat, l'épouse d'Alaeddin, suivie de ses enfants, qui vient implorer de son père le pardon de son mari. Amurat, attendri par la vue et les larmes de sa fille, ne demande d'autre réparation à Alaeddin que de venir lui baiser la main, en signe de vasselage, devant la porte de Koniah.

Alaeddin accomplit cette humiliation pour sauver sa famille et ses États du fer et de la flamme des Ottomans. La politique expérimentée d'Amurat lui montra moins de dangers pour ses successeurs dans le pardon que dans la vengeance. Il négligea de subjuguer en détail les petits émirs qu'Alaeddin avait entraînés dans sa révolte. « Un « lion, dit-il, ne s'attaque pas à des lièvres. » Sûr de l'obéissance, bientôt rétablie par la renommée de sa victoire, il retourna lentement à Brousse avec les deux armées chargées de gloire et de dépouilles.

XXV

Mais l'absence de Timourtasch et de l'armée d'Europe avait relevé le cœur des populations de la Servie, de la Bosnie, de la Bulgarie, mal asservis encore au joug des Ottomans depuis la bataille de Sophia. Lazare, kral de Servie, et Sisman, kral des Bulgares, s'étaient ligués de nouveau contre les conquérants de leur pays. Ils avaient égorgé dans les montagnes vingt mille Turcs laissés en garnison par Timourtasch pour contenir les montagnards.

A ce bruit, Amurat se hâte d'appeler aux armes tous les Ottomans d'Asie et d'Europe. Sa victoire sur les Caramaniens fait accourir à sa voix tous les émirs de la Cilicie et de la Cappadoce, heureux de racheter le pardon par le zèle. Deux armées nombreuses se forment sous les murs de Brousse, l'une pour l'Asie, l'autre pour l'Europe. Il se dispose à conduire lui-même celle d'Europe contre les coalisés du Danube. Mais, avant, il veut cimenter sa paix durable avec l'empire grec, désormais son allié, en épousant une princesse de la maison impériale, et en faisant épouser à ses deux fils, Bajazet et Yacoub, deux autres princesses de la même maison. Ces triples noces sont célébrées à Iénischyr, première capitale de sa maison, comme pour étonner le toit rustique de ses pères du triomphe et du luxe de leur descendant. Les fêtes participèrent de la simplicité des Ottomans et de l'opulence des Grecs. Rien n'étonnait plus les chrétiens, dont les mœurs s'altéraient au contact des mœurs de leurs conquérants.

Ces fêtes célébrées, Amurat, ses fils, son grand vizir Ali-Pacha repassent avec quarante mille guerriers en Europe. Timourtasch, lassé de guerre, de gloire et d'années, reste à Brousse pour garder le trône et pour surveiller l'Asie. Ali-Pacha s'avance le premier avec l'avant-garde vers la Bulgarie.

La nature semble avoir fortifié elle-même cette province alpestre, qui fut jadis l'ancienne Mysie, par le large courant du Danube d'un côté, par les remparts continus du Balkan ou Rhodope de l'autre. Elle a laissé seulement huit portes étroites ou huit brèches dans cette muraille du Balkan pour pénétrer de la Thrace dans la Bulgarie. A l'issue de ces huit défilés dans la vallée du Danube au nord, les Romains, les Grecs, les Bulgares, les Serviens, les Ottomans enfin ont élevé sept villes fortes qui ferment ces gorges du côté qui regarde la Germanie comme du côté qui regarde Constantinople, Widdin, Silistria, Rutschuk, Nicopolis, Sistow, Nissa, Sophia, la Porte-de-Fer. De distance en distance, les montagnes s'écartent et laissent place à des bassins ou à des plaines. Les anciens chantaient déjà plus qu'ils ne décrivaient ces oasis de pasteurs et de laboureurs.

« Les plaines qui s'étendent entre ces monta-
« gnes, dit le plus exact d'entre ces géographes
« byzantins, sont couvertes d'un tapis verdoyant
« qui repose délicieusement les yeux, les ombrages
« épais des forêts protégent comme une tente le
« voyageur qui gravit les collines ; mais, au milieu
« du jour, quand les rayons ardents du soleil font
« bouillonner les entrailles de la terre, une cha-
« leur étouffante suffoque la respiration. Ces pen-
« tes abondent en sources dont les eaux limpides
« ne sont nuisibles à celui qui s'y désaltère, ni par
« leur extrême froideur, ni par leur insalubrité. Des
« oiseaux, posés sur les branches les plus flexibles
« des bois, réjouissent par leurs chants mélodieux
« le voyageur fatigué de la route. Le lierre, le myr-

« the, les tristes ifs eux-mêmes à l'haleine odorante
« enivrent les sens de douces senteurs. Ils sem-
« blent, par leurs exhalaisons saines, vouloir re-
« tremper les membres de l'hôte passager qui tra-
« verse les gorges de la montagne. »

Ce que Théophylacte décrivait ainsi de son temps est encore ce que nous avons admiré et décrit nous-même en parcourant les faîtes et les bassins de la Bulgarie. La Servie, qui confine du côté du nord avec cette province, offre un caractère analogue, mais plus sévère et plus sombre encore que cette province. Les Bulgares étaient à la fois pasteurs, laboureurs et guerriers; les Serviens n'étaient alors que pasteurs et bûcherons. Bien que le sol, en s'éloignant du pied du Balkan pour aplanir le lit de la Save et du Danube, soit moins montueux dans la Servie que dans la Bulgarie, les Serviens l'ont laissé plus couvert de végétation que les Bulgares. Soit instinct naturel qui leur fît respecter les bois propices aux sources, soit prudence qui leur conseillât d'avoir leurs chênes pour asiles et pour forteresses, la hache y éclaircit rarement la surface de la terre. Pendant de longues journées de route, le voyageur ne marche qu'à l'ombre d'immenses abris de chênes dont les bêtes fauves connaissent seules les profondeurs. On croit parcourir, sous un ciel seulement plus azuré et plus tiède, les forêts vierges du nouveau monde. Les arbres enroulés de lianes et de lierre n'y tombent jamais que sous le poids des siècles; les rameaux morts préférés des oiseaux de proie et des corneilles se mêlent, au sommet des chênes, aux tiges vertes des nouvelles générations du sol. Quand on descend dans les gorges où serpentent quelques ruisseaux à l'onde noire où croupissent les feuilles mortes, on est plongé dans une ombre humide qui dérobe le ciel aux regards. Quand on remonte les collines et qu'on plane du haut d'un monticule sur l'espace étendu autour de soi, on croit voir ce que les Ottomans du mont Olympe appelaient la mer de feuilles, c'est-à-dire un immense océan de vagues vertes qui ondoient et qui murmurent comme la mer au moindre frisson des vents.

XXVI

De rares et étroits sentiers débouchent çà et là de ces profondeurs ténébreuses. On en voit sortir avec étonnement de grands troupeaux de bœufs et de génisses sous la garde de bergers vêtus de peaux de moutons noirs; des bandes de bûcherons, la hache sur l'épaule, ou des groupes joyeux de jeunes paysannes qui portent en chantant aux meules le foin fauché dans les clairières ; les couleurs de la santé teignent leurs joues, la sécurité et la franchise sont dans leurs yeux et sur leurs lèvres. On se croit dans une Helvétie méridionale où la simplicité des mœurs, la candeur des âmes et la liberté, fille et gardienne des montagnes, conservent une source abondante et pure de l'espèce humaine, comme les forêts conservent l'abondance et la pureté des eaux à la source des fleuves.

D'espace en espace, la forêt s'éclaircit et laisse à découvert un vallon de peu d'étendue où fument les toits de chaume d'un village. Quelques vergers de pruniers, de cerisiers, de pommiers, fleurissent ou fructifient autour de ce groupe de cabanes. La terre y étale des moissons ou des prairies ; des sentiers creusés par les chariots en rayonnent dans diverses directions, pour faire communiquer ces hameaux éloignés entre eux, à travers la forêt éternelle.

Des villes, plus rares encore et plus semblables à des marchés temporaires de bestiaux qu'à des cités fixes, ouvrent leur caravansérai aux commerçants ou aux voyageurs. Tels sont les sites et tels sont les habitants de la Bulgarie et de la Servie, races trop peu nombreuses pour conquérir, trop indomptées et trop patriotes pour être longtemps conquises. Ces peuples, demi-sauvages quoique doux, semblent avoir été formés par la nature en fédérations dociles, mais indépendantes comme celles de l'Helvétie, pour suivre les vicissitudes des grands empires qui les enveloppent, tantôt romains, tantôt germains, tantôt grecs, tantôt mahométans, mais toujours eux-mêmes, et se retrouvant encore jeunes et sains quand ces grands empires périssent de corruption ou de vieillesse.

XXVII

Ali-Pacha, ce jeune vizir, fils et successeur de Khaïreddin, s'avança sans attendre l'armée du sultan, son maître, pour lui ouvrir la principale brèche du Balkan, sur la Bulgarie, par le défilé de Nadir-Derbend. Le kral des Bulgares, Sisman, recula devant lui et s'enferma dans Nicopolis, sa place la plus forte vers le Danube. Les plaines sans autre horizon qu'elles-mêmes qui s'étendent du Danube vers la Hongrie apparurent pour la première fois aux Ottomans, qu'elles devaient conduire un jour jusqu'à la capitale de l'Autriche. Sisman, qui ne s'attendait pas au retour si prompt et si écrasant d'Amurat du fond de l'Asie, prévint l'assaut de Nicopolis par une capitulation. Il abandonna la ligue formée entre lui, les Serviens, les Valaques, les Hongrois, et se résigna au tribut, sceau de la conquête chez les Ottomans. A cette condition, Ali lui laissa la couronne des Bulgares. Cette soumission des Bulgares valait plus que la victoire au sultan.

Ali, tranquille de ce côté, marcha sur sa gauche vers le nœud des hautes montagnes où les Bosniens et les Serviens touchaient à l'Albanie. Ses troupes en ramenèrent des troupeaux de prisonniers devenus esclaves et revendus par lui à Sisman. Mais, à peine le vizir avait-il reflué avec son armée vers les Balkans, que Sisman reprit les armes et reconquit son indépendance sur les traces des Turcs. Ali revint sur ses pas, assiégea une seconde fois Sisman, le fit prisonnier avec toute sa famille, et l'envoya chargé de fers à Amurat, pour que le sultan décidât du sort du vaincu.

Amurat, campé alors aux environs de Philippopolis, laissa la vie au kral des Bulgares, et lui assigna un revenu digne de son ancien rang; mais il résolut de gouverner la Bulgarie par lui-même. Toutes les places fortes qui ouvraient ou fermaient la vallée du Danube et les hauts défilés du Balkan reçurent des garnisons et des gouverneurs.

XXVIII

Le kral des Serviens, l'héroïque Lazare, fort de la ligue jurée entre son peuple, les Bosniaques, les Hongrois et les Albanais, se retira, comme pour mieux prendre son élan, sur les escarpements des montagnes de l'Albanie. Il en redescendit bientôt avec une armée coalisée supérieure en nombre aux Turcs. Quatre-vingt mille hommes de toutes ces races guerrières des montagnes et des deux rives du haut Danube se déployèrent dans les bassins de la Servie. Amurat, défié ainsi par une nuée de patriotes qui n'avaient de semblables aux Grecs avilis que la religion et la langue, appela, par des messagers à son armée, tous ses vétérans d'Asie. Yacoub et Bajazet, ses deux fils, accoururent avec de nombreux renforts. Le vieil Évrénos lui-même, ce transfuge byzantin qui revenait du pèlerinage de la Mecque, voulut mourir en martyr de sa foi nouvelle, qu'il avait si vaillamment servie. La renommée et les conseils de ce compagnon d'Othman valaient une armée au sultan. Il dédaigna d'attendre les coalisés dans la plaine de Sophia, dont l'accès lui était facile. Il marcha avec tous ses renforts à l'assaut du défilé de Soulu-Derbend, derrière lequel ses ennemis le défiaient. Parvenu dans le bassin de Ghioustendil, où *le lait et le miel semblaient couler des montagnes de l'Hémus pour son armée*, le sultan s'arrêta pour consulter ses généraux. Évrénos conseilla l'audace, et il en donna l'exemple. Suivi seulement de cinquante intrépides cavaliers, il sortit la nuit de Ghioustendil pour aller reconnaître l'ennemi. Il ne trouva plus que la solitude. Les Serviens, les Hongrois et leurs confédérés s'étaient repliés derrière la Morava, aux confins de la Servie et de la Bosnie, situation qui leur offrait à la fois le développement d'une plaine pour combattre, l'abri d'une rivière, la retraite des montagnes. Évrénos conjura le Sultan d'affronter ces trois supériorités de site avec la confiance de la victoire.

Amurat lui confia l'avant-garde des Ottomans; le grand vizir Ali commandait le premier corps de l'armée; Bajazet, déjà consommé dans les armes, le second corps; Yacoub, le troisième; deux autres corps étaient commandés par Ainebeg et par Saridjé-Pacha; Amurat s'était réservé à lui-même le centre, composé de ses plus intrépides janissaires.

XXIX

Ces six corps réunis n'égalaient pas en nombre l'armée des confédérés, où les Hongrois, les Albanais, les Épirotes, les Bosniaques, les Serviens, chacun sous leurs rois, leurs krals, leurs chefs les plus renommés, étaient descendus à la voix de la religion, de leur indépendance et de leur patrie, pour refouler en Asie ce fléau de l'Europe qui n'avait rencontré jusque-là aucun écueil. L'assiette de leur camp, choisie à loisir et fortifiée par la nature, ajoutait encore à cette supériorité du nombre et des armes. On voyait leur infanterie et leur cavalerie étagées, sous d'innombrables drapeaux, sur les derniers gradins des hautes montagnes qui enveloppent du côté de l'occident, comme les plaines d'un vaste cirque demi-circulaire, la plaine de Cossova.

Cette plaine, longue de dix mille pas, large de cinq mille, offrait à peine assez d'espace pour contenir les évolutions de cette multitude quand elle y descendrait à la rencontre des Turcs. Le soleil levant, qui se réverbérait sur les flancs des monts d'Albanie et qui rejaillissait sur les cuirasses, sur les casques, sur les lances des Hongrois, éclairait aux regards d'Amurat et de ses soldats, les nombreux et riches villages serbes et bosniaques, dont les femmes, les filles, les enfants, les vieillards, attendaient leur sort, en priant à genoux sur les collines, de la valeur de leurs guerriers.

Cette proie vivante animait les Ottomans. Ces montagnes, vertes de pâturages, ténébreuses de forêts, chargées de vergers, de troupeaux, de cultures, de populations, leur rappelaient les vallées du Taurus ou du Tmolus qu'ils avaient déjà traversées pour y laisser derrière eux leurs tentes. Mais l'idée d'assujettir ces derniers plateaux de l'Europe occidentale, et d'élever leurs mosquées et leurs minarets à la place de ces clochers et de ces basiliques, les animait de plus d'ardeur encore que la possession de nouveaux territoires. Toute guerre était pour eux la guerre sainte. Ils regardaient ces montagnards serviens et albanais comme des idolâtres qui adoraient des images et des statues, et auxquels ils portaient le Dieu unique et invisible à adorer à la pointe de leurs sabres. Ce n'étaient pas seulement deux races, c'étaient deux cultes qui se mesuraient de l'œil sur deux pentes opposées de la plaine de Cossova.

La rivière séparait encore les combattants.

Amurat, selon le précepte qu'il avait inculqué

lui-même à Khaïreddin, son sage vizir, arrêta son armée, avant de l'aventurer dans la plaine, pour délibérer l'ordre de bataille. Ses fils et ses généraux s'assirent sous un platane, autour de lui, comptant de l'œil les ennemis, combinant les manœuvres, se distribuant le sol et les postes dans le combat, et imaginant à haute voix, devant le sultan, les expédients de terreur et de guerre propices à déconcerter ces nuées de chrétiens. A défaut d'artillerie pour rompre ces masses, Aïnebeg et Saridjé-Pacha proposèrent de ranger en première ligne, devant le front de l'armée ottomane, les six mille chameaux d'Asie qui portaient les tentes, les vivres et les bagages de leurs divisions, afin d'épuiser sur ces animaux les traits de l'ennemi, et jeter l'étonnement et l'effroi dans les rangs des chrétiens par l'aspect et par les gémissements des chameaux, inconnus de ces soldats d'Europe. Cet avis prévalait quand le fougueux Bajazet, plus chevaleresque encore que prince, le combattit avec le dédain d'un héros.

« Les fils d'Othman, dit Bajazet, ont-ils donc
« jamais craint de regarder leurs ennemis face à
« face? Est-ce donc en s'abritant comme des fem-
« mes derrière des bagages, des éléphants ou des
« chameaux, qu'ils ont conquis l'Asie sur des mul-

« titudes armées contre eux de tous les arts et de
« toutes les armes de la guerre ? De tels artifices
« sont-ils dignes de la cause divine pour laquelle
« nous combattons ? N'est-ce pas un aveu de peur,
« au moment où le salut n'est que dans le cou-
« rage ? N'est-ce pas douter de Dieu devant ces
« profanateurs ? Notre confiance en lui n'est-elle
« pas notre premier rempart comme notre première
« force ? La victoire est à celui qui se croit vain-
« queur, et non à celui qui craint d'être vaincu. »

Le jeune vizir, Ali-Pacha, confirma Bajazet dans cette ardeur, en racontant au conseil un oracle qu'il avait reçu, pendant la dernière nuit, du livre qui contient le passé, le présent et l'avenir.

« J'ai ouvert, dans mon anxiété, le Coran, dit-il ;
« je l'ai ouvert au hasard, et mes yeux sont tombés
« sur ce verset : *O prophète, combats les infidèles et*
« *les idolâtres !* C'était un ordre de ne pas compter
« nos ennemis, mais de combattre partout où nous
« les rencontrerions. J'ai ouvert le livre à une au-
« tre page, et j'ai lu cet autre verset : *Que crains-*
« *tu ? Souvent une armée innombrable est vaincue*
« *par un petit nombre d'intrépides guerriers !* »

Cet oracle du hasard, familier aux musulmans, comme il l'était aux chrétiens qui cherchaient le sort dans l'Évangile, ébranla le sultan. Le vieux

Timourtasch acheva de le convaincre en représentant le danger que ces animaux effarouchés pourraient faire courir aux Ottomans, s'ils venaient à se débander sous la douleur des coups qui les atteindraient, à se retourner contre l'armée, à rompre les lignes de cavalerie et d'infanterie, et à donner ainsi le signal et le courant d'une déroute. La journée entière s'écoula dans cette délibération, pendant que l'armée préparait ses armes et prenait ses postes pour le lendemain.

Au coucher du soleil, un vent violent d'occident, qui portait des tourbillons de poussière au visage des Turcs, inquiéta le sultan. Il craignit que ces tourbillons de poussière n'aveuglassent ses soldats et ses chevaux pendant la bataille. Il passa une partie de la nuit en prière, sous sa tente, convaincu que de la journée qui allait se lever dépendrait, pour ses descendants, la conquête ou la perte de l'Europe. Il demanda avec ferveur au ciel de mourir dans la bataille, vainqueur, mais martyr de sa foi.

« J'ai assez de gloire ici-bas, dit-il, il ne me
« reste à désirer que la félicité éternelle des élus
« mourant pour la cause du prophète; qu'elle soit
« le prix de mon sang. » Il s'endormit après la prière. A son réveil, une pluie nocturne avait abattu

le vent et la poussière ; le soleil frappait, à travers une brume transparente, les murs blancs des villages chrétiens adossés aux montagnes d'Albanie.

XXX

Lazare, kral des Serviens ; Twarko, roi des Bosniaques, et Jean Castriot, chef des Albanais, qui fut le père du héros Scanderbeg, se croyant, par le nombre et par le site, sûrs de la victoire, avaient rangé avant l'aurore leurs différents peuples en croissant pour envelopper les Turcs après avoir repoussé leur impuissant assaut. Ils étaient si confiants dans leur supériorité, qu'ils avaient différé l'attaque jusqu'au jour, de peur que les ténèbres ne favorisassent la fuite des Ottomans.

Ils s'étonnèrent pour la première fois en voyant le sultan lui-même s'élancer, à la tête du centre de son armée, à l'assaut de leurs retranchements. Leurs corps avancés se fermèrent alors comme deux vastes ailes pour l'envelopper par les flancs pendant qu'ils le recevaient en face. Amurat disparut un moment dans cette mêlée. Yacoub, son fils, accouru avec le flanc gauche au secours de son père, plia sous la masse des chrétiens, et découvrit, en pliant, le centre des Turcs. Bajazet, jusque-là immobile, traverse alors au galop de sa cavalerie la plaine déjà couverte de cavalerie albanaise chargeant Yacoub et cernant son père.

« Il était armé, dit l'historien témoin et combat-
« tant à côté de lui dans cette mêlée, il était armé de
« sa pesante masse d'armes, qu'il brandissait comme
« un marteau dans sa main et qui brisait les cas-
« ques. Les Ottomans, encouragés par son exemple,
« fendent la multitude confuse de leurs ennemis
« pour voler au secours d'Yacoub et de leur sultan.
« Leurs lames de sabre, brillantes comme le dia-
« mant, devenaient rouges comme l'hyacinthe. »

Yacoub, à cette vue, arrêtant enfin la retraite de ses troupes, balaye vers la rivière et les montagnes les Serviens et les Albanais, dont le poids l'avait un moment écrasé; Bajazet, libre de fondre à son tour sur les Hongrois de l'aile gauche des chrétiens, imprime à son corps d'armée l'élan et le poids de sa course; il traverse de nouveau le champ de bataille, et, lançant sa cavalerie dans les flots, il la précipite pour ouvrir les rangs sur les montagnards ébranlés. Ses spahis comblent, sans les compter, les ravins de leurs cadavres, rompent l'infanterie adossée aux mamelons, se replient à la voix de Bajazet sur le centre où combat le sultan, achèvent la déroute de cette élite des chrétiens, jonchent de morts les bords de la rivière, coupent la retraite des montagnes aux vaincus, immolent tout ce qui résiste et chassent comme des troupeaux, à travers les plaines, des nuées de prisonniers poussés vers leur camp pour être vendus comme esclaves après la victoire.

Un cri de terreur s'élève à cet aspect de tous les villages des montagnes ; les habitants s'enfuient dans les rochers et dans les forêts en brûlant leurs toits derrière eux. Amurat, sûr de les posséder, n'essaye pas de les poursuivre ; il embrasse son fils et rend grâce à Allah de cet espace couvert le matin de trois peuples et où le soir son regard n'apercevait plus un ennemi. Il avait cherché la mort des martyrs au premier rang de ses janissaires, et il n'avait trouvé que la victoire. Cette victoire, il la devait surtout à Bajazet, celui de ses fils dans lequel revivait le mieux son âme, et par qui son règne devait lui survivre après lui. L'orgueil de ses armes, le zèle de sa foi, la perpétuité glorieuse de sa maison, tout se réjouissait en lui. Dans cette soirée de la plus heureuse journée de sa vie, il parcourut lentement le champ de bataille pour compter les turbans et les casques dont il était jonché, et pour mesurer, au nombre des morts, la grandeur de la lutte et la grandeur de la fortune. Il s'assit enfin sur un tapis sous la tente que ses serviteurs venaient de lui dresser sur les bords de la rivière, après avoir lavé le sang et précipité dans le courant les cadavres des Hongrois qui couvraient l'herbe. On lui amenait, de moments en moments, des bandes de captifs qui imploraient et qui recevaient la vie ou la liberté. Toute sa colère était tombée avec la lutte; il n'aspirait pas à dépeupler mais à soumettre les vaincus. Il estimait en eux le courage qu'il sentait dans sa propre race; il ne méprisait que les Grecs, justement déchus de leur patrie à ses yeux depuis qu'ils étaient déchus de la valeur de leurs ancêtres. L'héroïsme de leur nation lui paraissait concentré dans ces montagnes. Des cœurs libres, des bras forts les défendaient du moins et donnaient de la gloire à leurs vainqueurs.

XXXI

Les Serviens, en effet, ne le cédaient pas aux Turcs en intrépidité. Ils n'avaient cédé à Amurat qu'en mourant à ses pieds sur le champ de bataille. Leur nombre parmi les morts attestait qu'aucun n'avait fui. Les blessés seuls, couchés dans leur sang, imploraient une mort prompte plutôt que la vie de leurs vainqueurs. Ce peuple avait un cœur rebelle et qu'on pouvait fendre, mais non plier comme le cœur des chênes de ses forêts. Ce jour allait le prouver à Amurat. Il avait tout vaincu, excepté le patriotisme d'un Servien blessé que ses spahis traînaient à la tente du sultan.

Les Serviens étaient gouvernés, comme les Turcomans d'Asie, par des rois ou krals, espèces de nobles chefs de clans ou de villages, vassaux plus ou moins soumis des chefs de la nation. Les factions, comme il arrive toujours dans ces aristocraties indépendantes, déchiraient souvent la nation. Le roi était forcé de se créer à lui-même un parti dans ces partis, et de balancer l'autorité de ces vassaux les uns par les autres. Lazare, le roi ou kral de Servie pendant le règne d'Amurat, avait donné deux de ses filles pour épouses à deux chefs des principales factions du pays, l'un nommé Milosch, dont nous avons vu encore de nos jours les descendants gouverner la Servie, l'autre, Brankowich. Ces deux maisons rivales se haïssaient de ces fortes haines qui se perpétuent dans les montagnes, où les sentiments sont plus héréditaires que dans les plaines. Les deux femmes, quoique sœurs, avaient pris parti dans les rivalités des deux maisons où elles étaient entrées. Leurs colères sauvages agitaient le palais de Lazare. Le patriotisme et l'orgueil étaient les occasions de ces disputes entre les deux sœurs. L'une, Wukaschawa, épouse de Brankowich, accusait l'époux de sa sœur, Milosch, de lâcheté dans les combats et de vendre par des avis secrets l'indépendance de sa patrie aux Turcs. L'autre, nommée Mara, épouse de Milosch, s'indignait de ces calomnies et soutenait l'honneur et la supériorité de courage de son mari contre Brankowich. Dans une de ces animosités de femme, Mara, indignée des calomnies de Wukaschawa contre son mari, frappa de la main sa sœur au visage. L'injure parut aux Serviens barbares ne pouvoir être lavée que dans le sang des deux maris. Brankowich demanda satisfaction par les armes à son beau-frère. Le roi permit le combat. Les deux frères combattirent à cheval sous les yeux de leur père et de leurs femmes. Milosch abattit Brankowich sous son épée au pied de son cheval. En ennemi généreux, il lui accorda la vie. Cette générosité n'assoupit pas une haine que la honte avait envenimée. Brankowich, à la table du roi devant tous les nobles, la veille de la bataille de Cossova, accusa hautement son beau-frère de trahison envers sa patrie en entretenant des intelligences parricides avec Amurat. « Réponds, dirent le roi et

« les nobles, qui partageaient les soupçons de Bran-
« kowich. — Je répondrai demain, » dit Milosch.
Soit indignation, soit remords, le jeune accusé prit
une résolution qui devait ou absoudre sa mémoire,
ou immortaliser son innocence. « Bois à ma santé
« cette coupe pleine, lui dit Lazare, si tu es inno-
« cent du crime dont on t'accuse! — Passe-moi la
« coupe, répondit Milosch, au lever du soleil je te
« prouverai ma fidélité. »

XXXII

Le lendemain, Milosch, monté sur un cheval
sauvage, combattit en héros, tant qu'il y eut un
groupe de Serviens debout dans la plaine. Il fut
blessé dans la mêlée, mais la perte de son sang
n'épuisa pas son courage. Après la bataille, il se
rapprocha de la rivière, la traversa à la nage, attacha son cheval au tronc d'un chêne, sur le bord,
et, s'avançant comme un transfuge vers la tente
d'Amurat, il demanda à baiser la poussière des pieds
du sultan. Le sultan, fier de la soumission d'un
gendre du kral, fit lever le rideau de sa tente et
ordonna d'introduire le Servien blessé devant lui.
Les Tschaouschs ou gardes du sultan obéissent. Mi-

losch se prosterne sur le tapis de la tente, prend dans une de ses mains le pied d'Amurat, comme pour l'approcher de ses lèvres, attire ainsi à lui le corps du sultan, et, de la main droite, saisissant un poignard caché sous sa veste, il plonge sa lame dans le corps d'Amurat.

Amurat s'écrie, les Tschaouschs se précipitent sur l'assassin. Milosch se relève, brandit son arme, étend à ses pieds huit des gardes, s'élance hors de la tente, atteint son cheval, le monte et touche impuni la rive servienne, quand les cavaliers de Bajazet se précipitent à sa poursuite dans les flots, le rejoignent et l'immolent, sur le bord, à la vengeance du sang d'Amurat.

· La plaine de Cossova est marquée de trois pierres placées à cent pas de distance, l'une indiquant la tente où Milosch frappa à mort le sultan, les autres la place où il faillit échapper et la rive où il tomba lui-même de son cheval, massacré par les janissaires de Bajazet. La scène est sinistre, comme le crime et la vengeance. L'ombre des montagnes de Bosnie la couvre de bonne heure d'une teinte de deuil. La plaine résonne comme un sépulcre où les corps de deux armées, ensevelis et consumés par le temps, ont laissé du vide sous le gazon.

XXXIII

Amurat, quoique frappé à mort et n'espérant plus rien que la félicité éternelle du martyr, croyant se venger lui-même sur l'instigateur de sa mort, ordonna, avant d'expirer, la mort du roi des Serviens, Lazare, qu'un de ses cavaliers venait d'amener prisonnier dans sa tente. Lazare n'apprit l'assassinat d'Amurat par son gendre Milosch qu'en voyant le sultan baigné dans son sang et en entendant l'ordre de son propre supplice. Il reconnut tardivement la fidélité de ce patriote servien qui avait sacrifié sa vie, et jusqu'à son honneur, à sa justification éternelle devant sa race.

« Grand Dieu ! s'écria Lazare en se livrant aux
« exécuteurs et en joignant les mains comme pour
« rendre grâces ; grand Dieu ! tu peux maintenant
« m'appeler à toi, puisque tu m'as permis de voir
« l'ennemi de ma religion, de mon peuple et de ma
« famille, mourir avant moi par la main d'un guer-
« rier injustement soupçonné ! »

Sa tête tomba, à la porte de la tente du sultan, avec les têtes de tous ses parents et de tous ses nobles pris avec lui dans leur fuite. La vengeance rendait les fils d'Amurat implacables. Le deuil couvrit les vainqueurs et les vaincus. Les deux souverains, morts au même instant sur le même champ de carnage, laissaient, l'un, les vaincus sans espoir; l'autre, les vainqueurs sans joie. La plaine de Cossova ne vit pendant trois jours que des funérailles. La barrière de l'Europe occidentale était tombée avec Lazare; mais les Ottomans n'avaient plus de sultan pour achever, sur les bords de l'Adriatique et du Danube, les pensées d'Amurat, arrêté au milieu de sa course. Le sacrifice de Milosch avait donné du temps à sa malheureuse patrie. Son nom devint pour les Serviens ce qu'avait été celui de Judith pour les Hébreux, celui d'Harmodius pour les Grecs. Sa famille, illustrée par ce crime ou par cet héroïsme, selon qu'on vit dans son acte un meurtre patriotique sur le champ de bataille, ou un assassinat par déloyauté, resta à jamais populaire dans ces montagnes, et se confondit, dans le lointain du passé et dans les poésies nationales, avec le patriotisme des ancêtres et avec le salut de la patrie. Elle donne encore à présent à la Servie, plutôt vassale que soumise, les grands citoyens et les grands agitateurs qui s'appuient tantôt sur les Turcs, tantôt sur les Russes, pour confirmer leur ascendant sur leurs compatriotes. Cinq siècles n'ont encore décidé ni la servitude ni l'indépendance des Serviens, toujours également menacés par les deux empires, de Constantinople et de Pétersbourg, qu'ils verront peut-être tomber en ruines du pied de leurs forêts, en conservant l'éternelle jeunesse et l'immuable solidité de leurs montagnes.

LIVRE SIXIÈME

I

Les deux fils d'Amurat, Yacoub et Bajazet, également chers à leur père et aux Ottomans par leur intrépidité à la tête des deux principaux corps de l'armée, pouvaient également prétendre à l'héritage sanglant d'Amurat. L'empire, qui n'était point encore dévolu, par une loi précise, à l'aîné des fils, pouvait se déchirer en pleine campagne entre les deux compétiteurs du trône et venger ainsi les chrétiens par la main même des musulmans. Yacoub n'était pas moins adoré des soldats qu'il commandait que Bajazet. Le suffrage des troupes était aussi douteux que le combat. La couronne, ramassée dans des flots de sang, aurait laissé d'éternels griefs aux vaincus, d'éternelles vengeances aux vainqueurs. L'armée, indécise et proférant déjà des noms différents, menaçait de graves divisions et de grandes séditions celui des deux fils qui aurait saisi le premier l'empire.

Amurat, consterné une première fois par le meurtre de Saoudji, son premier fils et son premier rebelle, avait ajourné jusqu'à la mort la désignation de son fils chéri, Bajazet, au titre de successeur. Peut-être avait-il redouté que cette désignation prématurée n'offensât l'orgueil et n'éveillât la jalousie d'Yacoub. Punir deux fois un fils rebelle ou ambitieux, de mort, lui avait paru un effort au-dessus de son courage ; il avait laissé l'événement à la Providence, ou ce crime à commettre à son héritier. D'ailleurs, comme on l'a vu plus haut dans ce récit, par les lettres confidentielles d'Amurat à Bajazet et de Bajazet à Amurat, Yacoub et Bajazet s'aimaient comme deux frères plus qu'ils ne s'enviaient comme rivaux d'empire. Yacoub, irréprochable et obéissant, tenait plus de la vertu d'Alaeddin, son grand-oncle, que de la férocité d'Amurat, son père, ou de l'impétuosité belliqueuse de Bajazet, son frère. Il était accoutumé à reconnaître en lui les préférences d'Amurat et les supériorités du commandement. C'était moins Yacoub que son parti dans l'armée qui inquiétait le beglerbeg, le grand vizir et le conseil des ministres d'Amurat sur l'avénement possible de Bajazet au trône des Ottomans.

II

Le grand vizir Ali-Pacha, confident de toutes les pensées et dépositaire de toute la puissance du sultan mort, se hâta de convoquer, à l'insu et en l'absence de Bajazet et d'Yacoub éplorés, ce divan ou ce conseil des principaux ministres et des généraux les plus renommés par leur sagesse et par leur autorité dans le camp. Ce divan s'assembla secrètement, la nuit qui suivit la bataille, dans la tente et près du cadavre d'Amurat, qui semblait le présider encore. Les historiens ottomans ne donnent, ou par ignorance ou par discrétion, aucun des motifs qui furent allégués dans ce conseil nocturne ; ils citent seulement ce verset du Coran dicté par Mahomet à ses successeurs, passage qui justifiait d'avance les ombrages des sultans montant au trône et les crimes de famille : *Mieux vaut une exécution que la rébellion !*

Ce passage fut évidemment le texte sanguinaire commenté par le vizir et les vieux compagnons d'Othman. Le meurtre de Saoudji, qui n'avait pas laissé hésiter la main paternelle, leur parut, sur le visage inanimé d'Amurat, la confirmation muette du meurtre qu'ils allaient commander en son nom. Quoi qu'il en soit, des Tschaouschs sortirent de la tente impériale avant la fin de la nuit, entrèrent dans la tente d'Yacoub, lui intimèrent, au nom du salut de la foi, l'ordre de mourir, lui laissèrent faire sa prière, et, lui tranchant la tête avec respect, laissèrent son cadavre, étendu sur la terre devant sa tente, instruire l'armée, à son réveil, qu'elle n'avait plus qu'un maître, le sultan Bajazet.

III

La promptitude de cette exécution montrait à l'armée que la race d'Othman n'épargnerait pas même son propre sang pour le salut et pour l'unité de l'empire. Les annalistes grecs prétendent que cet éclair dans la nuit, frappant avant le crime, fut l'origine du nom d'Ilderim (éclair) qui fut donné depuis ce meurtre à Bajazet. Les historiens ottomans contemporains disent, au contraire, que les ordres du grand vizir et du divan prévinrent les indécisions de Bajazet, affligèrent sa tendresse pour son frère innocent et lui coûtèrent à lui-même de longues larmes. Nous verrons plus tard que cet exemple fatal du meurtre d'Yacoub, qui fait un crime d'être nés aux fils des sultans, et qui charge un autre crime d'assurer la paix du règne, devint, sinon une loi, du moins une barbarie légale du sérail de Constantinople, jusqu'à ce règne généreux et doux d'Abdul-Medjid, qui ramena la politique à l'humanité, en laissant la vie à ses frères et en se fiant à la nature au lieu de se fier aux bourreaux.

IV

La fatalité, cette volonté accomplie du sort, apaisa toute agitation de l'armée à la vue du cadavre d'Yacoub.

Bajazet ne donna pas à ses troupes le temps de réfléchir et de s'indigner contre ce meurtre d'un prince adoré des soldats ; il s'élança de la plaine de Cossova jusqu'au cœur de la Servie ; cerna, par ses ailes ouvertes et repliées, les restes, retranchés sur les montagnes, de l'armée servienne; reçut promptement la soumission de tous les nobles, et contraignit le jeune roi Étienne, fils de Lazare, à lui jurer fidélité, alliance et parenté en lui promettant sa fille, encore enfant, en mariage.

Libre de toute hostilité en Bulgarie, en Servie et en Épire, Bajazet était rappelé vers le Bosphore et vers l'Asie par les dissensions du palais de Constantinople, où la révolte des fils contre le père et les trahisons domestiques imploraient pour arbitres la loi et le sabre de l'ennemi commun des chrétiens. Revenons aux dissensions intestines de ce palais des empereurs Paléologues.

On a vu qu'Andronic, fils du vieil empereur Jean II Paléologue, et Jean, son petit-fils, avaient conspiré avec le fils d'Amurat, le parricide Saoudji, l'usurpation du trône de leur père et de leur aïeul; on se souvient que les deux empereurs, également offensés, s'étaient juré une égale vengeance de leurs enfants rebelles. Amurat avait accompli son serment en décapitant Saoudji. Le vieux Paléologue avait borné sa vengeance à priver de la vue son fils et son petit-fils en leur faisant verser de l'huile bouillante sur les paupières. Mais les exécuteurs de ce supplice et, peut-être, l'indulgence paternelle, avaient adouci, par connivence, la rigueur de cet arrêt. Andronic et Jean, son fils, n'étaient pas complétement privés de la lumière du jour. Ils en avaient conservé assez pour aspirer encore au trône et au parricide. Enfermés dans un cachot du palais des Blakernes, à Constantinople, Andronic attendrit ou corrompit ses gardes et sollicita, par ses lettres contre l'empereur son père, la pitié et le secours de Bajazet.

Bajazet, malgré son horreur contre le complice de Saoudji, saisit avec sa rapidité d'instinct et de résolution habituelle l'occasion d'intervenir dans les dissensions de la famille impériale. Il marcha à la tête de dix mille hommes d'élite par les forêts de Belgrade sur Constantinople; la lâcheté des Grecs et ses intelligences avec Andronic lui ouvrent les portes. Il délivre Andronic et son fils; il couronne cet usurpateur et ce traître; il enferme dans une tour du bord de la mer de Marmara le vieux Jean Paléologue et son fils, collègue à l'empire, Manuel.

Bajazet confie à Andronic les clefs de cette prison et le sort des souverains détrônés. A l'exemple des Ottomans, qui suppriment toute rivalité au trône par la mort, Bajazet avait conseillé, dit-on, à Andronic d'achever le crime par la mort de son père et de son frère. Soit scrupule, soit lenteur, Andronic avait hésité. Pendant son hésitation, les soldats bulgares, troupes vénales et indépendantes, à qui la garde de la tour avait été confiée, ouvrirent le cachot dans lequel ils rougissaient de retenir prisonniers leurs deux empereurs, firent approcher une barque du rivage pendant les ténèbres de la nuit, et, voguant avec leurs augustes captifs vers la rive asiatique de la mer de Marmara, livrèrent Jean et Manuel libres à Bajazet. Tout indique que ces Bulgares corrompus ou affidés du sultan n'avaient été que les instruments de sa politique. Après avoir remué l'empire de Byzance par la rivalité du fils contre le père, il lui convenait de l'agiter encore par les revendications du père contre le fils. Il avait ainsi toujours dans ses mains le gage de la guerre domestique dans cette malheureuse et criminelle maison impériale.

Il accueillit le vieillard en souverain dont il adoptait les droits et la vengeance. Il dicta lui-même à Jean et à Manuel, en 1590, un traité pareil à ceux que les généraux romains dictaient aux rois vassaux de l'Asie dont ils se déclaraient les protecteurs. L'empereur s'engageait, par ce traité, à payer annuellement au sultan des Turcs un tribut de quarante mille ducats d'or de Venise, à fournir de plus, au printemps de chaque année, un contingent de douze mille combattants chrétiens à l'armée ottomane pour conquérir en Europe et en Asie des provinces à la foi du prophète, enfin à se reconnaître en état de vassalité envers les conquérants de Brousse et d'Andrinople.

V

A ces conditions, Bajazet conduisit contre la capitale des Grecs, pour y couronner Jean et Manuel, la même armée qu'il avait conduite l'année précédente pour y détrôner ce vieillard.

Andronic n'osa pas tenter la guerre contre le sultan, mais il recourut aux négociations ; il demanda le partage de ce reste d'empire. Ce partage, qui l'affaiblissait jusqu'à l'anéantissement, convenait trop aux vues de Bajazet pour s'y refuser. Constantinople reçut avec un docile enthousiasme l'empereur qu'elle avait pleuré. Andronic alla régner sur Thessalonique, sur Rodosto et sur quelques villes de la côte et du golfe qui reconnaissaient encore nominalement la souveraineté des Paléologues.

Sûr de la prochaine décomposition de cette ombre d'empire, Bajazet, rentré à Andrinople, ne garda pas même envers Andronic l'apparence du respect que des souverains se rendent entre eux aux yeux de leurs peuples. Ayant appris qu'une jeune princesse d'Italie d'une beauté célèbre, fiancée avec Andronic, devait traverser le golfe de Salonique pour épouser ce prince et pour régner avec lui sur cette part de Byzance, Bajazet envoya Saridjé-Pacha, son vizir et son amiral, naviguer sur le golfe. Saridjé s'empara de la galère vénitienne qui portait la fiancée et ses trésors, et la conduisit au sultan. Bajazet, ravi des charmes de la jeune chrétienne destinée à devenir impératrice d'Orient, refusa de la rendre à Andronic. Il l'épousa avec pompe à Andrinople et la relégua comme une dépouille de guerre parmi les nombreuses épouses qui ornaient de leurs charmes son harem d'Europe.

VI

Son audace croissait avec sa fortune. Une seule grande ville grecque lui restait à soumettre en Asie. C'était l'antique Philadelphie, capitale d'une principauté byzantine dans la vallée qui confine à Aïdin. Bajazet crut n'avoir pas assez humilié les empereurs grecs tant qu'il ne les aurait pas contraints à combattre eux-mêmes avec lui contre les derniers défenseurs de leur propre empire. Le roi de Servie, l'empereur **Manuel** et les princes de sa maison furent sommés de se joindre aux Ottomans pour punir Philadelphie de sa fidélité à Byzance. Ces princes obéirent, dit Chalcondyle, en gémissant sur leur servitude. Ils suivirent Bajazet à Philadelphie, et, pour lui signaler leur zèle servile, ils conduisirent eux-mêmes les Grecs à l'assaut de ces derniers remparts grecs.

Bajazet imposa à sa conquête le nom d'Alaschyr, y fit élever des mosquées sur les fondements des églises byzantines, imposa un tribut aux habitants, et consacra ce tribut à l'entretien de la magnifique mosquée qu'il faisait construire, et qui étonne encore aujourd'hui les yeux des voyageurs sur la colline d'Andrinople.

VII

D'Alaschyr, Bajazet, fier de sa victoire, s'enfonça avec sa double armée de Turcs et de Grecs dans la Cilicie-Pétrée, vallées et flancs presque inexpugnables du Taurus, où l'émir mal soumis de Caramanie s'était replié devant lui. L'émir, tremblant, en obtint le pardon et la paix par la cession de toutes ses villes fortes. Le vieux Timourtasch, compagnon des exploits d'Amurat, reçut le gouvernement militaire de ces citadelles et de ces vallées de la Cilicie. Bajazet lui laissa une poignée de Turcs suffisante pour imposer à ces Turcomans la puissance partout présente du sultan de Brousse. La promptitude de ses mouvements suppléait au nombre ; partout présent à l'imagination des peuples conquis, il pouvait impunément s'absenter pour d'autres conquêtes.

On le croyait encore en Cilicie que déjà il était remonté à Brousse, avait traversé avec son armée le Bosphore et creusait un port à Gallipoli pour y rivaliser le port de Constantinople et pour y braver les galères de Venise, de Gênes et des côtes de la Méditerranée. On admire encore, sur les môles avancés de ce premier port militaire des Ottomans, les tours colossales qui le protégeaient. Soixante bâtiments pontés à larges flancs pour porter des soldats et des armes s'y équipèrent bientôt sous les yeux de Saridjé, son amiral. Cette flotte menaça Samos, Lesbos, Lemnos, Chio, Rhodes, Chypre, Negrepent et toutes les îles fortunées de l'Archipel à qui les flots avaient seuls jusque-là gardé leur indépendance, leur religion, leurs richesses.

L'empereur Manuel, sommé une seconde fois par Bajazet de concourir à ses conquêtes contre ses propres sujets, s'humilia sans hésiter devant son maître. Il vint lui-même à Gallipoli apporter, moins en vassal qu'en suppliant, le tribut imposé à Byzance et conduire le contingent d'auxiliaires appelé l'armée du printemps. Négrepont, l'antique Eubée, et l'île de Chio, à peine sortie de ses cendres, virent débarquer les Ottomans, incendier leurs orangers. emmener en captivité leurs vierges et leurs enfants. Ce spectacle consterna les mers et les côtes. Jean Paléologue recouvra quelque énergie par l'excès de la terreur. Il vit, dans l'incendie de l'Archipel, le prélude de l'assaut de Constantinople; il osa réparer ses remparts et élever de nouvelles fortifications sur la mer de Marmara. Le château des cinq tours fut flanqué de deux tours nouvelles qui s'avançaient dans les flots d'un côté, et qui fortifiaient, de l'autre, l'angle des robustes murailles de la ville sur la plaine de Thrace.

A ces symptômes de précautions contre sa puissance, Bajazet sentit ou feignit de voir un outrage. Il avait gardé auprès de lui à Andrinople, en otage. Manuel Paléologue, fils de Jean. Ce jeune homme servait dans les troupes du sultan et sous ses yeux, pour y apprendre, disait l'empereur, le rude métier des armes. Bajazet lui faisait garder, comme à un de ses pages favoris. la porte de son sérail. Il écrivit à Jean Paléologue que, si les tours et les forts construits récemment à Constantinople n'étaient pas à l'instant rasés au niveau du sol, il ferait crever les yeux de son otage, Manuel.

Le vieillard, forcé de choisir entre l'obéissance ou l'aveuglement de son fils, détruisit ce qu'il venait de construire, et mourut de douleur, d'opprobre et de terreur, dans son palais menacé. Le jeune Manuel, informé avant le sultan, par un messager secret, de la mort de son père, s'évada de Brousse et arriva heureusement à Constantinople pour y revêtir la pourpre impériale. Bajazet, irrité de cette fuite, fit étrangler les gardes du palais de Brousse, coupables de négligence dans la surveillance du prince fugitif. Un nouveau traité, plus humiliant que les précédents pour l'orgueil chrétien, calma les ressentiments de Bajazet. Le sultan exigea que des cadis, ou juges mahométans, rendissent une justice privilégiée à ses sujets dans les murs de Constantinople, où des mosquées s'élevèrent bientôt en face de Sainte-Sophie, comme pour braver de plus près le christianisme des Grecs.

Non content de ces satisfactions, il répandit toute son armée d'Asie, par Gallipoli, dans la Thrace, ravageant les campagnes, imposant les villes, interceptant les routes et insultant les Grecs jusque sur leurs remparts. Les Grecs, emprisonnés ainsi dans leurs murs, n'avaient de libres que leurs soupirs. Bajazet, sûr de leur terreur, et plus sûr de leur lâcheté, entraîna comme un torrent ses deux armées d'Europe et d'Asie contre les Valaques et les Hongrois, peuples belliqueux établis sur la rive gauche du Danube, et qu'il avait désormais pour ennemis, puisqu'il les avait pour voisins. Sa politique, opposée à celle de son aïeul Othman, qui temporisait avec les chrétiens, était de ne rien laisser au temps de ce que la promptitude peut enlever à la fortune. Il la manqua cette fois, par sa précipitation même à la saisir.

VIII

Plus il s'éloignait de Constantinople, ce centre de la mollesse et de la corruption des Byzantins dégénérés, plus il rencontrait des populations neuves, saines, obstinées, capables de lutter contre ses Ottomans. Les races limitrophes du Danube ont de tout temps bu l'héroïsme avec ses eaux. Les Huns y ont importé une certaine barbarie natale, l'aventureuse intrépidité et le féroce patriotisme des races caucasiennes. Pasteurs comme les Ottomans, amoureux comme eux du désert et du cheval, ce belliqueux compagnon de l'homme, indomptés des Romains, mal assouplis par Trajan, convertis tardivement au christianisme, non par les armes, mais par l'instinct du surnaturel, régis par des rois qui ne conquéraient et ne conservaient le trône que par des exploits, seuls titres au respect de ces peuples, les Hongrois semblaient être placés par la nature entre les dernières montagnes de la Servie et les chaînes montagneuses de la Transylvanie, dans le bassin du Danube, comme une armée appuyée sur deux forteresses, pour fermer aux Tartares la large route de l'Occident. Rien n'est plus semblable au Turkestan que la Hongrie, dont le Danube est l'Oxus; vaste réservoir d'hommes et de chevaux qui tiennent peu à la terre et qui peuvent former des camps aussi facilement que des villes. L'aspect de leurs immenses horizons de pâturages, vus du haut des plateaux de Servie et de Bulgarie par Bajazet pendant ses premières campagnes sous son père, agitait son sommeil en lui offrant des perspectives d'établissement pour ces peuplades indépendantes de Turcomans, trop nombreuses et trop agitées en Asie autour de lui, et qui s'étendraient en liberté dans ces plaines du Danube. Bajazet ne craignait plus rien, autour de Brousse, des Grecs domptés ou amollis;

mais il craignait les émirs de la Bithynie, de la Cilicie, de la Cappadoce, de la Colchide, de l'Arménie, de la Syrie, qui pouvaient affecter plus d'indépendance qu'il ne convenait à la suprématie des fils d'Othman. Les déverser sur l'Europe, en inonder les plaines du Danube pour s'assurer à lui-même la sécurité de l'empire en Asie, était donc tout le mobile secret de sa politique. On ne peut nier que cette politique du troisième sultan des Ottomans ne fût aussi naturelle d'instinct que clairvoyante de génie. Elle pouvait se dérober aux Ottomans eux-mêmes sous l'élan de la guerre et sous le prétexte de la foi. Bajazet s'agitait lui-même et agitait tour à tour l'Europe et l'Asie pour établir ce courant des Turcs surabondants sur le Bosphore vers le Danube. Mais il avait mal calculé le degré de résistance qu'il allait rencontrer dans ce débordement systématique des Ottomans. On voit encore, en ce moment, que ces provinces d'au delà du Danube, les dernières à se soumettre aux sultans, ont été les premières aussi à recouvrer ou leur indépendance entière ou leur liberté fédérale. Cinq siècles n'ont pu les assujettir : les forêts gardent les nationalités.

IX

Ces Madgyars sortis de l'Asie septentrionale et mêlés alors aux Daces, anciens habitants des plaines de la Hongrie, avaient cherché longtemps, à travers la flamme et le sang, leur place dans le nord de l'Europe, comme les Turcs la cherchaient dans le midi. Parmi les dépouilles qu'ils rapportèrent d'Allemagne, de France et d'Italie, ils avaient rapporté le christianisme dans leurs steppes. Une diète ou assemblée des chefs nommait leur roi dans Bude, leur capitale. La Russie, la Pologne, la Bohême, l'Autriche, la Bulgarie, l'Albanie, la Grèce, avaient été tour à tour ravagées par eux. La guerre était leur nature. Ils étaient descendus jusqu'à Zara sur l'Adriatique, qu'ils avaient conquise sur les Vénitiens. Leurs princes, montés par des alliances sur différents trônes, et entre autres sur le trône de Naples, étaient comptés comme de puissants auxiliaires dans toutes les grandes ligues des rois de la chrétienté. Ils portaient la victoire là où ils portaient leur épée.

De récentes anarchies venaient de troubler et d'ensanglanter le royaume des Madgyars. Après la mort d'un de leurs rois les plus politiques et les plus guerriers, le roi Louis de Hongrie, sa fille, nommée Marie, adorée du peuple, avait été proclamée, non *reine*, mais *roi* de Hongrie, pour signifier que la nation, sous une femme encore enfant, voulait un règne viril. Le roi de Naples, Charles, envia cette couronne à cette jeune fille et la détrôna. La mère de la reine, secondée par les nobles madgyars, avait fait assassiner ce compétiteur de sa fille. Les Croates madgyars à demi sauvages des côtes de l'Adriatique enlevèrent les deux reines pour venger la mort de Charles. Ils égorgèrent la mère, et retinrent la fille captive à Albe-Royale dans une tour.

Sigismond, margrave de Brandebourg, qui était fiancé avec Marie avant ses revers, la délivra de sa prison et reçut en récompense sa main et le trône des Hongrois. Ce prince, en qui le politique, le chevalier et le héros s'unissaient pour compléter un grand homme, devait être élu un jour empereur d'Allemagne. Il n'était alors qu'un guerrier posté sur la brèche de l'Europe pour la couvrir contre l'invasion des Turcs. Menacé par Bajazet, abandonné par les Bulgares, les Serviens déjà domptés, il jette aux princes et aux peuples chrétiens le cri d'une dernière croisade défensive, et rassemble de tous ces éléments divers une armée fière de combattre sous lui. Un de ses bâtards, Jean Huniade, le héros Hongrois qui devait achever après lui le salut de son peuple, était déjà né. La destinée, par un de ces augures qui sont les prophéties des grands caractères, lui présageait déjà dans cet enfant on ne sait quoi de mystérieux. L'enfant était né des amours secrètes de Sigismond et de la belle Élisabeth Morsinaï, dont Sigismond avait conquis le cœur et la patrie dans une de ses expéditions contre les Valaques. Élisabeth avait suivi le roi Sigismond dans sa capitale de Bude sur le Danube. Elle vivait dérobée à la cour du roi et à la jalousie de sa famille dans une chaumière des forêts qui entouraient la ville. Un jour que le petit Huniade, sur l'herbe dans une clairière de la forêt, jouait avec l'anneau de Sigismond, qu'il avait fait glisser du doigt de sa mère, un corbeau, attiré par l'éclat de l'or, s'abattit sur l'enfant, et emporta l'anneau dans son bec à la cime d'un chêne. Un jeune frère d'Élisabeth, Mathias, témoin de la douleur de sa sœur, à qui Sigismond reprocherait peut-être la perte de ce gage d'amour, abattit le corbeau d'un trait d'arbalète et rendit la bague à l'enfant. Ce fut l'origine de ce nom de Corvinus, qui devint plus tard le nom de la dynastie hongroise des Huniades et des armoiries de cette maison royale, où l'on voit un corbeau rapportant un anneau dans son bec.

X

Vingt mille Français, Bourguignons, Italiens, Allemands, Croates, étaient accourus à l'appel de Sigismond pour combattre Bajazet. L'armée du sultan, divisée en plusieurs colonnes, se répandit à la fois dans la Bulgarie, dans la Servie, dans la Valachie. Les montagnes résistèrent, la plaine se soumit; le prince des Valaques, Myrtsché, se reconnut vassal et allié des Ottomans. La Valachie, depuis cette capitulation, fut et resta constamment annexée à l'empire ottoman. Sigismond refoula par ses généraux les assauts des Turcs sur les plateaux de la Bosnie. Les frimas séparèrent les combattants. Les Turcs n'avaient pas encore avancé d'un pas dans cette campagne.

Sigismond, encouragé par cette hésitation des Ottomans, traversa le Danube au printemps de l'année suivante, 1392, et assiégea Nicopolis, le boulevard des Ottomans sur les plateaux avancés du fleuve. Ce fut l'écueil de sa gloire. Bajazet, accouru d'Andrinople, et rappelant à lui tous ses généraux épars en Bosnie, en Albanie et en Thrace, plaça hardiment l'armée chrétienne de Sigismond entre la ville et son camp. Les chrétiens, défiés au moment de saisir leur proie dans Nicopolis, acceptèrent témérairement la bataille contre ces hordes tartares, qu'ils croyaient bien inégales à leur valeur et à leur tactique. Mais les Turcs, pour unique tactique, avaient leur impétuosité et leur fatalisme religieux. Les Hongrois combattaient pour la patrie, les croisés pour l'honneur, les Ottomans pour répandre l'islamisme. Vingt mille Hongrois, Français, Bohèmes, Allemands, jonchèrent de leurs cadavres la petite plaine de Nicopolis. Au coucher du soleil, il ne restait de la nombreuse ligue de Sigismond que des morts, des esclaves et des fugitifs égarés dans les forêts de la Bulgarie. Sigismond lui-même, n'ayant pu repasser à la nage le Danube débordé, allait tomber sous le sabre déjà levé d'un spahi de Bajazet, quand un de ses chevaliers, Blasius Czereï, reçut volontairement le coup pour son souverain, et, le guidant à pied, quoique blessé, à travers les montagnes jusqu'à Constantinople, ne le ramena à Bude qu'à travers l'Italie.

Le nom de Bajazet suffit après cette victoire pour contenir seul les bords consternés du Danube.

XI

Un messager de Brousse lui apporta sur le champ de bataille des nouvelles d'Asie qui compensaient tristement son triomphe en Europe. Timourtasch, son lieutenant en Bithynie, s'était laissé surprendre par une nouvelle révolte de l'émir de Caramanie. Les troupes de Bajazet avaient été dispersées par le soulèvement de cet émir. Timourtasch était prisonnier des Caramaniens ; Brousse menacée tremblait dans ses murailles. Ce soulèvement des Caramaniens sauva la Hongrie. Bajazet traversa avec la rapidité d'une course la Bulgarie, la Thrace, le Bosphore, et reparut avec deux armées victorieuses sur les pentes du mont Olympe. L'émir de Caramanie se repent de son audace, s'excuse et offre des réparations. Bajazet n'écoute plus que sa vengeance, il atteint et défait les Caramaniens dans la plaine d'Akstchaï, prend et enchaîne l'émir Alaeddin et ses deux fils, et les livre à la garde de Timourtasch, qui était leur prisonnier le matin de la bataille.

L'implacable Timourtasch, pour satisfaire sa vengeance, fit étrangler Alaeddin sans consulter Bajazet. « La mort d'un prince, disent les historiens turcs, vaut mieux que la perte d'une province. » Bajazet se contenta de cette excuse de Timourtasch, et réunit pour toujours la Caramanie à l'empire. Se jetant de là sur la gauche à travers le large noyau de la Cappadoce, entre la mer Méditerranée et la mer Noire, il soumit les provinces de Tokat, de Siwas, de Kaïsarieh, de Castémouni, de Sinope, baignées au nord par le Pont-Euxin.

Bajazet Kœturum ou l'*Estropié*, qui gouvernait Sinope, s'enfuit avec ses fils et ses chefs auprès de Timour-Lenk (Tamerlan), ce chef et ce vainqueur des nouveaux Tartares, qui commençaient à apparaître dans le lointain comme un reflux de l'invasion d'Alexandre le Grand, de l'Orient vers l'Occident. La fuite de l'Estropié et de tous ces princes au camp de Timour laissa Bajazet devenir maître de toutes les côtes asiatiques de la mer Noire, depuis Sinope jusqu'à l'embouchure de Constantinople. Il donna le gouvernement de Castémouni à son jeune fils Soliman. Cette ville, riche en mines de cuivre, en édifices grecs et arabes, en culture, en renommée littéraire, était la patrie de la fameuse Seïnah, cette Corinne de l'Arabie.

Amisus, aujourd'hui Samsoum, colonie des Athéniens et des Milésiens, capitale sous les Romains du royaume de Pont, fut annexée à ces conquêtes de Bajazet. Les fabriques de toile, de câbles et de goudron qui s'élevaient dans ces colonies commerçantes, sur les rives du Thermodon, enrichissaient le trésor du sultan. Amasie, surnommée la Bagdad de la Roumélie à cause de l'élégance de ses monuments, de ses aqueducs et de ses tombeaux, vit s'élever des mosquées à côté de ses dômes et de ses flèches. Bajazet y vénéra un célèbre vieillard, nommé le scheik Pir-Elias, dont la science, l'éloquence et la réputation de sainteté faisaient la gloire d'Amasie. Ce vieillard, recherché et vénéré peu de temps après par Timour, semblait dominer par sa renommée les conquérants successifs de sa patrie. Une Sapho de l'Arabie, nommée Mihri, qui vivait alors à Amasie, et dont la tombe est encore visitée des poëtes Turcs, atteste que la culture de l'esprit s'étendait même aux femmes dans ces villes turcomanes. Amasie, Éden ou Arcadie des poëtes arabes et turcs de cette époque, avait été choisie par le plus populaire de ces poëtes pour la scène imaginaire des amours de *Ferhad* et de *Schirin*, cette épopée amoureuse et élégiaque des peuples d'Othman. On y montre un aqueduc creusé dans le roc, destiné, dit la tradition, à conduire les flots de lait des troupeaux de la bergère Schirin à la ville. Plus loin, on voit la roche escarpée où une vieille femme mendiante donna à Ferhad la fausse nouvelle de la mort de la belle Schirin, et d'où cet amant désespéré se précipita dans l'abîme pour ne pas survivre à l'objet de son amour et de ses chants.

L'antique ville grecque de Halys, maintenant Kizil-Irmak, illustre aussi par un pont monumental l'architecture arabe et turque du temps de Bajazet. On l'appelle le pont du tombeau de Kouyoun-Baba, du nom d'un philosophe contemplatif turcoman qui ne parlait jamais, de peur d'interrompre ses contemplations pieuses par des entretiens avec les hommes. Il se bornait à faire entendre cinq fois par jour, aux heures de la prière, un balbutiement semblable au bêlement des brebis, d'où lui vint le surnom de *Kouyoun-Baba* ou du *Père Mouton*. Un vaste caravansérai, hôtellerie gratuite des Orientaux, institution pieuse qui manque à l'Europe, s'élève auprès du mausolée du philosophe.

XII

Bajazet, rassasié de gloire et de conquêtes, rentra avec son armée à Andrinople, corrompu par les mœurs des barbares et des Grecs au sein desquels il avait trop vécu. Sa femme, fille du roi des Serviens, lui enseigna le goût barbare du vin et les avilissantes voluptés de l'ivresse, ce grossier délire des nobles de sa patrie. Les vins de Hongrie et de Chypre lui firent oublier les préceptes de Mahomet, qui avait voulu conserver à ses peuples la supériorité de la raison par la privation des liqueurs fermentées.

Les Grecs, corrompus par d'autres débauches qui ont conservé leur nom et qu'ils avaient empruntées eux-mêmes aux Mèdes et aux Perses, lui enseignèrent de plus infâmes voluptés cherchées contre nature dans la perversion des sexes. Son sérail et le sérail de ses ministres se remplirent non-seulement des plus belles esclaves, dépouilles de la guerre, mais de jeunes enfants d'une beauté suspecte, les uns destinés à la mutilation, comme les eunuques des empereurs byzantins, les autres aux flétrissures du monstrueux caprice des sens. Les débauches de Tibère, dans l'île de Caprée, déshonorèrent le palais du sultan. Ces favoris du sérail passèrent en institution dans les mœurs. Les enfants remarqués par leur beauté féminine furent les rivaux souvent préférés des beautés du harem. Élevés, après ce honteux usage, au rang de pages ou d'icoglans, et de là aux dignités de l'empire, ils

perpétuèrent la mémoire et le goût des débauches
qui les avaient dotés. Ce vice, qui paraît venir de
l'Orient, de la vie guerrière et pastorale et de la
polygamie, flétrit de bonne heure la pureté des
mœurs des Turcs. D'innombrables eunuques créè-
rent bientôt parmi eux, à l'exemple du palais de
Constantinople, un troisième sexe chargé de la
surveillance des femmes et des enfants : privés des
sources de l'amour et du courage dans l'homme
et ne conservant des passions viriles que les passions froides de la haine, de l'envie et de l'ambition. La loi de Mahomet avait vainement proscrit ces
deux dégradations de la nature dans les préceptes
formels du Coran. A l'imitation des Grecs de l'époque héroïque, qui entretenaient à Thèbes un corps
d'eunuques, et des Macédoniens, qui avaient formé
un corps de jeunes gens flétris appelés les *immor-
tels*, les Turcs choisirent, en Géorgie et en Circassie, la fleur de la jeunesse pour en faire des esclaves
favoris. Bajazet recrutait, par des tributs d'enfants
chrétiens, ses sérails et ses armées. Mais l'esprit
militaire, qui se concilie trop bien avec la licence
des mœurs, survivait dans le sultan et dans son
peuple à ces dépravations. Excepté dans les moments où le vin lui dictait des jugements, surpris
à l'ivresse, sa justice était incorruptible et sa dis-

cipline impitoyable. Ali-Pacha, son grand vizir, compagnon et complice de ses excès, mais conservant plus de sang-froid dans le délire, ajournait ou corrigeait souvent ses arrêts.

On raconte qu'une vieille femme de Brousse ayant porté plainte contre un de ses pages, accusé par elle d'avoir bu le lait de ses chèvres qu'il apportait à la ville, Bajazet fit ouvrir le ventre au page pour s'assurer, au hasard de tuer un innocent, si le page était coupable.

Une autre fois il fit enfermer dans une maison de Begschehri tous les juges de Brousse accusés d'avoir vendu la justice, et il ordonna de les brûler vivants sous les ruines de la maison. Ali-Pacha, le vizir, ajourna l'exécution et s'entendit avec un bouffon arabe, favori de Bajazet, pour faire comprendre au sultan à jeun la démence d'un tel supplice, en masse, sans distinction de crime ou d'innocence.

« Je viens vous demander de m'envoyer en am-
« bassade à Constantinople, dit l'Arabe à Bajazet.

« — Et pourquoi, répondit le sultan, me deman-
« des-tu un pareil emploi ?

« — Pour prier à l'empereur grec de nous
« envoyer ses moines pour nous juger.

« — Que veux-tu dire par là ? demanda de nou-
« veau Bajazet.

« — Je veux dire, répliqua le bouffon, que, puis-
« que nous allons brûler nos juges qui propagent le
« Coran, il faut faire venir à leur place des moines
« chrétiens qui nous aideront à répandre l'Évan-
« gile. »

Cette leçon frappa le sultan. Il s'informa des causes de la vénalité des jugements dans son empire. Ali-Pacha lui dit que l'indigence du juge était la perte du justiciable, et que les juges, pour rester intègres, avaient besoin d'être au-dessus de la corruption par des émoluments fixes et suffisants. Le sultan éleva le salaire des juges, et organisa une impartiale distribution de la justice dans toutes ses possessions.

XIII

L'âge amortissait les passions de Bajazet, la religion les dompta. La guerre n'avait rien enlevé aux représentants des khalifes, auprès des émirs et du sultan, de leur autorité morale. Le sultan régnait sur le peuple, mais le Coran régnait sur le sultan. Les ministres de la religion conservaient la liberté des conseils, des reproches, de l'anathème même ; à la cour, un derviche faisait pâlir un conquérant.

Il y avait alors, dans une solitude aux environs de Brousse, un célèbre scheik arabe consommé d'années, de sagesse et de réputation, nommé Boukara. Investi par le khalife d'Égypte du titre de son délégué auprès du sultan, chargé de ceindre le sabre à Bajazet toutes les fois que ce prince entreprenait une campagne pour la foi musulmane, le vieux scheik possédait la déférence et la vénération de son maître. Il profitait, avec une sainte audace, de toutes les occasions de l'approcher pour lui reprocher humblement, mais sévèrement, les scandales dont ses deux vices, l'ivresse et la débauche contre nature, affligeaient et déshonoraient l'islamisme. Vertueux, éloquent, persuasif, patient comme la vertu qu'il représentait au milieu de la corruption du sérail, Boukara finit par émouvoir les remords de Bajazet. Ce prince, aidé de la science du vieillard, compara sa vie à la pureté du précepte du Coran et rougit de la comparaison.

« Ou Mahomet est un faux prophète de Dieu, lui
« dit Boukara, ou tu es toi-même un faux disciple
« du vrai prophète. »

Bajazet frappa sa poitrine et jura au scheik de faire pénitence de ses péchés. Il purgea le sérail des pages déshonorés, et il fit répandre sur le sable les urnes qui contenaient les vins de Chypre et de

Tokai. Il était encore dans l'âge où les habitudes n'ont pas prévalu sur la volonté : fougueux dans la vertu comme il l'était dans la guerre et dans le vice, Bajazet pleura sur ses fautes, construisit des mosquées, ces actes de foi en pierres et en marbre, où la vertu des prières prononcées par les fidèles croyants rejaillissait sur la mémoire du fondateur. Ce fut lui qui, pour faire bénir ses campagnes militaires par le Tout-Puissant, conféra au scheik Boukara, vice-khalife, et plus tard à ses successeurs, la fonction de ceindre le sabre aux sultans chaque fois qu'ils partaient pour une expédition militaire.

Vers le même temps, Bajazet, comme pour affronter ou surveiller de plus près Constantinople, fit construire, en face de cette capitale, sur la rive asiatique du canal du Bosphore, la forteresse menaçante de Guzeldjé Hissar, ou le *Beau Château*. Guzeldjé-Hissar, dont les palais et les jardins du sultan couvrent aujourd'hui les ruines, était le premier anneau de cette chaîne dont le château bâti par Mahomet II sur la rive d'Europe devait être le second, et qui n'allait pas tarder à bloquer par terre et par mer la ville des empereurs byzantins.

XIV

Bajazet, cependant, affectait encore la générosité envers ces faibles empereurs. Il sembla combattre pour eux en reprenant Thessalonique sur les croisés italiens, qui s'en étaient emparés pendant cette anarchie de l'Orient, et il restitua cette ville impériale aux Paléologue, bien sûr que leurs dépouilles arrachées ainsi aux chrétiens reviendraient un jour aux Ottomans.

Une formidable invasion de Sigismond, roi de Hongrie, secondé par six mille Français, amoureux d'exploits et de gloire, rappela Bajazet sous les murs de Nicopolis aux bords du Danube. Les plus grands noms de la chevalerie française, le comte d'Eu, connétable de France; le comte de Nevers; Jean-sans-Peur, fils du duc de Bourgogne, encore adolescent; le comte de la Marche, Jean de Bourbon; l'amiral Jean de Vienne; Boucicault, maréchal de France; le sire de Couci; Guy de la Trémouille, commandaient ces auxiliaires français du roi de Hongrie. Le Danube leur portait jusque sous les murs de Nicopolis les vivres et les armes nécessaires à cette lointaine expédition, ainsi que les courtisanes corruptrices de ces camps, chrétiens de nom, débordés de mœurs. Tout tombe devant eux à leur apparition sur la rive droite du fleuve. La Transylvanie, la Servie, la Bulgarie, ravagées par leurs soldats, devinrent des solitudes autour de leurs colonnes, et regrettèrent leurs maîtres musulmans, moins funestes à leurs foyers que ces libérateurs.

Ce corps d'armée, convergeant bientôt au nombre de quatre-vingt mille combattants sous les murs de Nicopolis, assiégea le boulevard des Ottomans. L'intrépide Toghan, général de Bajazet, quoique avec une faible garnison, résolut de périr avec tous les siens sur la brèche pour donner à Bajazet le temps d'accourir à la défense de ses frontières violées. Bajazet, couvert par l'épaisseur des forêts de la Bulgarie, s'avançait en effet sans que l'incurie des Hongrois et des Français soupçonnât sa marche. Le camp des confédérés, fier de son nombre, plongé dans les plaisirs, insoucieux de toute discipline, ne fut averti que par le sabre des Azabs, cavalerie légère du sultan, de son approche.

Les Hongrois et les Français, aussi braves qu'ils étaient licencieux, se disputèrent la préséance sur le champ de bataille. Pendant que l'infanterie hongroise, sous les ordres de Sigismond, formait ses lignes et prenait ses positions, la cavalerie française, n'écoutant d'autre ordre que son impatience, fondit sur la cavalerie de Bajazet, joncha la plaine de dix mille cadavres, et massacra même honteusement trois mille prisonniers enveloppés par ses escadrons. Le vieux sire de Coucy conjura en vain, au nom de son expérience, les chevaliers français de borner ce jour-là leurs exploits à cette victoire. Tout conseil parut lâcheté à cette jeunesse enivrée d'orgueil, de courage et de sang. La cavalerie française reprit son élan sans laisser même aux chevaux le temps de reprendre des forces épuisées par ce long carnage. Elle poursuivit les spahis de Bajazet jusqu'au sommet d'une colline qui lui masquait l'armée du sultan. Tout à coup quarante mille lances de l'élite des Ottomans brillèrent aux derniers rayons du soir immobiles devant les escadrons français. Bajazet, à cheval au milieu de cette forêt de lances et de sabres, ne donna pas à son ennemi le temps de réfléchir à sa témérité. Fondant le sabre à la main sur le centre, et lançant ses deux ailes par deux vallons ouverts sur les derrières de l'armée française, il enferma cette cavalerie comme dans un filet de fer. En vain Bajazet leur offrit la vie s'ils voulaient rendre leurs armes.

« Non, non, répondit en leur nom l'amiral Jean

« de Vienne, Dieu nous préserve d'échanger contre
« notre vie l'honneur de la France; il faut combat-
« tre non pour la victoire, mais pour la mort! »

Tout succomba ou se rendit après avoir combattu avec le dernier tronçon de ses armes.

La nombreuse infanterie hongroise, valaque et allemande, qui contemplait de loin ce massacre, ne tenta même pas de combattre. Sigismond lui-même s'enfuit abandonné de ses Hongrois; le roi des Serviens, allié secret de Bajazet, se joignit aux Ottomans. Les chevaliers de Styrie et de Bavière égalèrent seuls la valeur des Français. Ils couvrirent de leurs corps la retraite de Sigismond, et le jetèrent dans une barque que le courant du Danube emporta hors de la portée des traits de Bajazet.

Le fleuve était obstrué de cadavres; soixante mille morts ou blessés jonchaient les prairies de Nicopolis. Les Turcs y étaient aussi nombreux que les chrétiens. Bajazet versa des larmes en parcourant à cheval le lendemain ce champ de bataille. Il jura de venger le sang ottoman répandu avec tant de profusion par les vaincus. Assis sur le seuil de sa tente, il fit traîner devant lui dix mille prisonniers garrottés deux à deux avec les sangles de leurs chevaux morts. Le comte de Nevers et un jeune noble bavarois, nommé Schildberger, qui nous ont laissé ce récit, furent obligés d'assister derrière Bajazet à sa vengeance.

XV

Bajazet commença par accorder la vie au comte de Nevers et à vingt-quatre des seigneurs ou des pages les plus illustres parmi les prisonniers. Puis il donna le signal du carnage. Chaque prisonnier, conduit par la corde devant la tente, s'agenouillait pour tendre la gorge au sabre ottoman, et sa tête roulait sur la rive du fleuve. Le jeune page Schildberger, déjà couvert du sang de cinq de ses compagnons, allait recevoir comme eux le coup mortel, quand le fils de Bajazet, qui assistait à côté de son père à ce supplice, frappé de la jeunesse et de la beauté du page, se pencha à l'oreille du sultan et lui fit remarquer que cet enfant ne paraissait pas avoir l'âge de mourir. La loi musulmane défendait de donner la mort aux vaincus qui n'atteignaient pas leur vingtième année. Le sultan suspendit d'un signe le glaive et fit ranger à part le page avec quelques autres enfants aussi épargnés. Les chevaliers moururent tous bravement en invoquant, non la grâce, mais le ciel, dit ce témoin oculaire. Le dernier des dix mille s'é-

cria en regardant le comte de Nevers et les vingt-quatre privilégiés du supplice : « Adieu, soyez té-
« moins que nous versons sans faiblesse notre
« sang pour la cause du Christ; aujourd'hui, nous
« **serons vainqueurs, par notre mort, au ciel.** »

XVI

Schildberger raconte que ce supplice de dix mille vaincus dura depuis l'aurore jusqu'au déclin du soleil. Quand le sang de ses Ottomans parut assez racheté par ces torrents de sang chrétien, lâchement versé après la victoire, Bajazet, supplié par ses fils et par ses vizirs, accorda la vie aux survivants et les distribua en dépouilles à ses soldats. Le duc de Bourgogne, les vingt-quatre chevaliers et les pages furent conduits, comme esclaves réservés du sultan, et renfermés dans la tour de Gallipoli.

Sigismond, le roi de Hongrie, que les flots du Danube avaient porté à son embouchure dans la mer Noire, et qu'un vaisseau vénitien avait porté de là à Constantinople, passa, quelques mois après, sur un navire grec, devant la tour de Gallipoli où languissaient ses alliés captifs. Plus heureux qu'eux, il allait rentrer, par l'Adriadique, dans ses États. Les Turcs firent monter les prisonniers sur la plate-forme de la tour pour voir passer le vaisseau de Sigismond : « Viens racheter tes compa- « gnons si tu l'oses, crièrent-ils au roi en lui « montrant ses auxiliaires enchaînés ! » Sigismond pleura de honte et de pitié et poursuivit sa navigation pour aller mendier, en effet, leur rançon à l'Europe.

On lit dans l'histoire des Hongrois que le roi de France et celui de Chypre envoyèrent à Bajazet de riches tributs pour concourir à cette rançon ; que le roi de Jérusalem, Lusignan, offrit dix mille ducats dans un vase d'or antique ciselé d'un prix incalculable ; que le roi Charles VI, connaissant la passion des Ottomans pour la chasse au faucon, envoya à Bajazet une volée de faucons dressés par ses fauconniers et de magnifiques étoffes écarlates égales à la charge de six chevaux. On réunit ainsi, de contrée en contrée, deux cent mille ducats d'or, qui parurent à Bajazet un prix suffisant à la rançon de ses prisonniers personnels. Ils vivaient depuis plusieurs années dans sa délicieuse capitale de Brousse, dans un palais voisin de celui du sultan. Plusieurs étaient morts avant l'heure de leur délivrance : le sire de Coucy, de vieillesse, l'amiral, de ses blessures. Boucicault et la Trémouille furent conduits à Venise. Le comte de Nevers, en prenant congé de Bajazet, reçut de lui la remise du serment que les vainqueurs exigeaient ordinairement des vaincus.

« Non-seulement, lui dit dédaigneusement
« Bajazet, je te relève de ta parole de ne plus
« combattre contre moi ; mais, si tu as de l'hon-
« neur, je te somme de reprendre les armes et de
« rassembler toutes les forces de la chrétienté pour
« me combattre ; tu ne saurais mieux me prouver
« ta reconnaissance qu'en me procurant l'occasion
« d'une nouvelle gloire. »

Avant de congédier ces chevaliers et ces princes, Bajazet les invita à une chasse dans les vallées du mont Olympe. Cette chasse, qui atteste à quelle prodigieuse magnificence si peu d'années de trône avaient porté la famille d'Othman, était conduite par sept mille porteurs de faucons à cheval et par sept mille gardes-chasse des forêts impériales de l'Olympe. Les chiens étaient revêtus de housses de pourpre et portaient des colliers ornés de pierres précieuses. Les chefs de ces deux services de cour étaient devenus les lieutenants de l'aga ou général des janissaires.

XVII

Pendant que Bajazet jouissait ainsi des délices de sa victoire de Nicopolis dans ses palais de Brousse et d'Andrinople, ses généraux Évrénos et Timourtasch poursuivaient ses conquêtes au delà du Danube et de la Save, et lui-même reprenait ses exigences contre les souverains de Constantinople.

Ali-Pacha, son vizir, cernait depuis plusieurs années Constantinople par une armée campée non loin des murs dans la plaine de Thrace. La ville gémissait d'un blocus qui pouvait l'affamer du côté de terre, et préférait hautement la franche domination des Turcs à une fausse indépendance sous des maîtres qui ne pouvaient plus la protéger.

Timourtasch, revenu de Hongrie, soumettait une à une toutes les villes grecques des bords de la mer Noire qui reconnaissaient encore la souveraineté nominale des empereurs. De là, traversant le Bosphore, il répandait son armée jusqu'au delà du Taurus et jusqu'à l'Euphrate, faisant ainsi remonter, comme à sa source, la puissance des tribus d'Othman.

Bajazet, pendant cette campagne de Timourtasch, s'élança à la conquête de la Grèce continentale, à l'instigation de quelques Grecs traîtres à leur patrie qui lui exagéraient de loin les délices et les richesses de cette contrée. Il passa sans obstacle ces Thermopyles sans défense et asservit un à un les principautés et les duchés que les croisés avaient fondés sur les ruines de la souveraineté des empereurs de Byzance dans les différentes provinces du Péloponèse.

Une des princesses du Péloponèse, veuve de Delwos, prince de la maison d'Espagne, fut dénoncée par ses évêques à Bajazet comme entretenant un amour illicite avec son ministre, le Grec Stratès. Cette princesse, pour prévenir auprès de Bajazet l'effet de ces odieuses délations, accourut au-devant du sultan avec sa cour, ses trésors et une de ses filles, célèbre par sa beauté. Elle offrit tout à Bajazet. Il épousa la jeune Grecque sans exiger d'elle le sacrifice de sa religion. Maître en peu de mois du Péloponèse, il envoya des milliers de prisonniers grecs en Asie et appela en Grèce des milliers de Turcs à leur place, afin de dépayser ainsi les populations, de fondre les chrétiens dans les mahométans, les mahométans dans les chrétiens, pour préparer les bords de l'Adriatique à l'islamisme.

Athènes, devenue depuis son époque héroïque le fief d'une maison de gentilshommes bourguignons, les Laroche, puis le fief d'une maison plébéienne de Florence, les Acciaioli, vit passer sous son Parthénon le terrible apôtre de l'islamisme, mais ne fut pas encore annexée à l'empire ottoman. Bajazet respecta en elle, non sa gloire éteinte, mais la possession d'un marchand italien qui lui donnait l'hospitalité dans ses murs.

XVIII

Revenu à Brousse et rassasié de félicité et de gloire, Bajazet, si l'on en croit l'historien byzantin Ducas, témoin de ces prospérités, y vivait en Salomon de l'Orient. « Sa résidence préférée, dit Du-
« cas, était à Brousse. Aucune jouissance ne lui
« manquait; ses palais et ses jardins renfermaient
« tout ce que Dieu a créé pour réjouir les sens des
« hommes. Il se réveillait au chant des oiseaux
« dans ses forêts de la Bithynie et au murmure des
« sources intarissables du mont Olympe. Animaux
« rares de tous les climats, métaux précieux, or-
« naient et vivifiaient ses palais de plaisance. D'in-
« nombrables esclaves des deux sexes, choisis à
« l'exquise beauté de leurs visages, ne représen-
« taient à ses yeux que des attraits pour ses re-
« gards. Des chanteurs et des danseuses, amenés

« des climats lointains soumis à ses armes, de la
« Grèce, de la Valachie, de l'Albanie, de la Hon-
« grie, des îles de l'Archipel, de Venise et de Rome,
« chantaient et dansaient selon la mode de leur
« pays devant sa cour. »

Un moment corrigé de son goût pour les plaisirs par la voix sévère du scheik Boukara, Bajazet, sans cesse altéré et sans cesse rassasié de délices, passait de nouveau ses jours et ses nuits dans les fêtes et dans l'oisiveté. Rien en Europe et en Asie ne paraissait menacer son empire ou sa vie d'aucune vicissitude humaine, quand un messager, parti des bords de l'Euphrate, arriva à Brousse et fit retentir pour la première fois à ses oreilles le nom de Timour. A ce nom, Bajazet se réveilla en sursaut; mais il était trop tard. Les yeux attachés sur l'Europe et sur Byzance, Bajazet avait laissé grossir sans lui opposer de digue, derrière l'Oxus et l'Euphrate, le torrent qui allait submerger son empire et sa fortune.

Racontons ce qui s'était passé dans la grande Tartarie, source intarissable de ces envahisseurs de l'Orient, pendant que le premier débordement de ce bassin d'hommes, avec la première émigration des Turcs, avait assujetti l'Asie Mineure et l'Europe.

LIVRE SEPTIÈME

I

Entre l'Inde et la Sibérie, entre la Chine et la mer Caspienne, s'étend une immense contrée, semblable à un océan solide au-dessus duquel les montagnes du Thibet s'élèvent comme un cap avancé, et que de rares ondulations de terrain entrecoupent de distance en distance, plutôt comme des vagues qui se renflent sur le niveau d'une mer que comme des chaînes de montagnes qui séparent les contrées et les races d'hommes. Le nom générique de ce plateau élevé du globe est Tartarie. Ce nom comprend, dans sa généralité, d'autres noms qui correspondent aux subdivisions géographiques ou historiques de cette partie la plus féconde et la moins connue du monde : grande Tartarie, petite Tartarie, Turkestan. Mongolie, désert, pays des Mantchoux, terre de la neige, terre du sable, terre des herbes ; toutes ces dénominations se fondent dans le nom universel de Tartarie. Un voyageur moderne, entraîné plus loin que le commun des hommes sur cet océan de sable et de neige qu'aucun Christophe Colomb n'a exploré jusqu'à ses dernières limites, le père Huc, apôtre aventureux de la foi, aussi apte à bien voir qu'à bien décrire, donne en ce moment même à l'histoire la peinture la plus grandiose et la plus pittoresque des mœurs immuables des Tartares et des sites monotones de la grande Tartarie. Nous lui empruntons son dessin et ses couleurs. On ne peut comprendre l'invasion de Timour sans avoir sondé la source d'hommes que ce conquérant tartare puisa dans ce bassin de l'Asie Centrale pour la déverser tout à coup sur l'Asie Mineure. Son expédition semble un reflux de celle d'Alexandre aux Indes. L'Europe s'était jetée sur les Indes, la Tartarie débordait sur l'Europe.

II

« La Tartarie est d'un aspect généralement triste
« et sauvage, jamais l'œil n'y est récréé par le

« charme et la variété des paysages ; la monotonie
« des steppes n'est entrecoupée que par des ravins,
« de grandes déchirures de terrain, ou par des col-
« lines pierreuses et stériles. Vers le nord, la na-
« ture paraît plus vivante ; des forêts décorent la
« cime des collines, et de nombreuses rivières ar-
« rosent les riches pâturages des plaines. Mais pen-
« dant la longue saison de l'hiver, la terre demeure
« ensevelie sous une épaisse couche de neige. Vers
« la Chine, la *Terre des Herbes* se couronne de
« moissons, et les pasteurs mongols se voient peu à
« peu refoulés vers le nord par l'empiétement des
« cultures.

« Les plaines sablonneuses (ou déserts) occupent
« peut-être la plus grande partie de la Tartarie
« mongole. On n'y rencontre jamais un seul arbre ;
« quelques herbes courtes et cassantes, qui sem-
« blent sortir avec peine de ce sol durci, des épines
« rampantes, de maigres bouquets de bruyères :
« voilà l'unique végétation, les seuls pâturages de
« ces déserts. Les eaux y sont d'une extrême rareté.
« De loin en loin, on rencontre quelque puits pro-
« fond creusé pour la commodité des caravanes
« obligées de traverser ce malheureux pays.

« Il n'y a en Tartarie que deux saisons dans
« l'année : neuf mois d'hiver et trois mois d'été.

« Quelquefois les chaleurs sont étouffantes, surtout
« parmi les steppes sablonneuses, mais elles ne
« durent que quelques journées. Les nuits cepen-
« dant sont presque toujours froides. Dans les pays
« de charrue voisins de la Chine, tous les travaux de
« l'agriculture doivent être accomplis en trois
« mois. Quand la terre est suffisamment dégelée,
« on laboure à la hâte peu profondément, ou plu-
« tôt on ne fait qu'écorcher, avec la charrue, la
« superficie du terrain, puis on sème aussitôt le
« grain ; la moisson croît avec une rapidité éton-
« nante. A peine a-t-on coupé la récolte, que l'hi-
« ver arrive avec ses frimas terribles. C'est pen-
« dant cette saison qu'on bat la moisson. Comme
« la froidure fait de larges crevasses au terrain,
« on répand de l'eau sur la surface de l'aire, on
« bat le grain sur la glace.

« La Mongolie, à cause de ses vastes solitudes,
« est devenue le séjour d'un grand nombre d'ani-
« maux sauvages. On y rencontre presque à cha-
« que pas des lièvres, des faisans, des aigles, des
« chèvres jaunes, des écureuils gris, des renards
« et des loups. Il est à remarquer que les loups de
« la Mongolie attaquent plus volontiers les hommes
« que les animaux : on les voit quelquefois traver-
« ser au galop d'innombrables troupeaux de mou-

« tons, sans leur faire le moindre mal, pour aller
« se précipiter sur le berger. Aux environs de la
« grande muraille, ils se rendent fréquemment
« dans les villages tartaro-chinois, entrent dans les
« fermes, dédaignent les animaux domestiques
« qu'ils rencontrent dans les cours, et vont jusque
« dans l'intérieur des maisons choisir leurs vic-
« times ; presque toujours ils les saisissent au cou et
« les étranglent sans pitié. Il n'est presque pas de
« village, en Tartarie, où chaque année on n'ait à
« déplorer des malheurs de ce genre ; on dirait que
« les loups de ces contrées cherchent à se venger
« spécialement contre les hommes de la guerre
« acharnée que leur font les Tartares.

« Le cerf, le bouquetin, le cheval hémione, le
« chameau sauvage, l'yak, l'ours brun et noir, le
« lynx, l'once et le tigre fréquentent les déserts de
« la Mongolie. Les Tartares ne se mettent jamais
« en route que bien armés d'arcs, de fusils et de
« lances.

« Quand on songe à cet affreux climat de la Tar-
« tarie, à cette nature toujours sombre et glacée,
« on serait tenté de croire que les habitants de ces
« contrées sauvages sont doués d'un naturel extrê-
« mement dur et féroce ; leur physionomie, leur
« allure, le costume dont ils sont revêtus, tout sem-

« blerait d'ailleurs venir à l'appui de cette opinion.
« Le Tartare a le visage aplati, les pommettes des
« joues saillantes, le menton court et retiré, le
« front fuyant en arrière, les yeux petits, obliques,
« d'une teinte jaunâtre et comme tachés de bile,
« les cheveux noirs et rudes, la barbe peu fournie,
« la peau d'un brun très-foncé et d'une grossièreté
« extrême. Il est d'une taille médiocre ; mais ses
« grandes bottes en cuir et sa large robe en peau
« de mouton semblent lui raccourcir le corps, et
« le font paraître petit et trapu. Pour compléter ce
« portrait, il faut ajouter une démarche lourde et
« pesante, et un langage dur, criard et tout hé-
« rissé d'affreuses aspirations. Malgré ces dehors
« âpres et sauvages, le Tartare a le caractère plein
« de douceur et de bonhomie ; il passe sûbitement
« de la gaieté la plus folle et la plus extravagante à
« un état de mélancolie. Timide à l'excès dans ses
« habitudes ordinaires, lorsque le fanatisme ou le
« désir de la vengeance viennent à l'exciter, il dé-
« ploie dans son courage une impétuosité que rien
« n'est capable d'arrêter ; il est naïf et crédule
« comme un enfant : aussi aime-t-il avec passion
« les anecdotes et les récits merveilleux. La ren-
« contre d'un lama voyageur est toujours pour lui
« une bonne fortune.

« L'aversion du travail et de la vie sédentaire,
« l'amour du pillage et de la rapine, la cruauté,
« les débauches contre nature : tels sont les vices
« qu'on s'est plu généralement à attribuer aux Tar-
« tares. Nous sommes très-porté à croire que le
« portrait qu'en ont fait les anciens écrivains n'a
« pas été exagéré; car on vit toujours ces hordes
« terribles, au temps de leurs gigantesques con-
« quêtes, traînant à leur suite le meurtre, le pil-
« lage, l'incendie et toute espèce de fléaux. Ils
« sont étrangers à toute industrie; des tapis de
« feutre, des peaux grossièrement tannées, quel-
« ques ouvrages de broderies sur cuir, ne valent
« pas la peine d'être mentionnés. En revanche,
« ils possèdent en perfection les facultés des peu-
« ples pasteurs et nomades. Ils ont les sens de
« l'ouïe, de la vue, de l'odorat, prodigieusement
« développés. Le Tartare est capable d'entendre
« d'une distance fabuleuse le pas d'un cheval, de
« distinguer la forme d'un objet, de sentir l'odeur
« des troupeaux ou la fumée d'un campement. »

III

L'immutabilité des mœurs dans ce centre de
l'Asie rend le Tartare d'aujourd'hui parfaitement

semblable au Tartare du temps de Timour. Rien ne se renouvelle, que les générations, dans ce réservoir humain, inaccessible aux vents et aux ondulations des contrés mobiles de la terre. Le désert les protége contre nos vicissitudes de religion, d'opinion, de civilisation et de mœurs. Ce sont les Arabes du Nord. Ils voient tout changer autour d'eux sans changer eux-mêmes. Attachés par la nécessité de la vie pastorale à la glèbe de leurs déserts, ignorant les villes, habitant la tente au lieu de la maison, parcourant lentement, mais sans cesse, leurs solitudes pour suivre, comme des oiseaux de passage, les saisons, et, pour renouveler les végétations broutées par leurs troupeaux, portant tout avec eux dans le chameau, le cheval et le mouton, leur seule richesse, capables de se rassembler tout à coup en multitudes innombrables à la voix de leurs chefs, pour une guerre ou pour une migration, sans souci de leurs demeures ou de leurs approvisionnements, puisque le chameau porte leur tente, le cheval leurs armes, le mouton leurs vêtements et leur nourriture, nul peuple ne fut jamais aussi apte à multiplier sans limite et à déborder sans obstacle sur les contrées de l'Inde, de la Chine, de la Boukharie ou de la Perse, qui forment, pour ainsi dire, les bords de leur océan. Leur religion primitive, mêlée d'idolâtrie puérile, des sublimes révélations de l'Inde et de la haute philosophie des sages de la Chine, avait facilement cédé au mahométisme, dogme simple et contemplatif importé dans leurs déserts par les souverains de Samarcande, convertis les premiers, de leurs superstitions, à l'unité du dieu de Mahomet.

Telle était la Tartarie mongole, soumise encore aux descendants de Gengis-Khan, quand naquit Timour pour donner un courant à ces multitudes, et pour répandre sur un Orient vieilli la jeunesse renaissante de cette race qui ne vieillit ni ne tarit jamais dans ce berceau des races éternellement primitives.

IV

Son nom de Timour était la prophétie ou la signification résumée de sa mission. Timour (*Dimour* en turc) veut dire le fer ou l'instrument de la mort ou de la servitude sur le monde. Il était fils d'un petit prince nomade de la Tartarie mongole qui gouvernait une de ces nombreuses tribus dont se compose, en Orient, un peuple. Son père, Taraghaï, avait la prétention de descendre de Gengis-Khan, le premier grand conquérant des Tartares et le fondateur d'une dynastie qui s'éteignait deux siècles après sa gloire. Timour naquit l'année 736 de l'hégire, l'année 1335 de notre ère chrétienne. L'histoire, qui ignore les vicissitudes obscures de sa première jeunesse, ne l'entrevoit qu'à l'âge de vingt-sept ans, encore sans empire, mais déjà célèbre par ses exploits parmi les guerriers de la Tartarie Occidentale ou Turkestan. Il est vraisemblable que le jeune Timour avait acquis cette renommée populaire dans les camps de l'émir Houssein, qui régnait sur les tribus des deux bords de l'Oxus, qui combattait contre les Persans et qui résidait dans les villes fortes, frontières de la Tartarie, Balkh et Hérat.

Timour portait déjà à cette époque le nom de Timour-Lenk ou Timour le boiteux. Ce surnom, qui rappelait en même temps son infirmité et sa gloire précoce, lui avait été donné à la suite d'une blessure à la jambe reçue en combattant pour sa patrie. Il s'en parait comme d'un titre d'honneur et l'ajoutait lui-même à son nom.

Soit que le sang de Gengis-Khan qui coulait dans ses veines eût ennobli sa tribu, soit qu'il fût né d'une de ces mères indiennes ou persanes dont la beauté transformait dans les harems de Samarcande l'épaisseur et la rusticité de la race tartare, le jeune Timour n'avait rien de sa tribu que le génie nomade et le courage. Aussi appartenait-il aux Turcs orientaux plutôt qu'aux Tartares proprement dits. Son extérieur et son éducation étaient d'un prince et non d'un pasteur de chameaux. Sa taille était haute, mince et souple comme celle d'un Arabe ; son teint, blanc et coloré comme celui d'un Hindou ; les traits de son visage, au lieu d'être aplatis comme ceux des Tartares, étaient ceux d'un Grec du type d'Alcibiade. Les yeux bien fendus, le nez presque aquilin, la bouche modelée, les joues ovales, le front large et élevé, l'intelligence, la force et la grâce dans le sourire ; la parure indienne, les armes enrichies de pierres précieuses, les châles de la vallée de Cachemire en ceinture et en couronne autour de la tête, le sabre de Damas, l'arc de corne ciselée sur l'épaule, le carquois orné d'arabesques en relief, le cheval du Nedjed dont la crinière et la queue étaient teintes du suc doré du henné, enfin, deux pendants d'oreilles formés chacun d'une perle ovale flottant sur ses joues, relevaient la beauté à la fois mâle et efféminée de sa personne. Une seule chose contrastait, selon les historiens tartares, avec cette jeunesse et cette grâce de son visage : c'étaient ses cheveux, qui avaient blanchi sur sa tête presque au berceau. Ce phénomène, qui rappelait, disent ses peintres, les cheveux blancs du héros populaire des Persans, Sam, dont les exploits sont célébrés dans le Schahnameh, avait contribué à attirer sur le jeune Timour l'attention et le respect des Tartares. Ils y avaient vu un signe de maturité précoce, indiqué par le ciel dans cette couronne de sagesse sur le front d'un enfant. Ils en avaient conçu l'augure d'une intelligence consommée dans un cœur héroïque. Lui-même se parait de cette disgrâce de la nature comme d'un privilége du ciel. Ces cheveux blancs sur des joues de vingt ans relevaient l'éclat de son teint et imprimaient un caractère étrange, mais plus agréable que disgracieux, à sa beauté.

V

Son caractère était, comme sa physionomie, l'expression de ce contraste entre la tête vieille et le cœur jeune. Sérieux, pensif, ne riant jamais, lent à délibérer, prompt à accomplir, persévérant jusqu'au fatalisme dans sa volonté une fois conçue, persuadé que les événements ne sont pas écrits d'avance dans un incorrigible destin, mais qu'ils sont le résultat de l'action libre des hommes, et qu'ils cèdent à ceux qui savent les interpréter et les tourner à leurs desseins ; franc comme la parole humaine, qui, selon les Tartares, doit être la lumière de l'âme ; capable d'opprimer, jamais de mentir, de flatter ou de tromper; aimant peu les fables dont se berçait l'ignorance puérile de ses compatriotes; méprisant les bouffons qui vivent de mépris en dégradant en eux la dignité morale de l'homme ; passionné pour les philosophes qui cherchent à soulever le rideau des mondes par la science; honorant les vrais poëtes, *ces miroirs de la nature et ces échos vivants de Dieu*, selon ses expressions ; savant en astronomie, en droit public, en histoire, en médecine, en religion, dont il aimait à s'entretenir avec les scheiks les plus vénérés de Samarcande ; libéral envers ceux qui prient, parce qu'il croyait, comme Mahomet, une force pour ainsi dire physique à la prière, qui contraint Dieu en l'adorant; lisant beaucoup ; écrivant avec force et avec grâce ; parlant les trois langues de l'Asie, le turc, l'arabe et le persan ; admirateur de la sagesse du code national de Gengis-Khan, dont il associait les prescriptions à celle du Coran ; ne se livrant, dans ses loisirs, qu'à un seul divertissement, pensif et calculé comme sa vie, le jeu méditatif des échecs, cet exercice de l'esprit, inventé par le spiritualisme de l'Inde. tel était Timour, né pour gouverner le monde s'il n'avait pas eu à le ravager. La guerre l'avait saisi au berceau pendant les anarchies mongoles, qu'entretenait la décadence de la dynastie de Gengis-Khan. Il ne respirait que la guerre, seule capable, dans sa pensée, de reconstruire et d'agrandir la puissance de sa race. Son point de départ n'était que le commandement militaire d'une tribu obscure de la Tartarie.

VI

Cette tribu, sous son jeune chef, s'illustra par ses exploits sur les frontières du Khorassan. Timour se fit une famille de son armée. Sa renommée y appela les Tartares les plus amoureux de gloire et de dépouilles. Son accueil y attira, même de la Perse, les sofis ou sages, les historiens et les poëtes qui racontent ou qui chantent les grandes actions des héros. Son nom vola bientôt sur leurs récits et sur leurs vers jusqu'aux dernières tentes de la Tartarie. Avant d'être connu il était populaire: toutes les hordes s'entretenaient de lui dans leurs déserts comme d'un guerrier semblable au fabuleux

Rustem, comme d'un prophète égal à Mahomet. Il avait conquis les hommes de sa race par ce qu'il y a de plus crédule et de plus irréfléchi dans l'espèce humaine, l'imagination. Fort de ce prestige, il ne manquait à sa fortune qu'une occasion. Elle s'offrit à lui.

L'émir Houssein, souverain de Hérat et de Balkh, était attaqué sur les deux rives de l'Oxus par les Djettes, peuplades barbares qui sapaient les derniers débris de la puissance mongole de Gengis-Khan. Timour vola avec sa tribu au secours de l'émir. Il balaya les Djettes et raffermit le trône de l'héritier de Gengis. Houssein, pour reconnaître ce service et pour s'assurer à jamais un si héroïque allié, donna une de ses sœurs, la belle Tourkhan, honorée du surnom de khan ou de reine, à Timour. Cette union attacha Timour à la maison royale d'Houssein. Mais sa gloire et son mérite effacèrent bientôt, aux yeux des Tartares, le souverain que Timour semblait rivaliser plus que protéger.

La mort précoce de sa jeune femme rompit les liens du sang qui unissaient les deux princes. La rivalité enfanta l'injustice ; les émirs, vassaux de Houssein, se soulevèrent contre leur souverain ; Timour, proclamé par eux leur chef et leur vengeur, échappa aux embûches du vizir d'Houssein, vainquit ou embaucha ses armées, assiégea Hérat, capitale de son ennemi, y entra par la brèche à la tête des Tartares révoltés et vit les émirs incendier sous ses yeux le palais et massacrer son beau-père et sa dynastie. L'histoire ne l'accuse pas d'avoir voulu ce crime, mais d'y avoir assisté et d'en avoir volontairement ou involontairement recueilli le fruit.

Les trésors, les femmes, les enfants du malheureux Houssein devinrent la dépouille et le jouet de soldats féroces. Timour reçut quatre de ces femmes pour son harem et en épousa deux célèbres par leurs charmes. Les autres épousèrent les principaux émirs compagnons de sa victoire. La voix de l'armée lui décernait le trône qu'il venait de renverser dans le sang et dans la flamme d'Hérat. Cette capitale n'était plus qu'un foyer fumant au milieu d'un désert. Il conduisit l'armée et la population à Samarcande, cette ville si célèbre, située au milieu d'une fertile oasis de la Tartarie occidentale, dont il voulait faire la capitale d'un plus vaste empire.

VII

Le suffrage universel du peuple sanctionnait seul, chez les Tartares comme chez les Gaulois, les droits de la victoire. L'assemblée générale de tous les chefs et de tous les sages des tribus se réunit sous des tentes dans la plaine de Samarcande. Il y fut unanimement proclamé l'héritier légitime de Gengis-Khan et souverain ou khan de tous les Tartares. Le scheik, ou pontife suprême, lui offrit ce qui servait aux Tartares de couronne et de sceptre, le *tambour* qui convoque le peuple et l'*étendard* qui rallie les soldats. On le surnomma *maître du temps et du monde vivant*; on lui remit le sceau de l'empire, sur lequel était gravée cette maxime du Coran : « *La justice est le salut des hommes,* » grand témoignage de la conscience universelle de l'humanité inscrit sur le cachet même d'un usurpateur.

Vingt-sept dynasties ou souverainetés de la Tartarie et toutes les tribus reconnurent sa suprématie. Il centralisa en lui seul la puissance civile, politique et militaire de plus de cent cinquante millions d'hommes brûlant du désir de déborder de nouveau de leurs rudes climats sous des cieux plus doux. Cet empire s'étendait depuis le centre de la Russie jusqu'à la grande muraille de Chine, et depuis le Thibet jusqu'à la Perse.

Timour, qui se sentait soulevé au-dessus de l'humanité par cet instinct de débordement de tant de milliers d'hommes, ne le laissa pas s'affaisser.

Les années de son règne ne furent qu'une suite de campagnes qui lui soumirent avec le Kharisme, le Kaptschak, la Géorgie, l'Hindoustan, la Perse, l'Irak, la Syrie et l'Asie Mineure, deux cents autres millions de sujets. Ce n'était pas la guerre, c'était l'inondation. Les quarante mille soldats d'Alexandre s'étaient changés en huit cent mille combattants, et un million d'esclaves qui desséchaient la terre sous leur passage. La magnificence de cette cour nomade de Timour égalait la multitude des combattants. Jamais l'Europe ne vit ce nombre, ce faste asiatique, ni dans la migration d'Attila, ni dans celles des Arabes, ni dans la campagne de Moscou, où le conquérant moderne conduisit tant de braves à l'incendie et aux frimas.

VIII

Timour voulait éblouir autant que vaincre. Il savait que le glaive, pour assujettir les hommes de l'Orient, doit briller et frapper à la fois. Le mariage d'un de ses fils, encore enfant, avec la fille d'un des souverains de la frontière persane, lui permit d'étaler dans les fêtes de ce mariage toutes les richesses que la dépouille de l'Hindoustan accumulait dans ses tentes. Un trône d'or, des couronnes de diamants, des urnes pleines de pierreries versées comme l'eau sous les pieds des jeunes époux, des avenues d'encensoirs où fumaient le musc et l'ambre gris; la terre, tapissée à plusieurs milles de distance, de tentures d'or et de soie tissés, la voûte de la tente nuptiale formée par un firmament de lapis, où des diamants incrustés figuraient les constellations et les étoiles du ciel, les rideaux de la tente en or tissé, la pomme de pin qui la surmontait en dehors, ciselée dans un bloc d'ambre fin, attestaient des prodigalités de dépouilles où l'imagination arabe elle-même cède devant la réalité.

IX

Samarcande, centre de ces magnificences, dépôt de ces richesses, s'élevait et s'étendait comme par prodige à chaque retour de ces expéditions. Babylone, Bagdad, Persépolis, Palmyre, Baalbeck, Damas, Constantinople, Rome, Athènes, étaient effacées par ces palais, ces jardins, ces aqueducs, ces mosquées qui s'élevaient tout à coup au milieu des steppes de la Tartarie à la voix de Timour et sous la main des artistes grecs et arabes appelés de leur patrie pour décorer l'habitation d'un barbare.

Au mariage de Timour lui-même avec une princesse captive ramenée du Khorassan, il ordonna la construction de douze jardins réunis bientôt en un seul au bord du fleuve et qu'on appela, à cause de leur luxe et de leurs délices, les *jardins du Paradis*. Il voulut que l'humble village tartare de Kesch, où il était né, portât dans la postérité la trace éclatante de son berceau dans des monuments et dans des fondations éternelles. Une ville rivale de Samarcande s'éleva sur les masures de ce village. Il lui donna le nom de *dôme des sciences et de la civilisation;* il y appela de l'Arabie et des Indes les sages les plus capables d'enseigner la vertu et les arts aux Tartares.

X

La fortune n'avait pas endurci son cœur ni égaré son jugement; il se glorifiait de n'avoir jamais perdu le sens des affections humaines. La mort prématurée de son fils et d'une de ses sœurs qu'il chérissait le plongea dans une mélancolie qui lui fit désirer la mort, puisque la mort faisait de son cœur une solitude au milieu de ses voluptés extérieures. Il ne revint à la résignation et au goût de la vie qu'en lisant les versets consolateurs du Coran, qui enseignent à l'homme à respecter sa propre douleur comme une sage volonté de Dieu supérieure à nos sagesses.

Mais l'ambition parut seule combler en lui le vide de la mort. La rapidité et la facilité de ses conquêtes lui persuadaient que Dieu marchait devant ses armées et lui commandait ainsi d'uniformiser la foi de tous les hommes livrés à d'indignes superstitions. Ses courtisans l'entendaient se répéter souvent à lui-même ce rêve de la monarchie universelle dont les conquérants de tous les siècles ne se réveillent qu'à la mort :

« De même qu'il n'y a qu'un maître dans le ciel, « disait-il, il ne doit y avoir qu'un maître sur la « terre. Elle est trop petite pour satisfaire l'ambi- « tion d'une grande âme. »

« L'ambition d'une grande âme, lui dit un jour « le scheik de Samarcande, ne se satisfait pas par « la possession d'un morceau de la terre ajouté à « un autre morceau de la terre, mais par la pos- « session de Dieu, Dieu seul assez grand pour « remplir une pensée infinie. »

XI

La réponse du scheik frappa Timour, mais ne prévalut pas sur son instinct de nomade et de conquérant. Il marcha bientôt à la tête de l'élite de ses tribus aux derniers confins de la Perse, qui n'avaient pas encore été visités par sa colère. Les villes s'ouvraient, les campagnes se dépeuplaient devant lui; la fureur du meurtre semblait l'avoir saisi pour purger la Perse et l'Arabie des vieilles superstitions qui survivaient encore à la religion de l'islamisme. Des milliers de cadavres d'idolâtres traçaient derrière lui la route de son armée. Il ne s'arrêtait avec pitié et avec respect que devant les tombeaux des Imans interprètes de Mahomet, des savants mémorables ou des poëtes illustres. A son entrée dans les villes, il se faisait conduire devant ces monuments, descendait de cheval et invoquait la mémoire de ces grands génies, lumières éteintes de l'humanité. C'est ainsi qu'il toucha du front le sépulcre du grand poëte épique persan *Ferdousi* à Thous.

Bagdad, Tauris, Kars, Djoulfa, se soumirent sans résistance à son approche. Cette fois, au lieu de tourner vers l'orient, il tourna au nord, traversa les royaumes qui séparaient jadis la Méditerranée de la mer Noire, entra en Géorgie, et s'arrêta pour passer l'hiver à Tiflis, capitale de ce royaume, avant de franchir le Caucase.

Les rois de Géorgie et de Schirvan abjurèrent le christianisme pour conserver leurs États. Leurs peuples les imitèrent. Ils remplirent de leurs présents en or, en esclaves, en chevaux, les tentes de Timour. L'Arménie et la Mésopotamie, pour prévenir son invasion, se reconnurent vassales de la Tartarie. Les villes qui tentèrent de résister derrière leurs murailles furent effacées du sol; Timour fit construire, à la place, des tours dont les murailles étaient bâties d'hommes vivants cimentés dans la chaux. Ces pyramides et ces arcs de la mort furent imités plus tard par les Turcs sur les champs de bataille de la Servie et de la Bulgarie. Nous avons nous-mêmes gémi en passant sous ces catacombes en plein jour de la Barbarie.

XII

Pendant qu'il hivernait au pied du Caucase et qu'il conviait des peuples entiers à des chasses gigantesques, images des plaisirs de la Tartarie, Ispahan, occupée par l'arrière-garde de son armée, se soulevait au bruit du tambour d'un forgeron patriote, qui avait levé pour étendard son tablier de cuir. A la voix du forgeron, les Persans immolent trois mille Tartares, et purgent la ville de leurs oppresseurs. Mais Timour y renvoie à l'instant cent mille soldats, avec ordre de lui rapporter chacun une tête de Persan, sous peine de livrer eux-mêmes leur propre tête. Ispahan consternée paya de ce prix la révolte du forgeron. Timour n'excepta que les savants, les religieux, les poëtes, comme Alexandre avait excepté Pindare. La piété, le génie et la science étaient divins à ses yeux. Ces cent mille têtes furent élevées en pyramides maçonnées sur les places de la ville déserte.

Revenu au printemps par la Perse orientale, Timour rasa les grandes villes et chassa devant lui leur population en Tartarie. Il peupla Samarcande des princes du pays de Fars, centre de la Perse antique, après avoir fait semer du sel sur l'emplacement de leurs palais et de leurs jardins.

XIII

Samarcande l'attendait dans les fêtes triomphales qui signalaient chacun de ses retours. Pendant qu'il préparait une expédition immense contre un khan rebelle de la Grande Tartarie, il employa les loisirs de l'hiver à chasser aux cygnes sur les lacs glacés et dans les marais de Bokhara. Ces chasses magnifiques, instituées par Gengis-Khan comme une prérogative sauvage de la souveraineté, servaient à retenir autour du khan les chefs et la jeunesse des tribus, et à les entretenir dans les rudes exercices de la guerre.

Timour, après avoir convoqué le conseil général des vingt-sept royaumes, et appelé sous les armes cinq cent mille cavaliers, entra en campagne avant la fin de l'hiver. Il laissa cette fois sa cour et son harem à Samarcande, pour éviter à ses femmes et à ses filles les fatigues d'une guerre dans les plus âpres climats du pied du Thibet. Une seule femme favorite, et confidente de ses plus secrètes pensées, le suivait dans un pavillon de guerre porté par un éléphant. C'était une captive, fille d'un prince de la race des Djèttes, qui avait conquis le cœur du vainqueur de sa famille, et que ses charmes avaient fait surnommer l'*Étoile du matin*. La satiété n'excluait pas ces préférences passionnées dans l'âme de Timour non plus que dans l'âme de Mahomet. Nous en verrons bientôt d'autres exemples dans le harem des sultans musulmans.

A peine sorti de Samarcande, Timour vit accourir au-devant de lui des ambassadeurs du prince qu'il allait détrôner, pour implorer le pardon et la paix. L'usage de la Tartarie voulait que, dans ces occasions, les ambassadeurs parcourussent au galop la distance qui les séparait du khan, et, se précipitant de leurs chevaux à son aspect, parussent se réfugier à son ombre. Ces messagers de paix présentèrent à Timour une lettre d'excuses de leur maître, un oiseau de proie apprivoisé, et neuf chevaux de course, dont de nombreux témoignages attestaient l'incomparable agilité.

Cette soumission ne fléchit pas Timour. Il continua sa route jusqu'à une chaîne de collines qui domine la grande Tartarie. Parvenu au sommet de ce plateau, il contempla l'incommensurable océan des steppes verdoyantes qui s'étendaient sans autres bornes que le ciel sous ses yeux. Chacun de ses soldats apporta en passant une pierre pour élever, à la place où le khan s'était assis, une tour monumentale destinée à rappeler à jamais la réunion de cette multitude d'hommes rassemblés pour exécuter la vengeance d'un seul.

Au pied du plateau, il ordonna une chasse de plusieurs jours dans les steppes pour approvisionner l'armée de gibier et de troupeaux sauvages. Des milliers de bœufs, de moutons, de chameaux et de chèvres suivaient en outre l'armée à une certaine distance, paissant dans les steppes et fournissant le lait et la chair à ce peuple de soldats.

Après les chasses, Timour, monté sur un cheval persan d'une merveilleuse stature, la couronne de rubis sur la tête, et un sceptre d'or terminé par une tête de bœuf dans la main, passa la revue de son armée. Chaque émir et chaque chef de horde descendait de sa selle devant lui, et, tenant son cheval par la bride, se prosternait le front dans l'herbe et bénissait le souverain.

Le saint iman de la Tartarie, le vieux scheik qui avait prédit le premier la destinée encore obscure de Timour, se prosterna à son tour, ramassa une poignée de poussière, et, la lançant du côté où l'on s'attendait à rencontrer l'ennemi, s'écria comme inspiré du ciel :

« Que vos visages soient souillés par la honte et
« la défaite ! Marche maintenant, continua le vieil-
« lard en s'adressant au khan, marche où tu vou-
« dras, tu seras partout vainqueur. »

Les trompettes sonnèrent la charge, et l'armée, d'une seule voix, poussa le cri de *Surun !* ou *En avant !*

XIV

Le rebelle, vaincu par la terreur avant de l'être par le combat, s'enfuit, de défaite en défaite, vers le nord jusqu'au fleuve aujourd'hui russe du Volga. Son armée, sa cour, ses esclaves, ses femmes, ses troupeaux, ses trésors, ne purent traverser le fleuve aussi vite que lui. Une nation entière tomba et devint le butin de l'armée de Timour. Le khan s'en appropria l'élite. Les plus belles des captives furent triées pour orner son harem de Samarcande; six mille jeunes gens choisis à la beauté du corps et à la grâce du visage furent réservés pour le service intérieur de ses palais. Chaque émir eut sa part, chaque soldat sa dépouille dans cette distribution des trésors, des troupeaux et des esclaves. L'histoire s'égale au poëme quand elle raconte le luxe des fêtes que Timour donna à son armée sur les bords du Volga.

« Assis en plein soleil, disent les narrateurs du
« temps, sur le trône d'or des anciens rois de la
« Grande Tartarie, entouré des beautés voilées du
« harem du khan vaincu, reposant avec complai-
« sance ses regards sur la favorite de son cœur,
« l'*Étoile du matin*, sur ses fils, sur ses petits-fils,

« sur ses généraux, revêtus de leurs plus riches cos-
« tumes de guerre et de cour ; des festins incessants
« réunissaient un million de convives ; des danseu-
« ses enivraient les yeux, des musiciens enivraient
« les oreilles, des poëtes, le cœur et l'esprit des con-
« quérants. Darius et Xerxès disparaissaient devant
« cet Alexandre du désert. »

XV

Au printemps de l'année suivante, il reprit sa course armée vers la Mésopotamie en traversant de nouveau la Perse; Bagdad et Schiras le virent une troisième fois passer. La victoire et l'empire n'avaient point énervé son courage. Vaincre était pour lui plus que régner. Il se plaisait à devancer souvent son armée, suivi de quelques centaines de ses émirs les plus intrépides, et à combattre en simple guerrier contre les princes arabes ou persans qui cherchaient à lui fermer les défilés des montagnes. Dans une de ces occasions, il faillit tomber sous le sabre du schah Mansour, usurpateur des provinces montueuses de la Perse. Le fils favori de Timour, Mirza-Schah-Rokh, se précipita entre le khan et son ennemi, abattit d'un coup de lance le guerrier persan, lui coupa la tête, et, la présentant à Timour :

« Ainsi, lui dit-il, doivent rouler aux pieds de ton
« cheval les têtes de tous tes ennemis. » Les Tartares présents à cet exploit frappèrent neuf fois la terre du front en témoignage de joie et d'admiration pour le héros, revivant déjà dans un autre héros.

Timour donna la souveraineté de la Perse reconquise à Miran-Schah, son fils et son vassal, revint à Bagdad sur une galère nommée le *Soleil*, y laissa reposer deux mois son armée, y rétablit la discipline relâchée par la guerre, fit répandre dans l'Euphrate tout le vin qui fut trouvé dans la ville, y reçut les ambassadeurs des sultans de Syrie et d'Égypte, qui cherchaient à l'arrêter par leur soumission, et entra par le grand désert dans la Mésopotamie. Il y signala son passage par sa vengeance contre tout ce qui résistait, par sa libéralité envers les savants, les prêtres, les poëtes des deux religions qui se disputaient alors ces provinces, les chrétiens et les mahométans. Il allait prier indifféremment sur les tombeaux des saints et sur ceux des derviches mémorables. Son culte pour la science et pour la vertu était impartial; était-ce philosophie, était-ce politique? Aucune confidence de l'histoire n'a expliqué ce mystère de la vie du conquérant.

Parvenu, à travers l'Arménie, aux Portes-de-Fer, qui ferment le Caucase, il apprit que le roi vaincu de la Grande Tartarie, Toctamisch, après avoir rallié sa nation derrière le Volga, avait franchi les défilés du Caucase et s'avançait pour renouveler la lutte sur cet autre champ de bataille contre lui. « Tant mieux, dit-il aux Tartares Uzbeks qui lui an-
« noncèrent cette nouvelle occasion de gloire ; lais-
« sons venir Toctamisch et son armée : il vaut
« mieux que le gibier vienne de lui-même aux rêts
« que d'être obligé de battre les forêts pour le
« faire lever. Un vieux faisan ne craint pas le fau-
« con, et, quand la sauterelle est devenue assez
« grande pour que ses ailes prennent la couleur
« du sang, elle rend coup pour coup au passereau
« qui veut la dévorer. »

Le champ de bataille fut le bord oriental de la mer Caspienne. Sa longue marche avait diminué l'armée de Timour; avant la bataille il passa ses Tartares en revue avec une sévérité minutieuse, examinant si chaque soldat avait son épée, sa lance, sa massue et son filet, dans lequel les guerriers tartares enlacent leur ennemi désarmé. Lui-même, à cheval, à la tête de trente escadrons d'élite, il fondit comme la foudre sur le centre des ennemis rompus, et, précipitant ce centre dans les flots, il vit fuir les ailes bientôt prisonnières de ses cavaliers. Le Volga et le Dniéper, libres devant lui, le virent, pendant une campagne de cinq ans, ravager la Russie jusqu'à Moscou. Les Russes, qui faisaient déjà trembler les Grecs de Byzance, tremblent devant les Tartares et leur abandonnent leurs provinces, leur marine, leurs richesses, fruits de l'épée comme les conquêtes de Timour.

Il revint par une autre route à Samarcande, où les délices de ses jardins, l'amour de ses femmes, l'entretien de ses lettrés, les éloges de ses poëtes, le délassèrent de cinq ans d'exploits. Avide de tous les genres d'immortalité pour son nom, il employa ses jours de paix à la construction de ces édifices qui portent la mémoire des ambitieux aux siècles reculés, et dont il avait contemplé les ruines à Persépolis. Il éleva un palais de marbre transparent semblable à l'albâtre, qui interceptait le froid et laissait pénétrer une douce lumière dans ses appartements. Des peintres grecs appelés de Byzance en peignirent à fresques les dômes, pages coloriées de l'histoire de ses campagnes. On l'y voyait dans toutes ses fortunes diverses, depuis le gardien des troupeaux du pasteur tartare jusqu'au souverain de la double Asie. Il donna ce palais à une des filles de son fils mort Miran-Schah, nommée Béghizi.

Méditant de nouvelles expéditions plus lointaines, et craignant, après sa mort, des dissensions pour l'empire entre ses fils, il investit son fils Schah-Rokh de la souveraineté des provinces persanes, les plus propres, selon lui, à assurer par leur possession la supériorité des armes et de la politique sur les autres. Il distribua à tous ses autres fils ou petits-fils le gouvernement de tous ses royaumes. Bien qu'âgé de soixante-quatre ans, il épousa une jeune fille mongole nommée Toukel-Khanum, et, dans son ivresse pour sa nouvelle et huitième épouse, il lui donna le jardin le plus délicieux de Samarcande, appelé par lui « le jardin qui *dilate le cœur.* »

XVI

Cet amour ne lui fit pas oublier le rêve de tous les conquérants, l'Inde. Il la parcourut cette fois depuis l'Indus jusqu'à Delhi, depuis l'Océan jusqu'au Thibet. Son armée marchait suivie d'un peuple d'esclaves, prix des premières victoires, et qui pouvaient compromettre d'autres combats. Un ordre atroce en livra cent mille à la mort en une seule nuit. Chaque soldat tartare fut contraint d'immoler les siens de sa propre main. Le remords, la pitié, l'indignation, saisirent l'armée; les imans présagèrent la colère du ciel. Timour ne répondit à ce soulèvement de la conscience de ses guerriers que par la conquête et le massacre de Delhi. Le sang qu'il avait tant répandu l'enivrait. Les hommes, par leur obéissance, lui avaient appris à les mépriser comme la poussière foulée par les pieds de son cheval. La liste de son butin, partagé entre ses soldats après l'assaut de Delhi, et le récit de ses cruautés sur les Indous innocents de tout crime, feraient douter de l'histoire, si des Européens de l'armée de Timour, témoins oculaires, n'en confirmaient l'authenticité. Or, argent, pierres précieuses, diadèmes, ceintures étoilées de diamants de Golconde, rubis et saphirs de Ceylan, éléphants dressés, chameaux et coursiers innombrables, esclaves des deux sexes, composaient ces dépouilles. Chaque soldat reçut cent esclaves pour sa part, chaque Tartare suivant l'armée en reçut vingt. Dix rangs d'éléphants accompagnèrent les cortéges qui allaient porter les lettres de victoire de Timour aux princes ses tributaires de la Tartarie, du Kaptschak et de la Perse. Il leur distribua par milliers les artistes, les ouvriers, les peintres, les architectes qui avaient décoré l'Hindoustan de leurs travaux, afin qu'ils portassent les mêmes arts, et qu'ils élevassent les mêmes monuments dans la Tartarie. Il dépeupla

l'Inde pour peupler les steppes de Samarcande.
Les idoles des dieux indiens furent transportées par
lui dans sa capitale pour servir de matériaux aux
mosquées. Tous les Guèbres ou adorateurs du feu,
immolés sur les bords du Gange, teignirent les eaux
sacrées d'une couleur de sang. Comme à la fin de
chacune de ses expéditions, une chasse aux lions,
aux tigres, aux rhinocéros, aux cerfs bleus, aux
paons et aux perroquets fut la fête de ses victoires.
Descendu dans la mystérieuse vallée de Cachemire,
cet Éden de l'Inde, il en savoura quelques jours
les délices, y renversa les temples de l'idolâtrie, et
revint à Samarcande, ayant accompli en douze
mois la campagne de dix ans d'Alexandre.

XVII

Après quelques jours de repos, il se dirigea
du côté de l'occident, en inclinant vers la mer
Caspienne. Il entra par ces vallées profondes dans
le Caucase, citadelle naturelle de ces régions, qu'il
voulait assurer à sa race. Les Géorgiens se défen-
dirent contre le dominateur de la Tartarie avec
la même constance qu'ils déploient depuis près d'un
siècle à se défendre contre le czar, dominateur
du Nord. Timour, pour les attaquer corps à corps

dans les gorges inaccessibles du Caucase, dont les Géorgiens avaient muré les embouchures par des rochers, employa les routes de l'air. Il fit construire d'immenses corbeilles, qu'il remplit de soldats, et qu'il fit descendre, par des cordes suspendues à des poulies, jusqu'au fond de ces précipices, à trois ou quatre cents coudées de profondeur. Ses soldats combattaient de là contre les Géorgiens, écrasés sous leurs traits. Timour lui-même, pour donner l'exemple à ses troupes, se fit descendre et hisser sept fois dans ces radeaux aériens. Par des barbaries de la guerre, que nous avons vues une fois renouveler de nos jours en Afrique, il fit enfermer des tribus du Caucase dans les cavernes où elles s'étaient réfugiées, comme des animaux dans leurs terriers. Ces sacriléges contre l'espèce humaine soulevèrent même ses propres Tartares.

Du pied du Caucase, il s'avança sur Sinope et sur Césarée. Ses hordes touchaient pour la première fois aux possessions récentes des Turcs sur les bords asiatiques de la mer Noire. Deux princes de Caramanie et de Kermian, détrônés, comme nous l'avons vu, par Bajazet, et échappés de la prison où les retenait son général Timourtasch, traversèrent toute la Cappadoce et toute la Géorgie, l'un sous le costume d'un bateleur montrant des singes aux villageois, l'autre sous l'épaisse chevelure d'un derviche, qui dérobait son visage aux regards de ses anciens sujets. Ces deux proscrits, altérés de vengeance, parvinrent par ces ruses jusqu'à la plaine de Karabagh, où la nombreuse armée de Timour campait, indécise entre le nord et le midi de l'Asie.

Un troisième prince, dépossédé par Bajazet, le jeune souverain turcoman d'Aïdin, s'échappa également de sa tour, et, exerçant sur la route le métier de danseur de corde, arriva en même temps dans ce refuge des princes expropriés. Timour entendit leurs plaintes, prit prétexte de la vengeance des opprimés et des licences de la cour de Bajazet contre la loi du prophète, pour embrasser leur cause. Les récits qui lui revenaient de toutes parts du rapide accroissement de la puissance des Turcs, ses anciens compatriotes des bords de l'Oxus, offensèrent son orgueil ou tentèrent son courage. Il croyait le monde trop étroit pour deux sultans. Cependant il ne frappa ni sans avertir, ni sans menacer. Des ambassadeurs, chargés de demander à Bajazet raison de sa violence et réparation de ses injustices envers les princes indépendants de sa race, partirent pour Brousse. Ils portaient à Bajazet une lettre impérieuse de Timour.

XVIII

Bajazet, indigné de l'accent de cette lettre d'un barbare qui cherchait encore un empire errant dans l'Asie, tandis que le sien, fixe et affermi, reposait déjà depuis trois générations sur les contrées les plus policées de l'Asie et de l'Europe, ordonna pour toute réponse le supplice de l'envoyé assez audacieux pour venir lui intimer des ordres au pied même de son trône. Les bourreaux allaient exécuter le geste du sultan, quand le grand vizir, le vénérable scheik Boukara et le grand juge de Brousse se jetèrent à ses pieds, et le conjurèrent de ne pas déshonorer leur nation en attentant, même à l'égard d'un insolent Tartare, à l'inviolabilité des ambassadeurs. Bajazet, cédant à leurs conseils et à leurs prières, se borna à injurier les députés tartares, et à leur remettre une lettre empreinte de défi et de mépris pour leur maître.

Au récit de cette offense et à la lecture de ce défi, Timour, qui avait rallié plus de huit cent mille combattants dans la plaine de Karabagh, n'hésita plus à les verser sur l'Asie Mineure. Il s'avança, suivi de cette innombrable multitude et de troupeaux qui couvraient derrière lui des provinces entières, vers Siwas, première grande ville forte de l'empire ottoman.

Siwas, autrefois Sébaste, ville opulente de la Grèce asiatique, détruite et rebâtie par l'invasion du sultan seldjoukide Alaeddin, ouvrait l'empire de côté. Entourée de larges fossés pleins d'eau courante, murée de remparts d'une prodigieuse épaisseur, peuplée de cent cinquante mille âmes, défendue par d'intrépides Arméniens, elle semblait défier tout assaut d'une multitude tartare sans artillerie de siége pour ébranler ses murailles. Timour s'arrêta un moment comme irrésolu à l'aspect de ce boulevard de l'empire. Mais il suppléait à l'art de la guerre par le nombre de ses soldats; prodigue d'hommes, que l'intarissable source de la Tartarie renouvelait sans cesse dans son armée, il attacha des milliers de mineurs aux rochers qui servaient de fondements aux murailles; il vida les fossés par des canaux creusés au-dessous de la ville; il abattit les forêts de noyers voisines pour étayer, par ces troncs d'arbres, les galeries souterraines ménagées sous les fondations des murs; puis, allumant des bûchers près des tours minées de la ville, il vit le sol manquer sous leur poids et les engloutir dans la flamme et la poussière.

Vingt jours et vingt nuits lui suffirent pour ouvrir sur ces débris d'énormes brèches à ses soldats. Siwas, nue et tremblante devant lui, n'attendit pas l'assaut et se résigna à son sort. Timour promit seulement d'épargner la vie des musulmans et des chrétiens, et de se contenter de leur servitude. Mais à peine entré dans Siwas, il l'inonda du sang de ses défenseurs. Soit colère, soit politique, sa férocité fit frémir l'Orient. Quatre mille Ottomans furent ensevelis vivants jusqu'au cou, et attendirent ainsi la fin de leur vie et de leurs tortures, spectacle digne de la brutalité des Tartares et que les bêtes féroces ne se donnent pas à elles-mêmes dans leurs carnages.

Les chrétiens, jetés par couples dans des fosses recouvertes d'un plancher de bois, et surchargées ensuite de terre, prolongèrent pendant des jours inconnus leur agonie souterraine sous les tentes des Tartares, qui entendaient leurs gémissements. Les braves furent tués pour que la contagion de leur courage ne gagnât pas les lâches; les lâches moururent par leur lâcheté qui les rendait indignes de vivre. Tout prétexte était bon à la mort. Timour fit immoler jusqu'aux infortunés lépreux des léproseries de Siwas, pour que leur infirmité ne se communiquât pas à ses Tartares, chez lesquels elle était inconnue. A l'exception des enfants mâles propres à l'esclavage, de leurs jeunes filles propres aux harems, la population tout entière fut tarie dans son sang. Un des fils de Bajazet, qui gouvernait Siwas, et qui avait combattu en fils et en héros l'ennemi de son père et de sa race, ne survécut quelques jours que pour contempler le long supplice de ses compagnons d'armes. Traîné par des cordes sur la pierre des chemins, derrière le cheval de Timour, sa tête, coupée par l'ordre du vainqueur, fut livrée aux aigles de l'Arménie.

XIX

A cet écroulement de sa frontière, et à la nouvelle du supplice de son fils, Bajazet-Ildérim, retrouvant sa promptitude dans son danger et sa valeur dans son âme, se hâta de rappeler de Constantinople, d'Andrinople, de toutes ses provinces d'Europe et d'Asie les armées qui cernaient Byzance et qui avaient fait trembler la Hongrie. Il descendit du mont Olympe dans les vallées qui mènent à Siwas, à la tête de tout ce qui pouvait porter une arme dans sa nation. Mais l'image de son fils, vaincu et massacré, marchait devant lui. Sa tristesse paraissait d'avance le pressentiment de sa fortune. Ses généraux et ses courtisans reconnaissaient son courage, mais ne reconnaissaient plus sa confiance et son humeur. Tout lui était tristesse et présage sur la route ; ayant entendu un soir un berger qui jouait de la flûte et qui chantait en gardant ses chameaux dans une vallée de la mer de Feuilles :

« Ah ! lui cria mélancoliquement Bajazet, ne
« me chante à présent d'autre chanson que celle-
« ci, la seule que je me chante à moi-même dans
« mon âme : *Sultan ! tu ne devais pas laisser tomber*
« *Siwas, ni périr ton fils !* »

XX

Cependant Timour, après la conquête de Siwas, s'était un peu détourné de sa route directe sur la Bithynie pour marcher sur Alep, où il avait à venger quelque vieille injure du sultan d'Égypte, maître alors de la Syrie. Toutes les troupes de l'Égypte, de la Syrie et de l'Arabie couvraient Alep. L'aspect des éléphants de Timour, du haut desquels les Tartares, instruits par des transfuges grecs des arts de Byzance, lançaient des gerbes de feu grégeois, étonna les Égyptiens. Les éléphants, d'abord immobiles comme un mur, s'ébranlent à l'ordre de Timour, qui les dirigeait lui-même. Animés de la fureur du combat, et partageant la cause et la passion des hommes, ces monstres, invulnérables aux traits des Arabes, enlevaient les Égyptiens noués dans leurs trompes, les lançaient sur leurs compagnons, les piétinaient sous leurs pieds, les écrasaient sous leurs genoux, et ouvraient ainsi, comme des pionniers, une large route aux Tartares.

XXI

L'armée égyptienne, ainsi enfoncée au centre et noyée aux ailes par deux cent mille cavaliers tartares, se précipita avec une telle démence de terreur vers la ville, que les fossés furent comblés de vivants et de morts entassés sous les remparts, et que Timour, faisant passer ses éléphants sur ce pont de cadavres, entra sans abaisser d'autre pont dans Alep. Le 30 octobre 1400, Alep fut submergée comme Siwas par ce déluge de la Tartarie. Tout ce qui ne put pas fuir dans le Taurus, dans le Liban ou dans le désert, périt sous le fer ou tomba dans l'esclavage des hordes de Timour. Comme partout cependant, Timour sauva et protégea les lettrés de la ville conquise. L'élite de la pensée et de la sagesse humaine lui paraissait faire exception à cette humanité qu'il méprisait jusqu'au néant.

Quelques jours après la conquête et l'extermination de la plus grande partie de la population, il monta sur la plate-forme de la citadelle, et se délecta du riche paysage des jardins, des eaux, des collines et des montagnes de neige de l'horizon syrien d'Alep. Il convoqua là, autour de lui, les savants, les poëtes et les religieux de cette ville célèbre par la culture des lettres arabes, et il s'entretint familièrement non en maître, mais en disciple avec eux; puis, dans une conversation enjouée, il leur adressa quelques questions captieuses dont la réponse, si elle n'était pas une adulation, pouvait être un danger pour ces sages.

« Résolvez-moi, leur dit-il, des doutes que les « sages de mes écoles de Samarcande n'ont jamais « su éclaircir pour moi. »

Tous se rejetèrent le périlleux honneur de répondre au vainqueur d'Alep. L'historien Ibn-Schohné accepta seul le dialogue.

« Quels sont ceux, lui demanda le khan, qui ont été les martyrs aux yeux du ciel dans la bataille sous vos murs?

— Ce sont ceux, lui répondit l'historien, en

empruntant un mot du prophète lui-même dans le Coran, qui ont combattu pour la parole de Dieu. »

Timour se contenta de l'ingénieuse équivoque qui laissait Dieu juge de la justice de la cause musulmane des deux côtés. Il sourit, et montrant de la main aux lettrés d'Alep sa jambe estropiée et la maigreur de son corps usé par la guerre et la vieillesse.

« Regardez, leur dit-il, je ne suis que la moitié d'un homme, et pourtant j'ai conquis l'Irak, la Perse, et les Indes.

— Rends-en gloire à Dieu, lui répliqua le mufti d'Alep, et ne tue personne.

— Dieu m'est témoin, dit avec une apparente sincérité le destructeur de tant de millions d'hommes, que je ne fais mourir personne par volonté préméditée ; non, je vous le jure, je ne tue personne par cruauté ; mais c'est vous qui assassinez vos âmes ! Allez, je vous garantis vos vies et vos biens. »

L'heure de la prière du soir étant venue pendant l'entretien, il pria, se prosterna, s'agenouilla comme un simple croyant avec eux.

XXII

Lui-même ne pouvait plus contenir le torrent qu'il avait déchaîné. De nouveaux corps de son armée, se succédant les uns aux autres pendant vingt jours, saccageaient malgré lui, dans la ville conquise, ce que les premiers avaient épargné. Pendant que Timour, suivant l'usage de la Tartarie, célébrait le festin de la victoire dans le palais d'Alep, les cris des habitants égorgés se mêlaient au chant de ses musiciens et aux hymnes de ses poëtes. Timour sortit pour réprimer le carnage.

« Qu'on épargne, dit-il, les chrétiens et les mu« sulmans, je ne fais la guerre qu'aux idolâtres et
« aux assassins de leurs âmes : ce sont leurs têtes
« seules qui doivent construire la pyramide qu'on
« va élever en mon nom. »

Il contourna, en quittant Alep, les bases du Liban, et s'avança, par la vallée du Bkaâ, vers Baalbeck, ce prodige inexpliqué du désert. Les gigantesques monuments de Baalbeck, dont il attribua la construction aux démons ou génies, ne pouvant les attribuer à des hommes, lui parurent dépasser ceux de Persépolis. Il éprouva de l'envie contre les souverains inconnus de ces mystérieux édifices.

LIVRE SEPTIÈME.

« Les hommes, dit-il, ont-ils donc dégénéré, ou
« les pierres ont-elles végété après avoir été arra-
« chées des carrières ? » Les monuments de Samarcande lui semblaient mesquins auprès de Baalbeck
et des ruines de Palmyre.

Son avant-garde touchait déjà, après avoir traversé l'Anti-Liban, à la plaine de Damas, plaine
semblable à une Tartarie, arrosée, boisée et féconde. Il la contempla avec ravissement du haut
des collines qui lui servaient de ceinture du côté
du nord. L'armée égyptienne épouvantée rentrait
une seconde fois dans ses portes.

Jamais ville ne fut plus faite pour être contemplée d'en haut, et pour tenter l'ambition d'un
conquérant. Entourée d'une ceinture de jardins
verdoyants dont les abricotiers jonchent le sol de
leurs fruits dorés, et dont sept rivières arrosent
les pelouses, à une courte distance des montagnes
de l'Anti-Liban qui servent d'un côté de sombres
murailles à ce jardin de la Syrie ; ouverte de
l'autre côté sur le désert sans horizon, plein de
mystère et au fond duquel l'imagination ne s'ar-
rête qu'à Babylone ou à Bagdad, Damas, enceinte
de murailles de marbre blanc et noir, dentelée de
créneaux, surmontée de tours, élançant comme
des tulipes d'albâtre et d'or ses dômes et ses mina-

rets dorés dans un firmament toujours libre, effaçait Samarcande, et présentait aux yeux de Timour la capitale merveilleuse qu'il avait rêvée pour la Tartarie. Damas avait de plus, pour lui, un caractère qui joignait la superstition au prestige. C'était une ville sacrée; c'était le séjour et le tombeau de ces khalifes ommiades, successeurs du prophète, dont il avait lui-même adopté la foi, et dont il voulait étendre l'empire sur toute la terre. Il resta longtemps en extase, en prière et en adoration devant cette apparition de la ville sainte. En se relevant de cette contemplation muette, il donna à son armée les postes et les mouvements que lui indiqua à lui-même son coup d'œil exercé par tant de siéges et de combats. Il ne doutait pas d'une prompte capitulation.

XXIII

Cependant une trahison domestique suspendit quelques jours sa victoire. Un jeune insensé, Mirza Housséin, son neveu, séduit par on ne sait quelle ambition chimérique, ou poussé à l'ingratitude par un mécontentement de cœur, quitta son camp pendant la nuit, se présenta aux portes de Damas, comme un transfuge qui venait combattre avec les Arabes contre les Tartares, et fut accueilli en libérateur dans la ville. On le promena, suivi d'un cortége royal, dans les rues de Damas. Le peuple crut opposer en lui un rival au maître du monde. L'illusion ne tarda pas à s'évanouir. Les fleuves taris par le détournement des eaux, les murailles minées par des excavations souterraines, un moment soutenues par des piles de bois et bientôt incendiées sous leurs fondements, ouvrirent, comme à Siwas, la route aux Tartares. Housséin, livré à son oncle par le peuple pour en obtenir merci, fut traité par Timour en insensé plus qu'en parricide. Le khan se borna à lui faire infliger, en sa présence, le supplice humiliant du bâton sur la plante des pieds; il le renvoya après libre à sa mère, sœur de Timour.

Un million de ducats d'or racheta la vie du peuple. Le gouverneur et la garnison de la forteresse subirent la mort, pour avoir retardé de quelques heures la fortune du conquérant. Les lettrés, les religieux, les artistes, les ouvriers consommés dans la fabrication des armes, furent envoyés en masse à Samarcande, pour civiliser, dans la Tartarie, ce même Orient qu'il ravageait dans la Mésopotamie.

Mais ici, comme à Alep, la politique du fondateur de Samarcande fut éludée par la férocité de ses soldats. L'armée que Timour retenait sous différents prétextes hors des murs s'y engouffra un jour malgré lui, sous prétexte de venger la cause du khalife Ali contre Omar, massacra la population presque entière et incendia la capitale de l'hérésie sous les yeux du khan.

« Les maisons et les palais de Damas étaient
« alors, disent les témoins de cette grande ruine,
« construits en terre, en pierres, en marbre jus-
« qu'au premier étage, la partie supérieure des
« édifices était construite en bois précieux sculp-
« tés. Ces bois s'allumèrent comme un bûcher
« préparé et desséché par les siècles ; un brasier
« de sept lieues de circonférence flotta pendant
« sept jours et sept nuits, comme une mer de
« feu, ondoyant avec ses flammes de toute couleur,
« au gré des vents, sur la plaine environnante.
« Le cyprès, le sandarac, le sumac, le cèdre,
« bois ou vernis odorants qui décoraient ces palais,
« répandirent, avec leur fumée dans l'air, une
« odeur de parfum qu'on respira jusqu'à Palmyre
« et à Jérusalem. C'était l'encens de ce sacrifice de
» sang et de feu à la barbarie. »

XXIV

Timour le contempla avec tristesse; il n'osa pas sévir contre la superstition de son armée; mais il voulut sauver au moins la grande mosquée des khalifes ommiades, temple jadis chrétien, devenu, comme Sainte-Sophie de Constantinople, un temple de l'islam. Il s'y porta avec sa garde pour éteindre le feu; il était trop tard. L'ardeur de l'incendie avait déjà fondu le plomb qui recouvrait le dôme. Des torrents de ce métal liquéfié tombaient sur les murs et interdisaient l'approche aux soldats. Le dôme s'écroula sur les fondations, et ce chef-d'œuvre de l'architecture arabe disparut pour jamais de l'horizon du désert. Il ne resta debout qu'un seul minaret, détaché de la mosquée, et dont la flèche existe encore. C'est au sommet de ce minaret que les traditions arabes des musulmans assignent l'apparition de Jésus-Christ, à la fin des siècles, quand il viendra faire la séparation des justes et des impies dans la vallée de Josaphat.

XXV

Timour, après ce désastre, expiation de sa victoire, reposa, selon sa coutume, son armée dans la plaine de Damas appelée *un des quatre paradis du globe*. La plaine de Damas, ombragée de ses vergers, rafraîchie de ses eaux courantes, la vallée de Bevivan, en Perse, la vallée de l'Euphrate, au-dessous de Bagdad, et enfin la plaine grasse et humide de Samarcande, étaient aux yeux des Tartares les quatre paradis promis à leur nation. Ils se complaisaient à les traverser et à y faire halte tour à tour.

Pendant cette halte de son armée dans la plaine syrienne, il traversa le désert de quarante jours avec un corps d'élite, et courut assiéger Bagdad une troisième fois révoltée. Sa vengeance fut cette fois sans pitié. Les cent mille Tartares qui l'avaient suivi au siége de Bagdad reçurent ordre de lui apporter chacun une tête des révoltés. Tout périt, depuis l'âge de huit ans jusqu'à l'âge de quatre-vingts ans, dans Bagdad; mais il sauva encore les lettrés, les artistes, les ouvriers, les prêtres, les poëtes, les historiens, les savants, tout ce qui donne l'intelligence ou l'immortalité à la race humaine.

Pour accomplir avec lui les saints pèlerinages aux tombeaux des khalifes, il fit venir, de Samarcande à Bagdad, sa sultane favorite, l'impératrice Toumanaga, sa fille chérie Beghsyaga, et sa cousine Sadékin. Ces femmes, préférées de Timour, lui apportèrent de Samarcande des vêtements brodés de perles, et répandirent sur sa tête, comme la poussière, les diamants de l'Inde dont il les avait lui-même comblées à son retour de Golconde.

XXVI

De là, ralliant autour de lui tous les corps de son armée commandés par ses fils, ses petits-fils, ses neveux, ses principaux khans, il reprit sa course interrompue vers la presqu'île bornée par la Méditerranée et la mer Noire, et campa, non loin des ruines de Siwas, sur la limite de l'empire ottoman. Quelques lettres, inutilement échangées entre Bajazet-Ildérim et Timour, au lieu d'éteindre la guerre imminente, l'aigrirent et l'envenimèrent. Timour répugnait à attaquer, dans les Turcs du même sang que lui, des champions de la foi du prophète, qui combattaient comme lui pour le triomphe de l'islamisme. Cette guerre lui semblait une sorte de guerre civile aussi impolitique dans ses résultats qu'impie dans sa victoire. Il est impossible de méconnaître que la négociation qui précéda la lutte fut modérée, patiente, conciliatrice du côté de Timour, violente, absolue, injurieuse du côté de Bajazet. Pour honorer les derniers ambassadeurs de Bajazet et, peut-être, pour leur donner une idée imposante de sa force, il ordonna, en leur présence, une grande chasse tartare sur les deux rives de l'Araxe, fleuve limitrophe, qu'il tardait encore à franchir. Des plaines, des montagnes, des provinces entières furent cernées, dans cette chasse, par un cordon continu de l'armée tartare, rangée sur dix hommes de profondeur. Ces troupes, en se resserrant, amenèrent, aux pieds du khan et des ambassadeurs, des nuées de gibier et de bêtes féroces qui tombèrent sous les flèches des émirs. Les envoyés de Bajazet partirent comblés de riches présents. Timour donnait encore, jusqu'au printemps, la réflexion et la résipiscence à Bajazet. Il ne lui demandait que la restitution d'une forteresse et la restauration, sur leurs trônes, des émirs de Caramanie et de Kermian, expulsés par ses lieutenants.

Les princes, fils ou petits-fils de Timour, le rejoignirent successivement sur l'Araxe. Mohammed-Mirza, le plus jeune et le plus chéri de ses petits-fils, fut accueilli, par son aïeul, en favori de sa maison et en héritier de l'empire. Timour, après l'avoir serré, en versant des larmes de joie, dans ses bras, lui posa une couronne d'or sur la tête. Il lui fit le présent royal des Tartares, neuf rangs de chevaux de guerre, chacun de neuf chevaux arabes, turcomans ou persans. Chaque rang était composé de chevaux de poils différents, depuis le noir de la nuit jusqu'au blanc sans tache. Chacun de ces chevaux était sellé, bridé et harnaché d'or et de perles. L'hiver de 1401 à 1402 s'écoula ainsi dans les fêtes militaires. Une comète, qui parut dans le ciel comme le flambeau de la guerre agitant ses reflets de sang et de feu, épouvanta, au commencement du printemps, les peuples depuis l'Inde jusqu'à Byzance.

Une lettre plus insolente de Bajazet, en réponse aux lettres de Timour, confirma ces sinistres présages de guerre. Bajazet sommait le Tartare d'évacuer ses frontières et ajoutait à la sommation la pire des insultes entre musulmans : il disait à Timour qu'il se sèvrerait de son harem et se croirait indigne d'approcher une femme tant qu'il ne l'aurait pas puni de son invasion dans ses États. A la fin de cette lettre, Bajazet signait son nom en lettres d'or majuscules au-dessus du nom de Timour, écrit en lettres infimes comme le nom d'un vassal méprisé.

A cette insulte et à ces menaces aussi indécentes dans les termes que dédaigneuses dans le fond, puisque l'usage entre hommes qui se respectent dans l'Orient est de ne jamais parler de leurs femmes : « Décidément le fils de Mourad est fou ! » s'écria Timour. Il passa le lendemain ses troupes en revue et complimenta son petit-fils Mohammed-Mirza sur l'heureuse idée que ce jeune prince avait eue de donner un habit et une couleur uniformes à chacune des tribus dont son corps d'armée était composé. C'est la première fois, dit l'historien Chereffedin cité par Hammer, que l'uniforme militaire apparut en Asie. Les cavaliers de Mohammed-Mirza avaient leurs drapeaux, leurs caftans, leurs housses, leurs selles, leurs cuirasses, leurs carquois, leurs boucliers, leurs masses d'armes peintes en rouge. L'infanterie portait le rouge et le blanc ; des cuirasses, les premières aussi qu'on vit éclater en mailles d'acier sur des régiments entiers, distinguaient des escadrons invulnérables.

Une journée d'été suffit à peine pour que l'armée défilât devant le cheval du khan. Il descendit, au coucher du soleil, de son cheval, et, se prosternant à terre, il fit la prière avec ses soldats. En se relevant il offrit une dernière fois la paix aux ambassadeurs de Bajazet.

« Dites à votre maître, leur répéta-t-il d'une
« voix adoucie par la réflexion, qu'il peut encore,
« en acceptant mes conditions justes et modérées,
« épargner cette dissension fatale aux serviteurs
« du Dieu unique, et ces torrents de sang humain
« à l'Asie. »

Bajazet fut sourd aux avances de Timour comme aux conseils de ses vizirs et de ses généraux. En vain la désertion des Tartares de sa garde, embauchés par les émissaires de Timour, et une révolte des janissaires, pour la solde, l'avertissaient de l'opinion de son armée, il persévéra dans son vertige.

« Payez au moins vos troupes, lui dirent ses con-
« seillers; à quoi vous serviront ces trésors accu-
« mulés dans vos palais de Brousse, s'ils ne servent
« à sauver ces palais eux-mêmes? Le miel qu'on
« mange dans la nuit est souillé de la cire et du
« cadavre des abeilles ; il en est de même des tré-
« sors gardés dans les coffres : quand vient l'heure
« des ténèbres et de la confusion, il n'est plus
« temps de les dépenser. »

Bajazet, dominé par l'orgueil et par la volupté,

refusa de donner à son salut les richesses conservées pour ses plaisirs; il continua de marcher, en s'abusant lui-même, vers Tokat, ville turque à moitié chemin de Siwas et de Brousse, comme pour affronter Timour. L'habitude de tant de victoires, remportées par lui sur les armées aguerries de l'Europe, lui faisait mépriser ces Tartares, qui n'étaient à ses yeux qu'un déluge d'hommes incapables de se mesurer avec les Ottomans.

XXVII

Timour, informé jour par jour de sa marche et du nombre de ses soldats, ébranla enfin son armée, et, traversant les immenses forêts qui séparent Siwas d'Angora (Ancyre), il choisit du regard, autour de cette ville centrale de la Cappadoce et dans le large bassin formé par les montagnes qui s'écartent, le champ de bataille où il allait décider de l'empire entre les Ottomans et les Turcs orientaux ou Tartares. C'était le même champ de bataille, remarque l'historien byzantin Ducas, où le grand Pompée avait autrefois battu Mithridate, ce dernier roi rebelle à l'ambition romaine, au pied du mont Stella. Il semble que l'instinct de la guerre conduise, de siècle en siècle, les armées des empires qui se succèdent aux mêmes rendez-vous de lutte, pour se disputer la fortune, et que la géographie a dessiné d'avance certains champs de bataille comme des champs clos pour ces grandes immolations de l'humanité.

Timour, pour provoquer Bajazet à cette rencontre sur un terrain choisi et approprié d'avance par lui à sa tactique, feignit d'assiéger la riche et populeuse ville d'Angora, que Bajazet ne pouvait s'empêcher de secourir. Il fit miner les remparts et détourner les eaux de la petite rivière d'Angora, qui servait de fossé à ses vergers. Bajazet, qui campait lui-même à une faible distance entre Tokat et Angora, se laissa entraîner au piége et accourut au secours de sa capitale. Il espérait prendre les Tartares entre deux armées, celle d'Yacoub-Pacha, gouverneur d'Angora, et la sienne; mais, en débouchant avec les Ottomans dans la plaine au delà d'Angora, il trouva l'armée de Timour en bataille à trois lieues des murs et de l'autre côté de la rivière, que Timour lui laissait à franchir sous une nuée de traits avant de l'aborder sur ses hauteurs.

XXVIII

Les deux guerriers se mesurèrent un moment du regard comme pour attendre chacun un faux mouvement de son adversaire. Mais Timour, approvisionné de troupeaux, d'herbes, de grains, et fort de la situation culminante qu'il couvrait, au bord d'une rivière suffisante pour abreuver sa cavalerie, ne fit ni un pas ni un geste devant Bajazet. Celui-ci, sans doute pour appeler à son tour le khan des Tartares sur un terrain plus hasardeux, parut se détourner avec mépris d'Angora, comme si de telles hordes eussent été indignes de son attention, et, se rejetant sur la gauche, il ordonna à son armée une grande chasse pour s'approvisionner de vivres.

C'était au commencement du mois de juillet; la chaleur, concentrée dans les gorges d'Angora, brûlait les herbes; cinq mille chevaux et un grand nombre des cavaliers de Bajazet périrent de soif, de fatigue et de chaleur sur le plateau sans ombre où son imprévoyance les avait lancés pour ce fastueux exercice. Cette chasse se prolongea pendant trois longues journées d'été hors de la vue de l'armée tartare. Timour croyait que son ennemi, frappé de terreur à son aspect, cherchait un détour par d'autres vallées pour se replier sur Tokat. Il n'en était rien : Bajazet n'était frappé que de vertige. Son armée, épuisée de force, non de courage, reparut le troisième jour dans la plaine d'Angora ; mais Timour avait profité de l'éloignement des Turcs pour barricader les abords de la rivière et pour tarir les seules sources de la plaine qui pouvaient abreuver l'armée de Bajazet. Il n'avait laissé ainsi aux Ottomans que l'option également fatale entre une retraite humiliante ou une bataille dont il avait choisi et fortifié à loisir le site et la position.

XXIX

Jamais, depuis Gengis-Khan et Alexandre, le ciel de l'Asie n'avait éclairé un si vaste rassemblement d'hommes. Bien que Timour n'eût amené avec lui au combat que l'élite la plus aguerrie de ses Tartares, cinq cent mille combattants à pied ou à cheval couvraient les collines en amphithéâtre qui s'élevaient derrière la rivière dans le bassin au nord d'Angora. Bajazet, qui avait appelé à lui tous ses tributaires ou tous ses alliés, Turcs, Bulgares, Albanais, Hongrois, Serviens, depuis le golfe méditerranéen de Satalie jusqu'au bord du Danube et aux montagnes de l'Épire, commandait un nombre à peu près égal de soldats. Les historiens arabes, grecs, ottomans, s'accordent à évaluer à plus d'un million d'hommes les deux armées prêtes à s'entre-choquer dans ce champ clos. La disposition naturelle du site ajoutait à la majesté tragique du spectacle. La plaine, les gradins et les montagnes âpres d'Angora formaient un cirque digne de ces gladiateurs des deux Asies.

XXX

Timour, suivi partout, selon les mœurs patriarcales des peuples pasteurs, de tous les membres de sa famille en âge de porter les armes, avait divisé son armée en neuf corps, nombre sacré chez les Tartares. Quatre de ses fils et cinq de ses petits-fils commandaient chacun une de ces neuf divisions de son armée. Lui-même, le plus vieux et le plus consommé des guerriers de sa race, s'était réservé le commandement suprême de ces corps subordonnés dans l'action à une seule pensée. Miranschah, son fils aîné, commandait sous lui tous les corps qui allaient combattre à sa droite, Aboubekre, fils de Miranschah, servait de lieutenant principal à son père. Le dévouement filial s'ajoutait dans cette hiérarchie de commandement de famille à l'obéissance du subordonné à son général. Schah-Rokh et Khalil, le second et le troisième fils de Timour, commandaient à la gauche du khan. Mirza-Mohammed, ce favori de Timour, fils de son premier-né Djehanghir, dont le khan avait tant pleuré la mort, commandait, malgré son extrême jeunesse, le centre des Tartares, sous l'œil et sous la main de Timour. Ce prince, qui reportait sur cet adolescent toute la tendresse qu'il avait eue pour Djehanghir, voulait que la plus grande part de gloire dans cette bataille illustrât avant l'âge ce petit-fils prédestiné par lui à la meilleure part de l'empire.

Quarante émirs ou généraux de toutes les grandes principautés de la Perse et de la Tartarie étaient distribués à leur rang de combat sous ces jeunes princes étagés entre les bords de la rivière et le mamelon élevé d'où Timour, à cheval, contemplait l'ordre de ses combattants. Quarante divisions de cavalerie d'élite étaient contenues en réserve derrière lui, à l'ombre de ce mamelon, prêtes à s'élancer sur les traces du khan pour réparer une brèche dans le combat ou pour achever une victoire. Cinquante éléphants chargés de tours formaient comme autant de citadelles mobiles sur le front de l'armée de Timour.

XXXI

Bajazet, selon l'usage des Turcs, tribus pastorales aussi de Tartares, avait pour premiers lieutenants ses propres fils. Soliman-Schah, son premier-né, gouverneur de la Cappadoce, commandait à droite toute l'armée d'Asie. Le roi des Serviens, Lazare, dont Bajazet avait, comme on l'a vu, épousé la sœur, commandait à gauche l'armée d'Europe. Le sultan Bajazet, lui-même, s'était réservé le commandement de l'élite des deux armées d'Europe et d'Asie accumulée au centre. Trois de ses jeunes fils, Isa, Mousa et Mustafa, dont nous verrons bientôt les malheurs précoces, servaient de seconds au sultan. Une réserve imposante, sous les ordres de son second fils Mohammed, se tenait à distance à demi dérobée par un cap des montagnes qui rétrécissaient la plaine derrière les Turcs.

XXXII

La première aube du jour sur les montagnes d'Ancyre ou d'Angora éclaira ces deux armées déjà en ordre de bataille, mais encore immobiles. Au moment où le soleil dissipa entièrement l'ombre au pied des collines, aux roulements des tambours des Turcs et au cri d'*Allah*, répercuté de rocher en rocher, l'armée de Bajazet s'ébranla pour franchir l'espace qui la séparait de la rivière. A ce bruit, à cette poussière, les Tartares poussèrent d'une seule voix leur cri de guerre de *Surun ! En avant !* Timour suspendit d'un geste cet élan, et, descendant de son cheval, fit lentement sa prière en vue de son armée, comme si la confiance de vaincre lui avait enlevé toute impatience du combat ; puis, étant remonté à cheval, il donna l'ordre de manœuvrer pour tourner les Serviens, qui, en s'approchant trop des Tartares, laissaient de l'espace entre eux et les montagnes auxquelles Bajazet les avait adossés. Miranschah et Aboubekre, son fils et son petit-fils, exécutèrent rapidement cette pensée du khan ; mais leur impétuosité se brisa contre l'intrépide immobilité d'une réserve de montagnards serviens qui refoulèrent cette cavalerie sur le camp.

A cet aspect, le jeune Mohammed-Schah se précipita à genoux devant le cheval de son aïeul pour obtenir de lui la permission de voler avec le centre au secours de ses oncles. Timour resta muet jusqu'au moment où il aperçut l'armée d'Asie de Bajazet, qui dépassait le niveau de la ligne des Ottomans pour tourner témérairement ses propres collines. Fondant alors avec les masses épaisses de son corps d'élite, et se faisant suivre au galop par ses quarante divisions de réserve, il coupa en deux l'armée d'Europe et l'armée d'Asie, rejetant l'une sur les collines de sa droite, l'autre dans les marais de sa gauche, immolant au centre des milliers d'Ottomans, et forçant Bajazet lui-même, entraîné dans le reflux de ses escadrons, à fuir avec dix mille de ses janissaires sur un mamelon détaché des montagnes dont la pente rapide arrêtait l'élan des cavaliers tartares.

XXXIII

Arrêtée et déconcertée par cette rupture de la ligne de bataille, et sans liaison désormais avec le centre anéanti de Bajazet et avec l'armée d'Europe et d'Étienne Lazare, l'armée d'Asie, composée de Caramaniens et de Kermiens mécontents, et de corps turcomans qui voyaient des frères dans les Tartares, cessa de combattre, salua d'un cri ses anciens princes, reconnus par eux dans l'armée de Timour, et passa presque tout entière transfuge, au milieu du combat, dans les rangs des ennemis.

Les Tartares, libres de ce côté, vainqueurs au centre, refoulés seulement à gauche par l'armée d'Europe, s'accumulèrent en innombrables bataillons sur les Serviens. Lazare, leur chef, ne s'intimida ni du nombre, ni de la situation désespérée où la trahison de l'armée d'Asie et la retraite de Bajazet jetaient ses braves compatriotes. Formant les Serviens en épaisse colonne couverte de fer et inébranlable aux charges des Tartares, il traversa obliquement à travers cette multitude la plaine d'Angora, dans laquelle il s'était trop avancé le matin, il atteignit le pied des collines au sommet desquelles les Serviens, en les gravissant, pouvaient trouver leur salut ou leur liberté dans la fuite. « Ces misérables paysans « sont des lions ! » s'écria Timour, étonné de tant de courage. La certitude de la victoire lui laissait la liberté d'esprit d'admirer des héros dans les vaincus.

XXXIV

Cependant Lazare, après avoir sauvé ainsi tout ce qui pouvait être sauvé de l'armée d'Europe, ne songea plus pour lui-même qu'à bien mourir ou à sauver aussi Bajazet, son beau-frère et son ami. Franchissant sur un cheval ensanglanté et sous une nuée de flèches l'intervalle qui le séparait du sultan et des janissaires : « Il en est temps encore, dit-il

« à Bajazet, abandonnons un champ de carnage où
« nous n'avons plus à conquérir que la mort du petit
« nombre de braves qui nous entourent, et sauvons
« l'empire en sauvant son chef et ses fils. »

Bajazet, soit orgueil, soit découragement, soit fatalisme, repoussa comme une honte le salut par la retraite que lui conseillait son beau-frère. Lazare alors, voulant au moins sauver ses neveux, entraîna loin du champ de bataille le fils aîné de Bajazet, le jeune Soliman, arraché tout sanglant du champ de bataille par l'aga des janissaires Hassan et par le brave grand vizir Ali-Pacha. Lazare, s'enfonçant avec eux sur des chevaux frais dans les défilés qui mènent d'Angora vers la mer, ravit cette proie à Timour. Les émirs d'Amasie, auxiliaires de Bajazet, enveloppèrent également de leurs chevaux son autre fils, Mohammed, et le dérobèrent au galop dans les sentiers presque inaccessibles des montagnes du noyau de l'Anatolie.

Bajazet, satisfait d'avoir au moins assuré le salut de ses deux fils, continua de combattre pour la gloire ou pour la mort jusqu'au milieu du jour, derrière un rempart de ses dix mille janissaires, qui lui faisaient une enceinte de leurs cadavres. Jamais fidélité ne fut à la fois plus désespérée et plus inébranlable. L'âme du héros retrouvé dans

Bajazet au fond de sa ruine avait passé dans tous ces jeunes soldats. Ils savaient que leur naissance parmi les chrétiens et leur nom de renégats ne leur laissaient que le choix de la mort, ou sur le champ de bataille, ou sur le champ du supplice. La retraite des Dix-Mille, après la mort de Cyrus, n'égala pas le suicide glorieux des dix mille janissaires autour du corps de leur sultan. Quand l'ombre du soir commença à obscurcir les flancs escarpés de la montagne dont Bajazet occupait un promontoire avancé sur la plaine, on lui présenta son cheval, caché depuis le matin derrière des rochers; il le monta et s'enfuit, suivi d'un petit groupe de cavaliers, dans les sentiers boisés du mont Stella. Quatre de ses fils avaient disparu. Mohammed fuyait vers Amasie, Isa vers la Caramanie, Soliman, avec Lazare, vers l'Europe, Mustafa, qui ne reparut jamais, laissa le cœur de son père incertain s'il était tombé sous les cadavres sur le champ de bataille, ou s'il languissait dans l'esclavage de quelque soldat tartare, dans les landes de Bokhara. La suite qui accompagnait le sultan dans la fuite et dans la nuit ne se composait plus que de Mousa, son dernier enfant, d'Ali-Beg, de Mustafa-Beg, du chef des eunuques du sérail, et du beglerbeg Timourtasch, le plus renommé et le plus opulent de tous ses généraux, gouverneur naguère de tous ces royaumes de l'Anatolie, à travers lesquels il cherchait maintenant à sauver son maître.

XXXV

Les cavaliers tartares de Timour suivaient de près la trace de Bajazet, brûlant de ramener au camp de Timour une telle proie. L'aurore allait naître, et Bajazet, qui entendait derrière lui le galop des chevaux tartares, allait leur échapper en traversant à la nage un torrent rapide, quand un fer de son cheval, usé par les rochers, se détacha à demi et fit abattre le coursier du sultan. Nul de ses compagnons ne voulut se sauver sans son maître; pendant qu'un des begs présentait son propre cheval au sultan, un émir tartare descendant de Gengis et khan du Djaghataï, Mahmoud, atteignit avec ses rapides cavaliers le groupe des Ottomans et les écrasa sous le nombre. Bajazet, son fils Mousa, Timourtasch, le vizir, les begs, les eunuques tombent dans les fers du vainqueur. Les prisonniers furent amenés le lendemain au camp des Tartares et au seuil de la tente de Timour.

Timour, entouré de son armée victorieuse et désormais sans ennemis devant lui, jouissait en ce moment à l'ombre de sa tente du loisir cher aux Tartares comme aux Ottomans; il jouait au jeu des échecs avec son fils Schah-Rokh, l'espoir, la force de sa race, à qui il avait déjà donné l'empire du Kurdistan. Il venait, disent les chroniques de sa cour, de déplacer le roi contre la tour, c'est-à-dire la royauté contre la prison, quand on accourut lui annoncer la prise du sultan et la captivité de ce prince.

L'ingénieux raffinement d'esprit des Persans, qui cherche des interprétations dans les consonnances et dans les doubles significations des mots, trouva une étrange analogie de circonstance dans ce coup de Timour sur le damier et dans le sort de Bajazet sur le champ de bataille; c'est de là, dit-on, que fut donné au fils de Timour, qui jouait contre son père, le surnom de *Schah-Rokh,* qui signifie en persan roi et tour. Bajazet, couvert de poussière et de sang, parut au même instant devant Timour.

XXXVI

Le vainqueur n'eut point l'orgueil ni l'insolence du triomphe devant le vaincu. Sa haute philosophie, exercée à l'école de tant d'historiens, de tant de vicissitudes des batailles, se souvint des maximes des sages, et respecta le doigt de Dieu même dans l'ennemi renversé par lui. Il se souvint surtout que Bajazet combattait pour la même foi et pour la même race que lui, et il lui demanda presque pardon de sa victoire. Il le fit à l'instant décharger de ses liens, le pria de s'asseoir sur le devant de la tente au même rang que lui, l'entretint, d'une voix douce et consolante, de sa défaite honorée par son courage et du regret qu'il avait lui-même d'être obligé de vaincre un frère dans l'islamisme et un égal dans l'empire, dont il aurait préféré l'amitié à la ruine. Il lui fit le serment que son honneur et sa vie ne courraient aucun risque dans sa courte captivité. Il ordonna qu'on dressât pour le sultan, son hôte plus que son prisonnier, trois tentes impériales à côté de celles du khan lui-même, dans lesquelles il serait servi avec les respects et les magnificences dus à son rang, à sa bravoure, à son infortune.

Bajazet, attendri d'un pareil accueil, ne put retenir quelques larmes en pensant à ses quatre fils, dont il ignorait encore la destinée.

Timour ordonna à des détachements rapides de se porter partout où l'on pouvait espérer de les atteindre et de les ramener vivants à leur père. Mustafa, vraisemblablement confondu avec les cadavres de soixante mille Ottomans, ne pouvait être rendu à son père. Peut-être Timour, informé de la mort de ce jeune prince, voulut-il laisser par compassion l'incertitude sur cette perte dans le cœur de son prisonnier. Soliman et Isa étaient déjà à l'abri dans les gorges du mont Taurus; les Tartares ne purent atteindre que Mousa, découvert dans une caverne du mont Stella, où il avait été retenu par ses blessures. On le rapporta à Bajazet couvert d'un caftan d'honneur, et sa présence consola la douleur de son père.

Deux des principaux émirs de la Tartarie, Hassan Berlas et Tschempaï, furent chargés par Timour de la garde et du service d'honneur des tentes du sultan. L'un d'eux avait été déjà ambassadeur de Timour auprès de Bajazet et lui adoucissait, par les souvenirs de Brousse, le sentiment de sa captivité.

XXXVII

Cependant les deux fils de Bajazet échappés à la poursuite des Tartares après la bataille d'Angora, informés des égards que Timour montrait à leur père, et, craignant que quelque démembrement de l'empire ne fût le prix de sa rançon, se concertèrent, par des émissaires secrets cachés sous l'habit de derviches, avec Bajazet, pour lui faire recouvrer sa liberté par la fuite. Mohammed se rapprocha du camp des Tartares afin de diriger avec plus de vigilance et de mystère le complot de cette évasion. Des pionniers turcs du nombre de ceux qui avaient déserté, avec l'armée d'Asie, la cause de Bajazet, et qui étaient enrôlés alors dans l'armée de Timour, se souvenant de leur ancienne fidélité, se laissèrent facilement séduire par les intrigues de Mohammed. Ces hommes, dont le service dans l'armée consistait à miner les remparts des villes pour les faire écrouler sous leurs défenseurs, possédaient l'art et les outils nécessaires à ces excavations souterraines et muettes. Bien que Bajazet jouît dans l'intérieur de ses tentes d'une complète liberté, des gardes d'honneur, chargés de surveiller et de suivre tous ses mouvements, étaient postés le jour et la nuit autour de ces tentes. Les entrailles de la terre étaient donc la seule voie de fuite qui fût laissée au sultan.

Sur le plan donné à ces mineurs par Mohammed, ils s'établirent dans une tente la plus rapprochée de l'enceinte où s'élevait celle de Bajazet, et, après avoir étudié de l'œil la distance et la direction d'une tente à l'autre, ils creusèrent sans bruit un boyau qui aboutissait sous le tapis du prisonnier. Quelques coups de pioche suffisaient au premier signal pour percer le plafond de la tente impériale, et pour faire disparaître Bajazet aux recherches de ses gardiens. Des coursiers rapides, placés par Mohammed de distance en distance sur les sentiers des montagnes qui conduisent à Amasie, assuraient le succès de sa fuite.

XXXVIII

Bajazet et le chef des eunuques, Firouz-Beg, qui couchaient seuls dans la tente, étaient déjà revêtus de leurs caftans et de leurs armes, pour descendre au dernier éboulement du sol dans le souterrain, quand les gardes de minuit, qui venaient relever ceux de la veille, entendirent un bruit étrange sous leurs pieds, et, collant l'oreille à terre, reconnurent les coups sourds et réguliers de la sape. Ils se précipitèrent dans la tente du sultan, et ne doutèrent plus de son plan de fuite, en le trouvant debout, vêtu et armé, avec le chef des eunuques. Les mineurs, entendant à leur tour le bruit et les reproches des gardes sur leurs têtes, favorisés par l'ignorance où l'on était de la direction et du point de départ du souterrain, jetèrent leurs outils, regagnèrent leur tente avant qu'elle eût été visitée, et s'évadèrent dans la campagne.

XXXIX

Timour, violemment offensé de ce que Bajazet s'était confié davantage à la ruse qu'à sa générosité, fit comparaître son prisonnier devant lui, lui reprocha sa tentative d'évasion comme un crime, et fit trancher, en sa présence, la tête de Firouz-Beg, son fidèle eunuque, pour avoir trempé dans la délivrance de son maître. On laissa cependant à Bajazet ses tentes, ses honneurs et la liberté intérieure, dont il avait joui jusque-là pendant le jour, mais on l'enchaîna pendant la nuit dans une de ces litières grillées servant de lit que les Turcs et les Arabes appellent *Kafes*, et dans lesquelles les femmes voyagent portées entre deux mules. De là la tradition populaire, mais erronée, qui se répandit dans l'Orient, de la cage de fer où Timour avait enfermé le sultan.

Le page bavarois Schildberger, qui, après avoir été sauvé par Bajazet du massacre des prisonniers hongrois après la bataille de Nicopolis, avait suivi le sultan à Angora, était devenu le prisonnier de Timour et l'esclave favori de son fils Schah-Rokh, ne parle pas même de cette cage de fer dans le récit oculaire et circonstancié de la captivité du sultan. D'autres historiens contemporains ajoutent que ce fut Bajazet lui-même qui, violemment humilié des regards des Tartares et des Syriens quand il entrait à cheval dans les villes à la suite de Timour, demanda à être soustrait à cette curiosité en voyageant dans une litière de femme derrière les grilles et les rideaux qui dérobaient sa honte. Quelques chroniqueurs byzantins, toujours amoureux de fables, surtout quand ces fables déhonoraient les sectateurs du prophète, racontent sans plus de fondement que, quand Timour montait à cheval, il faisait accroupir le sultan et se servait de son dos, comme d'un marchepied, pour s'élancer en selle. Timour respectait trop, dans le sultan, la conformité de foi et le caractère de la souveraineté, pour donner à son armée de tels exemples de la dégradation de la croyance et de l'empire. Schildberger et les écrivains persans, compagnons de l'expédition et du retour de Timour jusqu'à Samarcande, sont pleins de récits des entretiens enjoués ou philosophiques des deux empereurs qui démentent entièrement cette brutale tradition des Byzantins.

XL

Un jour que les deux souverains causaient familièrement, après le repas, de leurs fortunes diverses soumises à la distribution des destinées par Dieu à ses créatures.

« Il faut avouer, dit Timour au sultan, que nous
« devons tous deux de grandes actions de grâces au
« souverain maître des empires?

« — Pourquoi cela? lui demanda Bajazet.

« — Pour avoir donné ces empires, repartit Ti-
« mour, à un boiteux comme moi, et à un estropié
« comme toi. Voir un boiteux tel que je suis, et un
« impotent tel que tu es, gouverner l'un l'Asie et
« l'autre l'Europe, n'est-ce pas la plus grande
« preuve du mépris que le souverain maître fait de
« l'empire? » Puis, changeant d'entretien : « C'est
« parce que tu as été ingrat envers Dieu, ajouta
« Timour, qu'il t'a envoyé ces châtiments par moi
« qu'il a chargé de te les infliger; mais maintenant,
« mon frère, ne t'afflige pas, l'homme qui vit re-
« monte facilement à la prospérité. »

On apporta en ce moment à Timour un vase rempli de lait caillé, délices des repas tartares; Bajazet pâlit.

« Pourquoi pâlis-tu? lui demanda Timour.

« — C'est que ce lait caillé, répondit le sultan, « vérifie miraculeusement pour moi une prophétie « que mon devin Djélaïr me fit un jour en m'an- « nonçant que je mangerais un jour du lait caillé « avec le khan des Tartares.

« — Ce Djélaïr, répliqua Timour en se mo- « quant des devins qui substituent le merveilleux « à la raison, seule inspiratrice de toute sagesse, « était un habile homme, et je lui dois bien de la « reconnaissance; car, s'il n'avait pas été auprès « de toi pour t'endormir de ses présages, tu aurais « suivi ton bon sens, et tu ne serais pas ici mainte- « nant avec moi. »

XLI

Timour, pour consoler son prisonnier, lui permit de faire venir auprès de lui les femmes les plus chères de son harem. La princesse de Servie, sœur de Lazare, arriva au camp de Timour, et y fut l'objet des respects du vainqueur de son mari. Timour exigea, seulement un jour, qu'elle lui tendît une coupe de vin de Chypre, seule vengeance qu'il voulut tirer de la lettre injurieuse dans laquelle

Bajazet l'avait menacé lui-même de lui enlever son harem.

« Tes fils soulèvent partout l'Anatolie et l'Eu-
« rope contre moi, dit-il un jour à Bajazet. Te
« reconnaîtraient-ils toi-même comme souverain si
« je te rendais la liberté?

« — Brise seulement mes fers, répondit Ildérim,
« et je saurai bien les faire rentrer dans le devoir.

« — Courage, sultan, répliqua Timour, je veux
« seulement te conduire à Samarcande, et, quand
« tu auras vu mon empire et ma capitale, je te
« renverrai avec une armée dans tes États. »

Mais Bajazet, découragé par les nouvelles qui lui arrivaient de Brousse et d'Andrinople, par la décomposition de son empire, par les désobéissances et les dissensions de ses fils Soliman et Mohammed, tomba de ce jour-là dans une irrémédiable tristesse, et cessa de croire à la restauration de sa propre souveraineté.

L'empire, frappé de mort, en effet, dans une seule bataille, tombait en lambeaux sous ses yeux. Remontons au lendemain de la défaite d'Ancyre ou d'Angora, et suivons rapidement les pas des vainqueurs et les désastres du vaincu.

LIVRE HUITIÈME

I

On a vu qu'au moment où Bajazet ne combattait plus que pour la gloire ou pour la mort sur les cadavres de ses dix mille janissaires, il avait ordonné à ses fils de soustraire au moins les restes de son sang au fer de Timour et de chercher leur salut dans la vitesse de leurs chevaux. Soliman, son fils aîné, suivi de quelques généraux dévoués et du grand vizir, après avoir difficilement traversé par les sentiers les plus inaccessibles le groupe de montagnes qui séparent Angora d'Iénischyr, était arrivé à Brousse aussi promptement que la nouvelle de la déroute de son père.

Mais la rapidité de Mohammed-Schah, petit-fils de Timour et le plus cher de ses enfants, n'avait pas permis à Soliman de rien sauver de Brousse de ce que le palais de Bajazet Ildérim renfermait de plus précieux. A peine Soliman touchait-il aux portes de cette capitale que les trente mille cavaliers tartares de Mohammed-Schah, qui avaient fait en cinq jours, et presque toujours au galop, la route d'Angora au mont Olympe, étaient entrés, comme un torrent débordé, dans la ville, et avaient forcé l'infortuné Soliman à sortir en fugitif par une autre porte. Traversant rapidement, sur un cheval frais, la plaine qui sépare Brousse des Dardanelles, Soliman n'avait eu que le temps de détacher une barque de pêcheur du rivage d'Asie et de se réfugier presque seul sur la côte opposée d'Europe.

Mohammed-Schah et ses Tartares saccagèrent sans combat la magnifique capitale du nouvel empire. Les palais, les mosquées, les médressés, les écoles, dont les deux derniers règnes avaient embelli la ville, furent changés en écuries pour les chevaux des cavaliers de Timour. Les trésors, si stérilement accumulés par Bajazet, sa vaisselle d'or et d'argent, les armes, les étoffes de brocart et les tapis soyeux tissés par les femmes de Caramanie pour ses divans, avaient été partagés entre les vainqueurs et servaient, les uns de colliers, les autres de litière à leurs chevaux. Mohammed-Schah avait enlevé du harem de Bajazet ses femmes, ses filles, ses esclaves favorites, et jusqu'à la fille de Djélaïr, déjà fiancée de son fils Mustafa, dont il cherchait en vain le cadavre sous les monceaux de morts de la plaine d'Angora. Mais Mohammed-Schah, à l'exemple de Timour, en emmenant avec lui ces captives, avait respecté leur sexe et leur malheur. Même pour leurs prisonniers, les Tartares, comme les Turcs, respectaient dans les femmes la faiblesse, la virginité et la maternité, ces trois sceaux de Dieu sur leurs dépouilles; Mohammed-Schah les avait envoyées, sous une escorte sûre, à son grand-père Timour, pour qu'il en disposât à son souverain arbitre, soit en les rendant à Bajazet, soit en les enfermant dans le harem de Samarcande. Le jeune vainqueur avait délivré aussi, des prisons de Brousse, les princes de Caramanie retenus en captivité par Bajazet.

Après avoir pourvu ainsi au partage des dépouilles et à la sûreté des femmes, Mohammed-Schah, pour obéir au ressentiment de Timour et pour effacer de la terre la place de l'empire qui avait osé braver le sien, avait incendié Brousse. La Méditerranée, les Dardanelles, la Propontide et le Bosphore avaient vu s'élever pendant cinq nuits les flammes et pendant cinq jours la fumée de ce vaste bûcher humain sur les bases du mont Olympe. Dans le pillage, cependant, qui avait précédé l'incendie, les Tartares avaient préservé la vie des habitants; sachant avec quelle sollicitude Timour exceptait toujours des calamités de la guerre les hommes illustrés par la science, les lettres ou la vertu, Mohammed-Schah rendit la liberté au saint scheik Bokhari, au savant jurisconsulte Schemseddin, et au théologien Djézéri, lumière et gloire de la capitale des Ottomans. Timour les reçut à Kutaïah, ville où il avait transporté sa tente impériale, et les combla de distinctions pour les décider à le suivre à Samarcande. Le scheik Bokhari, qui avait épousé une sœur de Bajazet épris de sa renommée, refusa d'abandonner l'infortune de son beau-frère; Djézéri, que ne retenait aucun lien de famille, consentit à s'exiler sur les pas du conquérant dans la capitale de la Transoxiane. Timour en fit plus tard le molla ou juge suprême de Samarcande; il lui confia le sceau de l'empire, et c'est ce chancelier étranger qui, selon le récit de Schérifeddin, rédigeait et lisait devant l'assemblée générale des Tartares les actes législatifs de ce Charlemagne de l'Asie.

II

Des corps de cavalerie tartare, lancés par Timour et par son petit-fils sur la ville de Nicée et jusque sur le rivage d'Europe, poursuivirent partout Soliman et les autres fils de Bajazet qui cherchaient à rallier les derniers combattants de leur père. Ces faibles noyaux ne trouvèrent de refuge que dans les montagnes de la Thrace et de l'Asie Mineure. Mohammed, désormais sans ennemis, quitta les ruines de Brousse, rejoignit l'avant-garde de l'armée tartare, dans le bassin de Iénischyr, et célébra, sous les yeux de son aïeul et du sultan captif, son mariage avec la fille aînée de Bajazet, de sa captive devenue son épouse.

Ce fut au moment de ce mariage qui allait unir le sang de Timour au sang d'Othman, que le harem de Bajazet fut présenté en pompe, précédé de danseuses et de musiciens, à Timour et restitué avec magnificence à Bajazet. Timour témoigna surtout le plus grand respect à la princesse de Servie, sœur du héros Lazare et femme principale du sultan. Cette impératrice, qui avait pratiqué jusque-là librement la religion chrétienne dans le palais de son mari, cédant à la nécessité qui lui était faite, abjura, à Kutaïah, la religion de ses pères et embrassa, par dévouement à l'infortune qu'elle voulait partager, la religion de son mari et de son vainqueur.

III

La délicieuse vallée de Kutaïah, assignée en rendez-vous général de tous les fils, de tous les généraux et de toutes les troupes de Timour au retour de leurs expéditions dans toutes les provinces de l'Asie ottomane, fut illustrée alors par les fêtes qui couronnaient toutes les campagnes du conquérant. Timour, après avoir fait décapiter sans pitié, et sans considération pour leurs services, ceux de ses lieutenants et de ses soldats qui avaient déshonoré la victoire par des crimes contre le Coran ou contre la conscience humaine, convia à un festin national toute son armée. Bajazet y assista lui-même assis à une place d'honneur auprès du khan. Des esclaves innombrables de tous les pays et sous tous les costumes y servirent d'échansons aux Tartares. Le vin de Schiraz et de Chypre y coula à grands flots. On ne pratiquait pas alors sévèrement la loi de l'islamisme, qui proscrit comme un péché l'usage de cette liqueur qui donne l'ivresse mais qui donne aussi la cordialité, la force et la joie. La Perse y avait accoutumé les Tartares; la Grèce et les îles de l'Archipel y avaient accoutumé les Ottomans.

Timour envoya de là des ambassadeurs en Égypte et à Constantinople pour ordonner au sultan Mamlouk de graver désormais son effigie sur la monnaie et pour exiger, de l'empereur de Byzance, le tribut que les Grecs payaient depuis longtemps aux Turcs. Un autre ambassadeur de paix fut envoyé à Soliman, fils aîné de Bajazet, qui s'était fortifié dans le château de Guzeldjé-Hissar, forteresse inexpugnable de la côte d'Asie, où il attendait le reflux des Tartares pour reconquérir l'empire démembré. Timour, dans son message, conviait Soliman à venir avec confiance reconnaître en lui, non le vainqueur, mais le protecteur de son père Ildérim.

Soliman répondit par l'organe de Ramazan, son propre ambassadeur, et par l'envoi d'un riche tribut de chevaux turcomans et d'oiseaux de proie dressés à la chasse.

« Dis à ton maître, répondit Timour à Ramazan,
« en accueillant avec faveur son tribut, que j'ai
« effacé le passé de ma mémoire; qu'il vienne donc
« recevoir lui-même les preuves de ma réconcilia-
« tion et de mon amitié. »

Il ne se montra implacable que contre le général de Bajazet, Timourtasch, dont l'orgueil offensait le sien, et dont les possessions, égales à celles d'un sultan, couvraient la Cappadoce et la Caramanie.

« Dans quelles intentions, lui dit sévèrement Ti-
« mour, as-tu accumulé tant de trésors? Ne con-
« venait-il pas mieux de les dépenser au service
« de ton souverain, pour l'aider à préserver de
« ma colère ses États, son trône et sa famille? Les
« ministres et les généraux qui s'enrichissent sont
« la ruine des empires. »

Timourtasch, soit maladresse de langue, soit insolence de cœur, répondit à Timour pour s'excuser :

« Mon empereur à moi, dit-il au berger tar-
« tare devenu roi des rois, n'est pas empereur
« d'hier ; il n'a pas besoin, pour solder ses armées,
« de l'or de ses généraux et de ses ministres, comme
« les princes parvenus récemment à l'empire qui,
« avant de posséder tout, ne possédaient rien.
« — Insolent! repartit Timour, tu expieras cette
« injure par la perte de ta liberté, de celle de ta
« famille et de tes biens que j'allais te rendre. »

La captivité de Timourtasch et de ses enfants, ainsi que la confiscation de ses innombrables terres, esclaves et troupeaux, suivit en effet cette réplique.

Il tomba de l'opulence d'un satrape dans l'indigence d'un derviche. Mais la fortune n'avait pas dit à ce héros des Ottomans son dernier mot; Timour ne voulait pas frapper, sans rémission, en lui le plus habile fléau des chrétiens. Nous le verrons se relever de cette catastrophe de sa puissance.

IV

Timour, après ces générosités et ces justices, sembla un moment suspendu entre le retour à Samarcande et la visite de l'empire nouveau qu'il venait de conquérir, par ses fils, jusqu'à la Méditerranée.

Il se décida à prolonger sa campagne et à poursuivre sa route vers le golfe de Smyrne. Politiquement, il craignait presque également ou de restaurer Bajazet ou de le retenir captif. D'un côté, le caractère héroïque et impétueux d'Ildérim lui donnait quelque appréhension de rendre une pareille tête et un pareil bras aux Ottomans; d'un autre côté, les dissensions des trois fils d'Ildérim, cherchant partout à s'assurer des partisans pour leur ambition au trône, pouvaient affaiblir tellement les Ottomans que la foi commune en souffrît, et que la victoire de Timour devînt la victoire des chrétiens et la ruine de l'islamisme en Europe.

Pour prévenir cette décadence prématurée de l'ascendant de sa race dans le nord de l'empire, Timour, par une seconde ambassade, investit Soliman de toute la souveraineté dans les provinces d'Europe, réservant l'Asie soit à Bajazet, quand il lui rendrait la liberté et le trône, soit à ses autres fils, soit aux princes turcomans de la Caramanie.

V

Au moment où Timour flottait ainsi indécis entre le retour à Samarcande et quelques pas de plus dans la voie de ses conquêtes en Anatolie, un intérêt à la fois religieux et politique l'appela inopinément à de nouveaux rivages et à de nouveaux exploits.

On a vu, dans le cours de ce récit, qu'à la suite des croisades des royaumes précaires et des principautés féodales s'étaient fondés dans différentes parties de l'Orient, à Jérusalem, à Tibériade, à Damas, à Antioche, dans le Péloponèse, à Chypre et dans les îles de l'archipel grec. Ces royaumes et ces principautés, dépouilles de la guerre sur les khalifes, n'avaient pas tardé à être repris par les émirs, par les sultans, par les généraux des Arabes, des Égyptiens, des Turcs, et enfin des Tartares. Le flux de l'Europe chrétienne vers l'Orient, refoulé et découragé par tant de sang stérilement perdu, s'était ralenti et enfin tari. Les Turcs, en s'avançant et en s'établissant solidement en Asie Mineure, étaient devenus, en moins d'un siècle, un boulevard infranchissable de l'islamisme dans ces contrées. Le misérable reste d'empire byzantin qui subsistait encore nominalement sur le Bosphore, et dont les croisés eux-mêmes avaient violé le territoire, assiégé les villes, saccagé la capitale, démembré les provinces, sous prétexte d'hérésie, était le seul vestige de la domination chrétienne au bord de l'Asie. Les Turcs, par une tolérance qui était dans leur dogme comme dans leur politique, et que l'histoire atteste partout, avaient laissé aux populations chrétiennes de la Perse, de la Servie, du Liban, du mont Athos, de la Bulgarie, de l'Archipel, de l'Asie Mineure, de la Thrace, leur culte, leurs prêtres, leurs monastères, leurs temples, à l'exception de quelques églises monumentales qu'ils avaient converties en mosquées pour servir à la gloire de leur propre religion.

Sauf le droit de gouvernement politique et le droit de porter les armes, il n'y avait entre les musulmans et les chrétiens d'autre différence que le titre de population conquérante et de population conquise. La preuve évidente de cette tolérance civile et religieuse des musulmans envers les populations chrétiennes soumises alors à leur domination, n'a pas besoin d'être appuyée d'autres témoignages que des faits. Depuis Bagdad et Damas jusqu'au Danube, et depuis l'extrémité du Pont-Euxin jusqu'au fond de la mer Adriatique, la Perse, la Syrie, la Colchide, la Cappadoce, la Bithynie, la Thrace, la Bulgarie, la Servie, le Péloponèse, l'Albanie, étaient couverts de villes, de villages chrétiens, de populations chrétiennes auxquelles les vainqueurs n'avaient jamais imposé cette option atroce et controversée, entre l'islamisme et la mort, dont les instigateurs des croisades nourrissaient l'indignation populaire de l'Occident. Ces villes, ces villages, ces populations asservies politiquement, mais libres dans leur croyance et dans leur culte, florissaient, travaillaient, commerçaient, naviguaient et multipliaient aussi librement sous la domination musulmane que sous la domination de Byzance. La preuve qu'elles pouvaient exister, c'est qu'elles existaient, et qu'à cette époque, comme aujourd'hui, le nombre des populations chrétiennes incrustées dans l'empire ottoman dépassait immensément le nombre des populations turques. Les chrétiens de l'Occident n'étaient donc plus alors appelés en Orient par la généreuse pitié de frères allant arracher leurs frères dans la foi à l'apostasie ou au martyre. Cette vérité commençait à se révéler à l'Occident, malgré les exagérations des moines et des pèlerins. L'Europe, d'ailleurs, occupée de ses intérêts, de ses ambitions et de ses guerres intestines, n'avait plus ni assez de loisir, ni assez de fanatisme, ni assez de sang pour aller guerroyer éternellement contre les sectateurs d'un prophète d'Arabie. Elle voyait sous ses yeux les rois des Serviens, des Hongrois, des Bulgares, et les empereurs grecs de Constantinople, les républiques chrétiennes et catholiques de Venise, de Gênes, les princes et les ducs de la Morée, faire des traités, contracter des alliances, payer des subsides, prêter des flottes et des soldats à ces Ottomans, qu'on ne cessait de lui dépeindre comme des bourreaux des chrétiens; et posséder au milieu d'eux des îles, des provinces, des ports, des industries, des commerces libres, qui étaient autant de démentis à des tableaux assombris et exagérés. Ces mélanges des deux races, ces promiscuités de territoires, de mœurs, de politique, de religion; ce spectacle quotidien dans la Méditerranée des relations les plus amicales et les plus utiles entre les Vénitiens, les Génois, les Siciliens, les Ioniens et les Turcs, décréditaient de jour en jour davantage l'antipathie, longtemps populaire, entre les royaumes chrétiens et l'empire musulman. La papauté elle-même commençait à traiter avec les sultans, et le moment n'était pas éloigné où le pape Alexandre VI recevrait les subsides d'un Bajazet, pour délivrer à prix d'or l'empire ottoman d'un compétiteur au trône, qui pouvait jeter l'anarchie dans l'empire.

VI

Cependant l'esprit des croisades, qui s'éteignait dans les cours, dans les peuples, dans la cour de Rome elle-même, subsistait encore, quoique faiblement alors, dans une institution étrange, à la fois monacale, aristocratique et militaire, dont l'histoire antique n'offre aucun exemple, et dont l'histoire moderne semble destinée à ne garder aucune trace; sorte d'association ou de république souveraine entre la noblesse des différents États chrétiens de l'Europe; confondant toutes ses diversités de nationalité, de patrie et de race dans une unité de zèle pour le maintien et pour la propagation de la foi par les armes; élisant elle-même son souverain viager dans un conclave de soldats; neutralisant au milieu des mers un rocher, un port ou une île, pour y garder, comme des vestales du sang humain, le feu éternel et sacré de la guerre; possédant à ce titre des domaines privilégiés et inaliénables, sous le nom de commanderies, dans tous les États de l'Occident, et faisant le vœu religieux d'une implacable extermination des infidèles. Si les Ottomans avaient eu une telle institution dans l'islamisme, que n'aurait-on pas dit avec raison de l'incompatibilité de l'islamisme, non-seulement avec le christianisme, mais avec le genre humain?

Cette institution, à la fois héroïque et barbare, était l'ordre de Saint-Jean de Jérusalem, connu plus communément sous le nom de chevaliers de Rhodes et de chevaliers de Malte, du nom des deux îles célèbres qu'ils ont illustrées.

VII

L'ordre militaire et religieux des chevaliers de Saint-Jean de Jéruralem avait été le dernier soupir de la chevalerie après les croisades. Un triple esprit animait alors la noblesse européenne, l'esprit de foi, l'esprit de guerre, l'esprit d'aventure. Ce qu'on appelle le chevalier était né de ces trois esprits ensemble. Le cœur pieux, le bras guerroyant, l'imagination chimérique, ces trois éléments composaient le parfait chevalier chrétien. Religion, guerre et gloire, c'étaient ses trois âmes. L'Europe était jeune, elle était à peine chrétienne, elle sortait de la barbarie, elle avait encore dans sa noblesse un reste de son impulsion vers les conquêtes qui l'avaient portée de la Tartarie, du Caucase, dans la Germanie, dans les Gaules, dans l'Italie, dans l'Espagne; il lui fallait les climats lointains, les îles inconnues, les exploits fabuleux, les conquêtes illimitées, les couronnes sur la terre et la couronne immortelle dans le ciel. De tous ces instincts était sortie la chevalerie, avec ses vertus et ses vices. La religion s'en était emparée et en avait fait sa milice quand les souverains avaient commencé à s'en lasser; au lieu de reconnaître un suzerain dans les rois, ils avaient pris Dieu pour suzerain, et le pape, vicaire du Christ, pour protecteur.

VIII

L'établissement des hospitaliers, à Jérusalem, remonte aux premiers siècles de l'ère chrétienne. Au règne de Constantin, il existait déjà un hospice dans la ville sainte pour recevoir les pèlerins qui visitaient le tombeau de Jésus-Christ ; au septième siècle, après la mort de Mahomet, ses successeurs Ali et Moawiah, luttant de suprématie religieuse, agitaient l'Asie de leurs guerres. Plus tard la Palestine fut conquise par les Sarrasins, de la secte d'Ali, qui gouvernaient l'Égypte. Pendant trois cents ans, les khalifes fathimites, ou soudans d'Égypte, permirent aux chrétiens de Jérusalem d'occuper le quartier qui avoisinait le saint sépulcre, exigeant seulement le payement d'un tribut. Précédemment, vers le neuvième siècle, le khalife Haroun-al-Raschid, épris de la renommée de Charlemagne, avait voulu conclure une alliance avec ce monarque. Éginhard raconte qu'il lui envoya les clefs du saint sépulcre et de l'église du Calvaire, avec un étendard en signe d'autorité. La suprématie de protection que la France a souvent revendiquée sur les chrétiens établis en Orient date de cette époque ; mais cette autorité ne fut pas de longue durée ; un des successeurs d'Haroun-al-Raschid persécuta les chrétiens et saccagea l'hospice. Des marchands italiens d'Amalfi recueillirent les fugitifs et entreprirent de les rétablir à Jérusalem. Sous prétexte de leur commerce, qui fournissait à toute l'Asie les productions et les marchandises de l'Occident, ils obtinrent une concession à Jérusalem pour établir leur comptoir ; ils bâtirent, sur les ruines de l'ancien hospice, deux établissements, l'un pour les hommes et l'autre pour les femmes, et y appelèrent des religieux et des religieuses de l'ordre de Saint-Benoît pour le service des deux hospices. Telle fut l'origine des hospitaliers, appelés ensuite l'ordre de Saint-Jean à l'occasion d'une église dédiée à saint Jean-Baptiste, bâtie au temps de Godefroi de Bouillon.

Cependant les chrétiens ne jouirent pas longtemps de leur sécurité sous la protection des marchands d'Amalfi. De conquête en conquête, les Turcs seldjoukides s'étaient établis dans les provinces de l'Asie occidentale, et au milieu d'eux les Turcs ortokides avaient pénétré jusqu'en Palestine ; ils avaient adopté par politique, pour gouverner plus facilement leurs nouveaux sujets musulmans, les rites de la religion de Mahomet sans en comprendre l'esprit. Poursuivant leurs agressions contre le khalife d'Égypte, ils s'emparèrent de Jérusalem, massacrèrent la garnison des Sarrasins et rasèrent l'hospice. Quelques fugitifs, qui parvinrent à regagner l'Europe, éveillèrent la compassion des peuples chrétiens par le récit de leurs malheurs et provoquèrent la première croisade.

A la même époque, un Français, Gérard de Martigues, sans attendre les croisés, s'embarqua pour la Syrie et se dévoua seul au rétablissement des hospitaliers. Une grande dame romaine, se déguisant sous le nom de sœur Agnès, touchée du même zèle, se rendit en Palestine et se mit à la tête des hospitaliers. Mais les Turcs ne tolérèrent pas longtemps ces efforts. Gérard fut fait prisonnier et ne sortit de captivité qu'à la prise de Jérusalem. L'hospice, rétabli par Gérard, reçut alors tous les soldats blessés, et plusieurs jeunes gentilshommes se dévouèrent successivement au service des malades et prirent l'habit des hospitaliers. Parmi ces jeunes guerriers on trouve les noms de Raimond Dupuy 1121, Guérin de Montaigu 1208, Bertrand de Comps 1236, qui furent grands maîtres de l'ordre.

Le zèle de la chrétienté se portait alors vers la terre sainte; des dotations, des aumônes affluaient à Jérusalem ; des établissements se fondèrent sur toutes les côtes d'Europe pour faciliter les voyages des pèlerins; ces établissements devinrent plus tard les commanderies de l'ordre des Hospitaliers. Grâce à ces largesses, Gérard devint assez riche pour bâtir cette église de Saint-Jean qui donna le nom à l'ordre. Mais l'introduction des guerriers dans l'hospice modifia bientôt l'esprit primitif de l'institution. Raimond Dupuy, élu grand maître à la mort de Gérard, ajouta aux vœux de pauvreté et de chasteté le vœu de *combattre les infidèles.*

Ainsi l'ordre des humbles serviteurs des pèlerins et des malades devint un ordre guerrier. Il faut le dire cependant, les nécessités du temps motivèrent ce changement. Jérusalem, frontière des Arabes et des Turcs, était habituellement le terrain de leurs batailles. Le petit noyau de chrétiens renfermés dans ses murs, obligés de se défendre, devait se créer une milice. L'ordre se divisa en trois classes : les gens de guerre, les prêtres et les hospitaliers proprement dits. Mais les habitudes de la guerre, peu compatibles avec les vertus d'abnégation et d'humilité, absorbèrent l'esprit de charité.

Le gouvernement de l'ordre devint aristocratique, et la troisième classe ne fut plus composée que de *frères servants*, que chaque chevalier attachait à sa suite en temps de guerre pour servir les blessés.

Au douzième siècle, l'histoire de l'ordre est celle de toutes les guerres en Orient. Les hospitaliers devinrent bientôt les seuls défenseurs des rois de Jérusalem, d'Antioche et d'Édesse; ils auraient infailliblement succombé à la tâche, si un renfort n'était arrivé au temps de leur plus grande détresse, sous la forme d'un nouvel ordre de chevalerie.

Quelques jeunes Français, avec Hugues de Payens à leur tête, s'étaient associés librement pour former une escorte aux pèlerins dans les défilés des montagnes entre Jaffa et Jérusalem. Ils se réunissaient dans une habitation près du Temple, mais sans avoir adopté aucune règle monastique, lorsque Hugues, ayant été envoyé en ambassade à Rome par Baudouin, roi de Jérusalem, eut la pensée de se mettre sous la protection du pape Honoré II. Le pape reconnut l'association sous le nom de *chevaliers du Temple*, et leur donna des statuts.

De jeunes gentilshommes de toute nation se pressèrent d'entrer dans ce nouvel ordre militaire de préférence à l'ordre des Hospitaliers, dont le nom rappelait l'humble origine. Les templiers devinrent en peu de temps riches et puissants; ils levèrent des troupes à leur solde et marchèrent au secours des hospitaliers, dont ils ne tardèrent pas à devenir les rivaux; mais, au temps dont nous parlons, l'émulation, des deux ordres ainsi que de l'ordre Teutonique, récemment formé en Allemagne, maintint la discipline et les éleva à une telle renommée, que des souverains briguaient l'honneur d'être reçus chevaliers, et quelques-uns léguèrent à leur mort leurs États aux hospitaliers et aux templiers. L'ambition et tous les vices des conquérants dénaturèrent peu à peu ces institutions, fondées sur le dévouement et la pauvreté.

Un jeune aventurier de la race des Aioubites, Saladin, que d'habiles intrigues avaient élevé au rang de sultan d'Égypte, entreprit de nouveau la conquête de Jérusalem pour s'en faire un rempart contre ses ennemis, les Turcs seldjoukides et les Latins.

Un chrétien livra ses frères; le comte de Tripoli, rival de Lusignan, roi de Jérusalem, trahit les chrétiens et ouvrit l'entrée de la ville à Saladin.

La prise de Jérusalem est trop connue pour en faire ici le récit. Saladin expulsa les deux ordres guerriers, mais permit aux hospitaliers de demeurer un an dans la ville sainte pour soigner les blessés.

Après chaque éclipse des ordres militaires, et lorsqu'ils semblent anéantis par les désastres de la guerre, on les voit se rallier, se recruter, et reparaître plus formidables encore : c'est que leur institution était alors une nécessité du temps; des troupes mercenaires pouvaient bien tenir une campagne et gagner des batailles; elles ne pouvaient pas former une puissance défensive permanente; il fallait un lien plus fort qu'une solde, un but plus élevé que la gloire ; aussi, lorsque l'ambition mondaine, le luxe et le relâchement eurent dénaturé l'institution, nous les voyons abandonner la défense du saint sépulcre, devenir une puissance temporelle à Rhodes et à Malte, et finir par s'éteindre dans l'oubli.

Après le siége de Jérusalem, on retrouve les ordres guerriers recrutés des chevaliers appelés des commanderies d'Europe au siége de Tyr, combattant pour le jeune Conrad, favorisant les amours d'Isabelle, reine de Jérusalem, marchant à la croisade de Philippe-Auguste et de Richard Cœur-de-Lion. Les combats sont remplis des exploits des hospitaliers ; mais la rivalité des templiers éclate de plus en plus, et bientôt les deux partis ne se rencontrent plus que pour se combattre.

La conquête de Constantinople sur les Grecs et le règne de Baudouin, comte de Flandre, appelèrent les hospitaliers à cette frontière d'Europe et d'Asie ; ce fut l'époque de leur grande prospérité. Ils formèrent des établissements considérables, et bâtirent des églises à Constantinople, à Smyrne, à Venise, à Florence, à Vérone.

L'Espagne appela le grand maître, Guérin de Montaigu, pour combattre les Maures ; ensuite on le retrouve à la bataille de Bouvines. Montaigu n'était pas seulement un guerrier éminent, il était aussi un lettré, et on a conservé ses écrits contre un schisme naissant qui paraît avoir été précurseur des quiétistes modernes.

De grands désastres finirent par chasser entièrement les hospitaliers de la terre sainte. Tout un peuple, descendant des anciens Parthes, appelé les Khowarezmiens ou Kharismiens, chassé par les Mongols, et n'ayant trouvé asile chez aucun souverain à cause de sa réputation de cruauté et d'idolâtrie, fondit à l'improviste sur Jérusalem, saccagea la ville, massacra la garnison et les ordres militaires, affaiblis par leur dispersion en Europe. Les Kharismiens commirent des atrocités inconnues des temps les plus barbares. Ceux des habitants de Jérusalem qui étaient en état de fuir gagnèrent la côte et se renfermèrent dans Saint-Jean d'Acre; les femmes et les enfants, rassemblés par les sœurs hospitalières, se réfugièrent au pied du saint sépulcre, où elles attendirent le martyre. Seize chevaliers de Saint-Jean échappèrent seuls au massacre sous la conduite de Guy de Châteauneuf. Le récit des événements écrit par lui-même décida la croisade de saint Louis.

Après la défaite de Saint-Jean d'Acre, les hospitaliers se retirèrent en Chypre, d'où ils préparèrent une expédition contre l'île de Rhodes, habitée par les Grecs et gouvernée par les musulmans. L'île, prise et reprise, resta finalement en possession des hospitaliers, qui s'y établirent.

L'ordre pouvait alors se régénérer. Plusieurs grands maîtres, hommes de haute capacité, entreprirent d'importantes réformes. Ils auraient probablement réussi si l'accession des vastes possessions des templiers, qui leur fut adjugée à l'extinction de l'ordre, n'eût corrompu les mœurs en introduisant un surcroît de luxe et de richesses; parmi ces grands maîtres on cite les Villeneuve, les de Pins, Hérédia, appelé le *Dompteur du Dragon*, Bérenger, Juillac, etc.

L'éloignement des commanderies, l'ambition d'indépendance des chefs, avaient relâché les liens de l'obéissance. Des factions se formèrent, des séditions, des révoltes éclatèrent et aboutirent même à de doubles élections de grands maîtres. Au milieu de ces désordres l'esprit militaire seul subsistait, et des prodiges de valeur signalent la prise de possession de Smyrne.

Voici à quelle occasion :

La ville et le port de Smyrne, au milieu du quatorzième siècle, étaient le repaire de brigands et de corsaires qui rendaient périlleux la navigation et le commerce de la Méditerranée. Biandra, général en chef des forces de Rhodes, forma le hardi projet de détruire leur retraite; il réussit à s'emparer du port et brûla les galères des corsaires. Mais le commandant turc de la forteresse, par une feinte retraite, attira les chevaliers dans une embuscade où ils furent massacrés.

Vingt ans plus tard, vers 1370, le pape Grégoire XI ordonna au grand maître Robert de Juillac d'occuper le château et la ville de Smyrne comme une possession de l'ordre. La prudence du grand maître ayant fait objecter la situation de cette ville au centre de la domination turque, le pape lui réitéra l'ordre d'obéir, sous peine d'excommunication. Un vaste armement de galères transporta les troupes au fond du golfe, et, après un combat acharné, le château de Smyrne arbora le drapeau des chevaliers de Rhodes. Les armes de l'Église sont encore visibles sur la porte en ruine.

C'est pour délivrer le sol d'Islam de cette domination d'une colonie de Rome chrétienne que Timour s'avançait de Kutaïah.

IX

Timour résolut de délivrer entièrement l'Asie Mineure de la terreur que cette colonie militaire de la chrétienté faisait régner sur les mers de l'Ionie, et de délivrer les innombrables esclaves mahométans qui gémissaient dans les fers des chevaliers de Saint-Jean de Jérusalem. Il était seul assez puissant parmi les princes musulmans pour rendre cet immense service à l'islamisme. Il voulait, par ce dernier exploit, couronner et sanctifier tous les autres. Parti de l'océan Indien, il lui était glorieux de ne s'arrêter qu'à cette autre mer, presque européenne, qui pouvait seule borner ses conquêtes. Il rassembla son armée d'expédition à Kutaïah, et s'avança lentement, selon son usage, vers Smyrne. Plus il approchait des rives de la Méditerranée, plus les vallées de la Bithynie, qui s'élargissaient et se décoraient devant lui de leur végétation méridionale, de leurs cités grecques et de leurs ruines pittoresques, vestiges de tant d'empires mal effacés de la terre, ravissaient ses regards. Laissant à sa droite les plaines de Nicomédie, la Propontide chargée de villes maritimes, les ruisseaux tièdes ou glacés et les racines ténébreuses du mont Olympe, il déboucha à la tête de trois cent mille Tartares, cavaliers ou fantassins, dans la vallée de Magnésie, cette opulente et verte Tempé de l'Asie Mineure. Il y fit goûter quelques jours, à son armée, les délices de ce jardin de l'Anatolie qui devait illustrer et embellir quelques années plus tard la retraite d'Amurat ou Mourad II, ce Dioclétien des Turcs, qui choisit Magnésie pour se délasser de la gloire.

X

Contournant ensuite la base orientale du mont Tmolus, il se répandit dans les gorges de Tyra, l'ancienne Thyatire des Grecs, ville qui rappelle, par les sommets qui l'ombragent, par les forêts qui la rafraîchissent et par les cascades qui l'arrosent, les villes de l'Helvétie adossées aux Alpes et respirant les brises des lacs et la résine des pins du Nord. Tyra, quoique à moitié grecque et chrétienne, s'ouvrit avec résignation aux Tartares; ils inondèrent de là la plaine encaissée du Méandre et celle du Caïstre chantées par tous les poëtes de la Grèce, de Rome, et plus tard de la Turquie, pour l'ombre de leurs montagnes, la richesse de leurs pâturages, les sinuosités de leurs fleuves, la limpidité de leurs eaux, et pour la multitude des cigo-

gnes blanches qui font leurs nids sur ces lacs.
L'auteur de cette histoire, par un jeu bizarre de la
destinée des hommes obscurs, comme des empires,
possède aujourd'hui, dans ces vallées historiques,
une partie des bords et des prés de ce Caïstre célébré par le poëte romain Virgile, et où campa Timour, au pied de la tour de Marbre qu'il y bâtit et
qui donna son nom à la plaine de Burghaz-Owa.

XI

La moitié de l'armée tartare, sous les ordres de
Mohammed-Schah, débouchait déjà par la vallée de
Magnésie dans le bassin de Smyrne. Timour, avec
l'autre moitié, abandonnant les bords du Caïstre à
ses troupeaux et aux esclaves qui suivaient l'armée,
apparut au même moment sur les hauteurs qui dominent le golfe et la ville. Jamais un horizon plus
majestueux et plus délicieux à la fois n'avait enivré
ses regards depuis sa descente dans la vallée de
Cachemire. Mais la vallée de Cachemire n'était
qu'une voluptueuse oasis de verdure et de lacs au
sein des montagnes de l'Inde. La mer, autour de
Smyrne, s'unissait aux montagnes, aux vallées et
aux monuments des hommes, pour enchanter les

yeux et pour irriter l'ambition du conquérant du monde.

XII

La ville de Smyrne, capitale de l'antique Ionie, renommée pour la mollesse de son climat, pour la fécondité de son sol, pour la beauté de ses femmes et pour le génie industrieux et littéraire de ses habitants, était bâtie au pied d'une montagne dont le faîte forme des créneaux naturels qui se découpent sur le bleu presque éternellement serein du firmament, et qui ressemblent à une forteresse construite par les hommes pour protéger une grande ville du côté des vallées intérieures de l'Ionie. Une forêt de pins noirs, croissant sur une pente escarpée, imite les palissades d'un fort. Au-dessus de cette forêt, une citadelle en ruines semblable à l'Acropole d'Athènes, bâtie par les Grecs héroïques, démantelée par le temps, relevée imparfaitement par les Byzantins, renversée par les Turcs, restaurée et armée par les chevaliers de Jérusalem, se lie comme un nœud de pierres aux longues et hautes murailles précédées d'un fossé qui descendent des deux côtés, en suivant les ondulations des collines, jusqu'aux deux bords de la mer. Là, ces murailles aboutissaient à deux forts inexpugnables dont les vagues du golfe battaient les fondements.

Le port, rempli des vaisseaux de l'ordre et de la chrétienté appelés à leur secours, s'étendait entre ces deux forts maritimes. La ville, immense, populeuse, commerciale et militaire, était étagée depuis le bord des flots jusqu'au pied de la citadelle supérieure. A droite et à gauche, la mer, d'abord pareille à un vaste lac encaissé dans les montagnes tapissées de forêts, pénétrait dans les anses et dans les mille sinuosités qui dentellent le golfe ; puis, s'éloignant et s'allongeant à perte de vue, entraînait le regard vers l'horizon sans limite de la grande mer. A cette extrémité occidentale du golfe de Smyrne, les ombres confuses de Mitylène et de Chio tachent à peine l'azur éblouissant des flots comme des voiles lointaines. Les voiles plus rapprochées des pêcheurs et des jardiniers des deux rives qui apportent les aliments du jour à une grande ville s'entre-croisaient sur le golfe; des villes, des maisons de campagne, des jardins en terrasse, de forêts et des vignes couvraient de luxe, de culture et d'ombre les promontoires et les collines avancés, des deux côtés de cette mer, sur la grève.

Tel était le spectacle qui suspendit un moment, non l'impatience, mais l'attaque de Timour.

XIII

Selon son habitude, conforme aux préceptes du Coran, qui ordonne de présenter toujours la capitulation et la paix avant la guerre, Timour fit élever pendant toute la première journée un drapeau blanc, signe de négociation, au sommet de sa tente; le second jour un drapeau rouge, signe de guerre déclarée; le troisième jour un drapeau noir, signe de carnage implacable et à mort. Ces trois jours donnèrent à la seconde moitié de son armée, commandée par Mohammed-Schah, son petit-fils, le temps de descendre tout entière des gorges de Magnésie et de se répandre sur la plaine de Bournabah, délice des habitants de Smyrne.

Les chevaliers, quoique intimidés par ce débordement d'hommes et de chevaux, dont les armes ruisselaient comme des torrents d'acier étincelant au soleil sur toutes les collines du golfe, ne délibérèrent pas un moment entre l'héroïsme et le martyre. Ils se fiaient à l'élévation de leurs murailles, à la profondeur de leurs fossés, au nombre et à la rapidité de leurs vaisseaux, à Dieu enfin, qui leur donnerait la victoire sur les ennemis du Christ. Ils répondirent avec dignité aux sommations de Timour. De nombreuses flottes naviguant déjà entre les îles de l'Archipel et n'attendant qu'un vent favorable pour cingler dans le golfe, leur étaient annoncées de Sicile, d'Espagne et d'Italie. Ils se croyaient sûrs d'y trouver secours ou asile.

XIV

Le cri de *Surum*, poussé par toute l'armée, et le son des tambours tartares, tombèrent le troisième jour au soir comme l'arrêt du destin sur Smyrne. Timour, comme à Siwas et à Bagdad, attacha des milliers de mineurs aux flancs des rochers sur lesquels étaient fondés les remparts. Les forêts voisines et les vergers des contours du golfe fournirent leurs arbres, qui, jetés avec tous leurs rameaux dans les fossés et allumés par des mèches de feu grégeois, entourèrent la ville d'un vaste bûcher dont le vent jetait la flamme et la fumée au sommet des murs. Les chevaliers, brûlés ou étouffés sur la brèche, tombaient dans ces fournaises ou cherchaient un abri dans la ville. Timour, faisant approcher à force de bras des plate-formes montées sur des roues colossales, faisait passer ses soldats, comme sur des ponts, à travers des torrents de feu. Les chrétiens ne disputaient plus que l'entrée des rues derrière de récentes barricades. L'incendie courait depuis la citadelle jusqu'au port sous leurs pieds. Le rivage seul leur restait encore. Ils apercevaient à l'entrée du golfe les nombreuses voiles qui louvoyaient pour leur apporter des combattants ou des abris.

Timour, qui dans cet assaut était descendu de son cheval et combattait lui-même la torche et le sabre à la main, ne voulut pas que la fuite de ses ennemis trompât sa colère. Dix mille tireurs de pierre furent envoyés par lui sous l'abri des flèches de deux cent mille fantassins pour fermer l'accès du port du côté de la grande mer aux vaisseaux chrétiens. Ces ouvriers détachèrent et roulèrent du flanc des montagnes voisines des blocs de rocher qu'ils précipitèrent dans la mer à l'endroit où les deux môles s'entr'ouvraient pour recevoir les navires. Les restes de cette digue gigantesque subsistent encore et ont déplacé le port nouveau de Smyrne de l'anse primitive qu'il occupait. Les navires, en échouant contre ces rochers, ravirent aux chevaliers et aux chrétiens leur dernier refuge. Enfin, pour pénétrer dans les deux forts maritimes qui flanquaient la rade et auxquels la mer servait de fossé, Timour fit élever, à force de nombre, au-dessus des flots un pont sur pilotis couvert de terre, que ses mineurs, protégés par ses soldats, approchèrent pas à pas des forts jusqu'à ce que le sommet des remparts et le pont n'offrissent plus qu'un niveau égal, et que ses combattants, pressés par des milliers d'autres, pussent déborder comme une mer d'hommes dans les forts. L'intrépidité des chevaliers céda au nombre, non à la terreur. Ils trouvèrent leur sépulcre dans les deux forts. Ceux qui occupaient encore la citadelle supérieure avec Guillaume de Mine, maître de l'hôpital, ne voyant plus rien à sauver que leur vie, sortirent en colonne serrée, l'épée à la main, s'ouvrirent une route sanglante à travers les flammes et le sang de la haute ville, se jetèrent dans les montagnes inaccessibles aux cavaliers tartares, contournèrent de crête en crête le golfe et furent recueillis un à un du côté des rochers de Phocée par les galères chrétiennes qui voguaient sur le golfe. Des femmes, des enfants, des vieillards, qui avaient suivi jusquelà cette colonne de chevaliers pour se sauver comme eux sur les vaisseaux d'Europe, se précipitèrent en vain dans la mer, s'attachant aux câbles, aux rames et aux ancres, et implorant la pitié des matelots; les galères, trop chargées, ne pouvaient sans sombrer recevoir cette déplorable multitude. Tout périt dans les flots ou se répandit pour périr bientôt dans les forêts sous la flèche des Tartares. Timour, pour décourager ces navires européens de leur recherche compatissante sur les bords du golfe, fit charger avec des têtes d'hommes coupées les canons des remparts de Smyrne et les fit tirer sur les vaisseaux. Ces têtes mutilées, flottant sur la mer ou roulant sur les ponts des navires, répandirent une telle horreur parmi les matelots, que les flottes s'enfuirent à toutes voiles, abandonnant la population chrétienne de Smyrne et des côtes à l'insatiable vengeance des Tartares.

Les Génois, qui possédaient dans le golfe le port fortifié et la délicieuse campagne de l'antique Phocée, mère de Marseille, ainsi que les îles opulentes de Chio et de Lesbos, tremblant d'irriter le fléau de l'Asie, lui envoyèrent des ambassadeurs pour le complimenter sur son carnage et pour reconnaître sa souveraineté. Il les épargna à ce prix, et, après avoir saccagé et incendié Smyrne, toujours prompte à renaître de sa situation naturelle, de sa fertilité et de son golfe, il salua d'un adieu la Méditerranée, et reprit, par Éphèse, la route de la plaine du Caïstre et du Méandre pour retourner à Kutaïah.

Pendant trente jours, il fit effacer du sol d'Éphèse, cette Rome du paganisme, les vestiges des temples antiques déjà effacés par les chrétiens. Sa colère contre les descendants des païens et des chrétiens s'était accrue sur sa route en traversant les colonies de la Grèce antique et de la Grèce chrétienne. Les plus humbles soumissions ne le touchaient plus.

Une ville grecque de la côte d'Éphèse ayant envoyé au-devant de lui pour implorer sa pitié une multitude d'enfants des deux sexes qui chantaient ses louanges et qui récitaient des versets du Coran pour flatter son culte : « Qu'est-ce que ce bêlement de « brebis qui importune mes oreilles? dit-il à ses « émirs. — Ce sont les enfants de la ville envoyés « par leurs parents au-devant de votre cheval pour « vous supplier d'épargner leurs pères et leurs « mères. — Que les chevaux des Tartares les écra-« sent tous sous leurs pieds! » s'écria Timour. La cavalerie de l'avant-garde s'élança à ces mots sur ces innocents, et des milliers de cadavres d'enfants mutilés tracèrent la route de Timour. L'habitude du sang répandu avait fini par donner à Timour le dernier degré de la brutalité guerrière, l'indifférence du sang.

XV

L'incendie de Smyrne, d'Éphèse, et de toutes les villes de la côte d'Ionie où la civilisation grecque avait jeté pendant tant de siècles sa population, ses lettres, ses religions, ses arts, fut le seul monument qu'éleva le conquérant tartare en vue de l'Europe consternée. Des monceaux de cendre marquèrent sa trace; il disparut dans la fumée de ces capitales, et regagna lentement, comme un pasteur qui ramène ses troupeaux du pâturage, la route de la Perse et de la Tartarie. Il emmenait un empereur captif, et il emportait les dépouilles de toute l'Asie Mineure. L'impossibilité de créer en quelques mois une marine, pour faire traverser la Propontide ou le Bosphore à cette multitude, l'avait seule empêché d'effacer du sol la capitale de l'empire grec, Constantinople. Il laissait cette dernière démolition du vieil Orient à accomplir aux Ottomans.

Son projet paraissait toujours de reconstituer fortement leur empire, involontairement ébranlé par la bataille d'Angora, et de le restituer à Bajazet Ilderim à des conditions de vassalité et d'alliance quand il aurait conduit ce souverain captif à

Samarcande pour en décorer son triomphe, et quand il lui aurait fait contempler l'étendue et la population de son empire presque universel. Mais la mort trompa sa politique.

Bajazet Ildérim, quoique traité avec les égards qu'un vainqueur généreux doit à un vaincu héroïque, ne pouvait s'accoutumer même à une respectueuse captivité. Le spectacle de la ruine de ses provinces, auquel il venait d'assister, les dissensions intestines de ses enfants, l'idée d'aller orner de sa présence le retour triomphal du conquérant si témérairement bravé par lui, la perspective d'une prison peut-être éternelle dans ces âpres climats de la Tartarie, dont sa race avait perdu l'habitude; enfin, son caractère violent et indompté, qui changeait sans cesse sa mélancolie en imprécations et sa résignation en accès de désespoir, le faisaient dépérir, quoique jeune encore, dans les tentes et dans les palais où il avait tout d'un empereur, excepté l'empire. Un accès de ce désespoir l'emporta à Akschyr, sur la route de Siwas, au moment de quitter pour jamais ces vallées pastorales, seconde patrie de ses pères. Timour porta son deuil et remit son corps à son fils Mousa pour le porter à Brousse au tombeau de sa famille. Il rendit la liberté à la princesse de Servie, sa veuve, et aux femmes de son harem. Le cadavre de Bajazet, escorté d'une centaine de cavaliers turcs, arriva aux portes de Brousse, sans pouvoir y entrer, précisément au moment où les armées de ses deux fils, Isa et Mohammed, s'y livraient un combat pour se disputer cette ruine de l'empire. On l'ensevelit sous les platanes, à quelque distance de la ville, jusqu'au temps où l'empire restauré et la mosquée impériale relevée permirent à ses descendants de lui rendre la tombe qu'il s'était préparée dans sa capitale.

Le règne de Bajazet, un des plus propices au commencement et des plus funestes à la fin aux Ottomans, fut l'image de son caractère. Son surnom d'*Ildérim* (l'éclair) fut la signification abrégée de sa vie. Il frappa comme la foudre l'Europe, et s'éteignit comme elle dans sa propre ruine en Asie.

Le sang innocent de son frère, massacré le lendemain de la mort de son père, dans les tentes de Kossova, le sang des prisonniers chrétiens versé en barbare dans la plaine de Nicopolis, semblèrent porter malheur à sa destinée. Il laissa l'Europe à la guerre civile entre ses enfants, et l'Asie à la conquête du héros tartare. Sa capitale même se ferma devant son cadavre comme pour lui refuser une tombe. La Providence semblait vouloir ainsi frapper avec justice, dans son empire, dans sa liberté et dans sa postérité, le premier des sultans qui avait donné à sa dynastie le premier et fatal exemple du fratricide par raison d'État. Elle bénira sans doute dans Abdul-Medjid le premier des sultans qui eut le courage et la vertu d'abolir cette sanguinaire politique, et de placer les droits et les sentiments de la nature au-dessus des droits du meurtre et de sa propre sécurité.

Avant de raconter les événements qui suivirent, en Europe et en Asie, la mort d'Ildérim, suivons un instant des yeux le reflux de Timour et de ses armées jusqu'à Samarcande.

XVI

Il touchait lui-même avec tristesse à l'âge et à l'anéantissement de ses espérances mortes avant lui. Son petit-fils, Mohammed-Schah, pour lequel il avait deux fois l'âme d'un père, et qui justifiait cette prédilection par tous les dons de l'esprit, de l'âme et du corps, mourut à l'âge de dix-huit ans à Akschyr. Timour, qui lui destinait l'empire de Samarcande pendant que son propre fils Schah-Rokh régnerait sur la Perse, faillit expirer de douleur sur le corps inanimé de cet enfant. Il affecta en vain, en reparaissant en public devant ses émirs, la religieuse résignation commandée par le Coran à ceux qui perdent ce que la terre ne peut plus leur rendre.

« Nous sommes de Dieu, s'écria-t-il en cour-« bant la tête, et nous retournons à Dieu ! » Mais son cœur ne pouvait se consoler qu'en faisant à ce favori de ses vieux jours des obsèques longues comme le continent de l'Asie et un deuil universel comme sa puissance. Par ses ordres, et comme si l'empire avait été la famille de Timour, les princes de sa maison, les émirs, les grands de la Tartarie et de la Perse, les armées, les peuples, se revêtirent du noir, couleur de la nuit des tombeaux. Les fourrures d'hermine qui décoraient les caftans et les robes furent remplacées par le feutre gris et grossier des chameliers et des mendiants tartares. Les femmes se roulèrent, leurs cheveux épars, dans la poussière, et ramassèrent des cailloux dans le pan de leur voile pour se meurtrir le sein en poussant de tristes hurlements sur le passage du cercueil. Un banquet funèbre fut célébré à Akschyr. L'armée entière y était conviée.

Pendant le festin, des imans ou lecteurs, distribués de place en place de manière à être entendus de ces millions de convives, lisaient à haute voix le Coran. Le tambour colossal des Mongols, dont les sons vibrent, comme ceux d'un *gong* indien, jusqu'à des distances énormes, était frappé d'intervalle en intervalle pour-imiter les coups de l'homme affligé sur sa poitrine. Après le festin, on brisa ce tambour sacré pour qu'aucune douleur humaine ne retentît plus jamais sur cet orgue d'une inconsolable douleur, et les femmes remplirent pendant toute la nuit les airs d'un universel gémissement. Les sept premiers émirs, compagnons et généraux de Timour, escortèrent, jusqu'au delà de l'Oxus, de leur corps d'armée, le cercueil du jeune schah porté sur une litière d'or et voilé d'un linceul brodé de pierreries. Ils le déposèrent au tombeau de sa famille. Ce Germanicus des Tartares laissa une précoce mémoire et un long regret après lui depuis le pied de l'Himalaya jusqu'aux frontières de la Chine et au désert de l'Euphrate.

Timour s'avança lentement et tristement à la suite de ce cercueil qui renfermait ses espérances mortes de perpétuité de règne. Il rentra triomphant, mais déçu, le 10 juillet 1404, dans sa ville triomphale de Samarcande. Les députations innombrables de toute la Tartarie l'y attendaient pour solenniser le triomphe et le héros de leur race. Les sages, les savants, les artistes, que le législateur tartare avait envoyés de tous les pays dans sa capitale pour civiliser ses compatriotes, eurent ses premiers regards et ses premières faveurs. Avant de rentrer dans son palais, où son harem et ses enfants fêtaient le retour de ce patriarche vainqueur du monde, Timour alla descendre au *Jardin des Platanes*, sorte de jardin académique de Samarcande qui entourait les logements consacrés aux philosophes, aux historiens, aux poëtes par Timour. Il consacra ce jardin et ce palais à la mémoire et au nom de son favori Mohammed-Schah, pour que la postérité partageât éternellement l'amour et les regrets qu'il nourrissait pour son petit-fils. De là il alla habiter, tour à tour, tantôt le palais du *Jardin des Eaux*, tantôt le palais du *Jardin de l'Éden*, tantôt le palais de sa favorite Toukel-Khanum, appelé le *Jardin qui dilate le cœur*. Il conservait ainsi, disent les traditions tartares, sous ces demeures de pierre, de cèdre et de marbre, l'instabilité de la vie nomade sous les tentes, souvenir de sa vie de pasteur et délices de la vie de guerrier.

Les architectes arabes et grecs qu'il avait amenés de Damas et de Smyrne lui construisirent, pendant ces jours de loisir entre deux conquêtes, un palais dont les vestiges étonnent encore les yeux et dont la description par les historiens contemporains de son triomphe égale en ma-

gnificence celle de Bagdad, de Babylone et de
Delhi. Chacune des façades de ce palais, égale
aux façades des gigantesques édifices de Palmyre,
avait quinze cents coudées d'étendue. Quatre de
ces façades enfermaient les cours et les jardins
embellis d'ombrages, de parterres, de fontaines
jaillissantes, sous des avenues de colonnes. Les
sculpteurs syriens avaient incrusté toutes les murailles intérieures semblables à celles de Baalbeck
ou du Parthénon. Les murailles extérieures étaient
revêtues de porcelaine de Chine et de Perse dont
le poli, le vernis et les couleurs variées repré-
sentaient les rayons du soleil et éblouissaient les
yeux. Les salles et les chambres pavées en mo-
saïques imitant en dessin et en couleur les tapis
du Khorassan, étaient lambrissées d'ébène et d'i-
voire ciselés par les Arabes du Caire. Les ruisseaux
et les jets d'eau murmurant dans l'albâtre répan-
daient la vie et la fraîcheur sous l'ombre des dômes
peints par le pinceau des artistes grecs. C'est dans ce
palais qu'il célébra, en un seul jour, le mariage de
six de ses petits-fils, parvenus à l'adolescence pendant son absence de sa capitale. Les fables arabes
n'atteignent pas la splendeur historique de ces fêtes.
Les dépouilles de l'univers jonchaient les appartements et les jardins sous les pieds des jeunes époux.

Les perles, les saphirs, les diamants, pleuvaient comme une poussière sur leurs têtes. Les animaux rares de toutes les contrées du globe, depuis les girafes de l'Éthiopie jusqu'aux autruches du Sennaar et aux lions de l'Afrique, y furent présentés aux fiancés. Neuf fois on revêtit les fiancés unis, sous les yeux de Timour, de vêtements magnifiques qu'ils dépouillaient à l'instant pour être revêtus de nouveau ; neuf fois on leur ceignit des ceintures solides d'un tissu de perles et de diamants; neuf fois on leur posa et on leur enleva, pour les leur reposer encore, des couronnes et des diadèmes persans; neuf fois ils se prosternèrent dans la poudre d'or aux pieds de leur aïeul en frappant le plancher de leur front.

Ces fêtes étaient ses adieux à Samarcande. Sa vie n'était qu'un pèlerinage incessant à travers le monde pour y porter la loi du prophète et le joug des Tartares. Bien qu'il comptât déjà soixante-quatorze années de vie et que sa famille, à laquelle il avait tant d'empires à laisser en héritage, se composât, à cette époque, de trente-six fils ou petits-fils vivants et de dix-sept filles dont tant de princes se disputaient la main comme un gage de sécurité ou de faveur, Timour, au sein de cette gloire, de cette prospérité et de ces délices, rêvait la conquête de la Chine, seul empire libre qui confinât, dans l'extrême Orient, avec ses possessions.

XVII

Ce n'était pas l'insatiabilité de l'âme humaine ni l'ambition sans fond du conquérant qui poussait le vieux guerrier et le législateur heureux à abandonner de nouveau sa capitale, sa famille, et à risquer même sa gloire et sa vie pour traverser les déserts inhabités de la Tartarie avec tout un peuple et pour aller subjuguer un autre peuple inoffensif de deux cents millions d'hommes; c'était le zèle de l'unité de religion. Il considérait les peuples de la Chine, aussi civilisés, aussi philosophes et plus pénétrés de l'unité de Dieu que ses hordes, comme des idolâtres qui déshonoraient l'idée de la Divinité par des cultes sacriléges. Les incarnations symboliques de Bouddha et les doctrines de Confucius, mal connues de Timour et de ses contemporains, lui paraissaient des idolâtries aussi dégradantes que celles des Païens et des Grecs qu'il venait de détruire et que son devoir de vrai croyant était de renverser partout où Dieu lui donnait la force et lui montrait un crime contre sa sainteté.

Timour, obsédé de cette pensée et de ce remords, qui sanctifiaient selon lui tant de sang répandu sur sa route, flottait entre le repos, ambition de la vieillesse, et une nouvelle campagne commandée par la foi. Ses femmes, les mères de ses fils, les femmes plus jeunes qu'il avait ramenées de ses conquêtes dans ses harems, le sollicitaient à la paix; ses conseillers et ses sages le pressaient de consolider au lieu d'élargir son empire. Il penchait pour ce dernier conseil; mais il croyait entendre en songe la voix du prophète, qui lui reprochait sa prudence tout humaine et son oisiveté. Pour se décider, il convoqua à Samarcande l'assemblée générale de tous les émirs et de tous les sages de l'empire. Le lieu de ce congrès des royaumes tributaires et des Tartares de toutes les tribus fut assigné sous des tentes, dans la plaine sans bornes qui entoure Samarcande. Aucune capitale n'était assez vaste pour contenir ce conseil armé de rois et de peuples. Les fêtes du mariage de ses fils, qui furent le prétexte de ce rassemblement, s'y renouvelèrent et s'y prolongèrent d'abord pendant quelques semaines. Nous empruntons ici aux deux historiens contemporains et spectateurs de ces magnificences, traduits par M. Petis de Lacroix, interprète des langues orientales, des descriptions qui paraîtraient imaginaires si on ne les justifiait par le texte littéral de ce monument.

« Les premiers jours furent assombris par l'ar-
« rivée à Samarcande du cercueil du jeune Moham-
« med-Schah, que Timour fit présenter à la sultane
« Kanzadé, mère du héros. Il ordonna que, pour
« consoler le désespoir de cette sultane, veuve de
« son premier-né, Djéhanghyr, le cercueil de Mo-
« hammed-Schah fût porté, cloué et cadenassé, dans
« l'appartement de Kanzadé. Elle se précipita sur
« ce cercueil, qui renfermait le corps de son fils,
« dit Scherif-Eddin-Ali d'Yezd, et s'y enlaça
« comme le serpent autour du bois de sandal, en
« jetant des cris et des lamentations. Mes yeux, di-
« sait cette sultane inconsolable, étaient incessam-
« ment attachés sur le chemin, espérant à chaque
« instant apercevoir un cavalier apportant des nou-
« velles de mon cher enfant, qui faisait les délices
« de mon âme : je n'attendais pas de la cruauté du
« sort ce coup de poignard fatal, qui m'arrache le
« cœur à la vue de ton cercueil. Ah! sort déplo-
« rable! Ah! malheureuse Kanzadé! Ah! prince in-
« fortuné! Tu étais nommé au trône de l'empire
« d'Iran; mais le destin impitoyable t'arrache le
« sceptre des mains; c'est à bon droit, si présente-
« ment je fais couler de mes yeux un torrent de

« sang, et si je rougis la terre de mes larmes, puis-
« que dans ta tendre jeunesse, mon cher fils, tu
« m'as ainsi percé le cœur. »

XVIII

« On dressa dans la plaine les tentes, soutenues
« par des câbles de soie, dans lesquelles les tapis
« à fond d'or étaient sans nombre, les rideaux
« étaient de velours, les planchers d'ébène et
« d'ivoire incrustés, avec des dessins exquis. Le
« logement de l'empereur consistait en quatre
« grandes enceintes symétriques; son pavillon im-
« périal formait à lui seul un groupe de deux cents
« tentes, ornées de peintures et de pierreries.
« Chaque tente était divisée par douze colonnes;
« les étoffes qui les entouraient étaient d'écarlate
« au dehors, et à sept couleurs de satin au dedans;
« elles étaient tendues avec des cordes de soie, et
« les colonnes étaient d'argent, enrichies d'or de
« rapport. Les tapissiers, qui étaient en grand
« nombre, avaient employé une semaine entière à
« dresser et à meubler ce superbe logement; les
« mirzas et les émirs avaient aussi chacun un Sera-
« perdé, un **Barghiah**, des tentes et un grand pavil-
« lon nommé **Kherghiah**; les colonnes des tentes

« étaient d'argent massif, et le sol était couvert des
« plus riches tapis de pied du monde.

« Les gouverneurs des provinces, les généraux
« d'armées, les seigneurs et les principaux com-
« mandants de tout l'empire s'assemblèrent en ce
« lieu, et placèrent leurs tentes en bel ordre; les
« peuples y accoururent en foule de tous les côtés,
« se préparant aux jeux et aux plaisirs; il y en avait
« même de toutes les nations, de la Chine, de la
« Moscovie, de l'Inde, de la Grèce, de Mazendé-
« ran, de Khorassan et de Fars, de Bagdad et de
« Syrie, et enfin de tous les royaumes d'Iran,
« de Touran, du Kurdistan et de l'Égypte.

« Le jeune frère de Mohammed-Schah, Pir-Mo-
« hammed, second fils de la sultane Kanzadé, y
« arriva de son gouvernement de Guznadin, suivant
« l'ordre qu'il avait reçu; il se prosterna devant son
« aïeul, qui lui témoigna par ses larmes, en l'em-
« brassant, la douleur qu'il avait de la mort de son
« frère, et qui s'efforça de le consoler par ses ca-
« resses. Alors le deuil cessa, il y eut une exposi-
« tion de toute l'industrie, de tous les arts et de
« tous les métiers du monde, soumis aux lois du
« khan. Les plus habiles artisans y étalèrent les
« chefs-d'œuvre de leurs professions; ils dressèrent
« dans leurs boutiques des trophées et des arcs de

« fleurs pour représenter des triomphes, dans les-
« quels ils faisaient voir ce qu'ils savaient de plus
« fin dans leur métier; le tout était orné de bou-
« quets et de guirlandes avec une symétrie par-
« faite; il y avait chez les joailliers des colliers de
« perles et de pierreries, principalement des rubis
« grenadins et des rubis balais, avec une infinité
« de pièces de cristal de roche, de corail et d'agate,
« et la quantité de bagues, de bracelets et de pen-
« dants d'oreilles rendirent cette plaine une mi-
« nière d'or et de pierreries, au lieu d'une mi-
« nière de fleurs, qui est la signification de son nom;
« on éleva un amphithéâtre à quatre coins, dont le
« haut et le bas étaient couverts de brocarts et de
« voiles de clinquant, avec des tapis de Perse de
« soie, où les dames avaient pris leur place; les
« musiciens étaient dans leur rang avec les joueurs
« d'instruments, ainsi que les baladins qui décla-
« maient et disaient des mots facétieux pour exci-
« ter la joie et les ris. Il y avait un autre amphi-
« théâtre, où étaient toutes sortes de gens de métier;
« et l'on comptait ainsi cent amphithéâtres de diffé-
« rentes manières, remplis de vendeurs de fruits,
« ayant des fifres et des tambours; ils avaient con-
« struit chacun une espèce de jardin plein de pis-
« taches, de grenades, d'amandes, de poires et de

« pommes, avec ordre et symétrie, qui embau-
« maient l'odorat et faisaient un ornement mer-
« veilleux. Les bouchers se firent surtout remarquer
« par la gentillesse de leurs représentations ; ils ha-
« billaient un mouton en homme, et ils mettaient
« d'autres peaux en diverses figures ridicules ; on
« voyait des chèvres parlantes, qui avaient des
« cornes d'or, et qui couraient les unes après les
« autres ; elles paraissaient des chèvres à l'exté-
« rieur, mais c'étaient de jolies filles qu'ils avaient
« ainsi travesties ; d'autres étaient habillées en fées
« et en anges ayant des ailes, et d'autres prirent
« la figure des éléphants, et d'autres celle des
« moutons.

« Dans cette mascarade parurent aussi avec éclat
« les fourreurs, dont les uns se vêtirent en léopards,
« les autres en lions, et d'autres en autres sortes
« d'animaux, des peaux desquels ils se couvraient ;
« il y en avait qui ressemblaient à de vrais renards,
« à des hyènes, à des léopards et à des tigres. Ils
« avaient ainsi la figure de la bête, mais le sens de
« cette mascarade était qu'ils voulaient représenter
« des génies qui avaient pris ces sortes de figures.
« Les tapissiers firent aussi un chef-d'œuvre, car
« ils firent un chameau de bois, de roseaux, de
« cordes et de toile peinte, qui marchait comme un

« vrai chameau ; et le tapissier qui était dedans, ti-
« rant un rideau, faisait voir l'ouvrier dans son
« propre ouvrage. Les batteurs de coton firent avec
« du coton des oiseaux auxquels il ne manquait
« que la vie ; ils firent aussi un minaret de coton
« avec des roseaux, que tout le monde croyait être
« bâti de briques et de mortier, et même il était
« d'une hauteur prodigieuse, surpassant ceux des
« mosquées ; il était couvert de brocarts et de bro-
« deries, et il se transportait de lui-même çà et là,
« et sur son sommet il y avait une cigogne. Les sel-
« liers n'en cédaient rien aux autres : ils firent
« voir leur industrie dans deux litières de femmes,
« ouvertes par le haut, accommodées à la manière
« ordinaire sur un chameau, dans lesquelles s'as-
« sirent deux des plus aimables et charmantes de-
« moiselles qu'ils purent trouver dans la ville ; et
« elles tenaient chacune une peau à la main, et
« faisaient des postures plaisantes, tant des pieds
« que des mains, pour divertir l'assemblée. Les nat-
« tiers montrèrent aussi leur adresse, ayant tissu
« fort adroitement avec des roseaux deux lignes
« d'écriture contiguë, et autres lettres majuscules
« artistement entrelacées.

« Les chiaoux ou officiers du palais allaient et
« venaient, faisant leur service et servant les tables

« montés sur des chevaux de grande race, ayant
« des selles dorées incrustées de pierres précieuses,
« vêtus de brocart d'or. D'un autre côté, il y avait
« des éléphants d'une grosseur prodigieuse, sur le
« dos desquels on avait ajusté des espèces de trônes
« accompagnés de quantité de parures et d'orne-
« ments. Sous ce même dais, à douze colonnes, on
« avait placé des urnes de terre, autour desquelles
« étaient attachés des colliers de pierreries, rem-
« plis de flacons d'or et de pots d'argent, sur le
« sommet desquels étaient des coupes d'or, d'agate
« et de cristal de roche couronnées de perles
« et de diverses pierreries; le tout se présentait
« sur des soucoupes d'or et d'argent; l'on y buvait
« du cammez, de l'oximel, de l'hypocras, de
« l'eau-de-vie, du vin du Schiras et autres liqueurs.
« On rapporte que, pour cuire les viandes de ce
« banquet, on employa le bois de plusieurs grandes
« forêts. Le premier maître d'hôtel, avec ses offi-
« ciers subalternes, demeura toujours sur pied
« pour donner les ordres nécessaires au service;
« il y avait ainsi des tables couvertes à perte de vue
« dans la plaine, et les flacons de vins préparés
« autour des tables avec des monceaux de corbeil-
« les pleines de fruits, les flacons réservés pour la
« bouche de l'empereur et les cuves pour les

« émirs de la cour; il y avait enfin un nombre in-
« calculable d'urnes entassées dans toute la plaine
« pour la boisson du peuple. Une impunité et une
« égalité absolues furent proclamées au nom de
« l'empereur pour tout le monde pendant cette
« réunion, comme dans les saturnales de Rome ; il
« n'était permis à qui que ce soit de réprimander
« ou de sévir contre personne, ni au riche d'empié-
« ter sur le pauvre. »

XIX

Ces fêtes terminées, Timour, s'enfermant avec
les principaux sages et religieux de l'empire, dans
l'intérieur de sa tente, adressa à Dieu une prière
aussi digne d'un philosophe que d'un maître passager du monde. La voici :

« Grand Dieu! Dieu unique et incompréhensi-
« ble, qui es au-dessus de tout ce que l'esprit hu-
« main peut concevoir, et dont la nature n'est con-
« nue que de toi-même, étant tout à toi seul, et
« tout le reste n'étant rien! comment pourrais-je
« jamais te rendre assez d'hommages, et t'expri-
« mer, moi, misérable créature, une reconnais-
« sance égale à tes dons, puisqu'ils sont infinis? De
« mon néant tu m'as créé, de ma bassesse tu m'as

« élevé, de ma pauvreté tu m'as enrichi, de ma pe-
« titesse d'origine tu m'as fait le plus puissant des
« dominateurs du monde. Je tiens de toi seul la
« victoire dans tant de batailles, et la conquête de
« tant de royaumes ; car, que suis-je, moi, pauvre
« et misérable créature? Je ne serais capable de
« rien, si tu ne me comblais de ta force et de ta
« grâce; dans la paix, tu me gratifies du loisir et
« de la joie; dans la guerre, tu me décernes la vic-
« toire; dans le gouvernement, tu me maintiens
« la souveraineté ; redouté des nations étrangères
« et aimé de mes peuples, continue donc le cours
« de tes faveurs pour ta créature; puisque tu m'as
« appelé dans ta miséricorde, ne me congédie pas
« dans ta colère ! Je connais que je ne suis que
« poussière, et que si tu m'abandonnes un seul in-
« stant toute ma gloire se changera en humiliation
« et toute ma grandeur en néant; ne me fais pas
« rougir à cause de mes fautes, moi que tu as ac-
« coutumé à me glorifier de tes bienfaits ! Et je
« mourrai à mon heure, après avoir achevé ton
« œuvre, heureux et en bénissant ton nom. »

Cette prière du Salomon des steppes démentirait
seule les imputations banales de fanatisme et de
barbarie dont les historiens de l'Occident déshono-
rent les grandes philosophies et les grandes per-

sonnalités de l'Orient. Tout lointain leur paraît ténèbres, et les sources mêmes de toute théologie et de toute morale dans les Indes leur semblent voilées de leur antiquité.

XX

Timour, après cette invocation mystérieuse, parut devant le conseil de la nation, et adressa à tous les émirs, à tous les vieillards, à tous les lettrés de l'empire, un discours digne de sa prière :

« Dieu, leur dit-il textuellement, par une faveur
« toute gratuite, nous a favorisés d'un bonheur si
« extraordinaire, que nous avons conquis l'Asie le
« sabre à la main, que nous avons vaincu et terrassé
« les plus grands rois de la terre ; il y a eu dans
« les siècles passés peu de souverains qui aient ac-
« quis de si grands États, ni qui soient parvenus à
« une si haute puissance, qui aient eu de si nom-
« breuses armées, ni un commandement si absolu ;
« et comme ces grandes conquêtes ne se font pas
« sans beaucoup de violence, ce qui a causé la
« ruine totale d'un nombre infini de créatures de
« Dieu, j'ai résolu de mettre mon étude à faire
« quelque bonne œuvre qui soit une espèce de sa-
« tisfaction des crimes de ma vie passée, et d'ac-

« complir un bien dont tout le monde n'est pas
« capable : c'est de faire la guerre aux infidèles et
« d'exterminer les idolâtres de la Chine, ce qui ne
« peut se faire sans une grande force et une entière
« puissance; il est donc à propos, mes chers com-
« pagnons, que ces mêmes troupes qui ont été les
« instruments des fautes passées soient aussi les
« instruments de pénitence, c'est-à-dire qu'il faut
« qu'elles se mettent en marche pour aller à la
« Chine, et acquérir le mérite de cette sainte
« guerre, en abattant les temples des idoles et ceux
« du feu, et, faisant en leur place bâtir des mos-
« quées et des chapelles; nous obtiendrons, par ce
« moyen, le pardon de nos fautes, comme l'assure
« le Coran, disant que les bonnes œuvres effacent
« les péchés du monde. »

XXI

Une acclamation encouragea le khan à une entreprise qui complaisait à la fois à l'antipathie populaire et au préjugé religieux des Tartares. Le
ciel en récompense aux martyrs, la dépouille d'un
empire immense et opulent aux vainqueurs, entraî-
naient ensemble l'imagination des Tartares vers le
fleuve Jaune. Les émirs partirent de la plaine de

Kanighul pour aller rassembler leurs troupes et pour les conduire avec leurs troupeaux et leurs chameaux au rendez-vous national assigné par le khan.

Timour rentra en les attendant à Samarcande. Il y trouva sa maison troublée et divisée par une de ces aventures de harem qui influent, plus fréquemment qu'on ne le remarque, en Orient, sur la politique des princes et sur le sort des empires. Les mœurs et les lois religieuses relèguent en vain les femmes dans la servitude et dans le mystère du harem : la nature, la beauté et l'amour leur rendent la place que Dieu leur a faite dans le cœur de l'homme.

Un des petits-fils que Timour venait de marier dans les fêtes nuptiales dont nous avons décrit la magnificence, le jeune sultan Khalil-Schah, avait délaissé, après peu de jours, sa femme enceinte pour une jeune beauté persane, esclave d'une autre princesse du sérail. Cette esclave, célèbre depuis en Tartarie et en Perse, comme Hélène en Grèce, par la passion qu'elle inspira à Khalil et par les calamités qui dérivèrent de cet attachement, fut dénoncée à Timour par l'épouse de Khalil, nièce aussi du khan, comme la cause de la froideur et de l'abandon de son mari. Timour ordonna le supplice de la jeune esclave occasion des troubles de son palais. Khalil déroba son amante aux recherches des eunuques exécuteurs de l'arrêt de l'empereur. La sultane Validé, qui gouvernait les harems de toute la famille impériale, se laissa attendrir elle-même par les supplications de Khalil en faveur de sa maîtresse, et lui donna asile dans ses appartements. Timour accorda la vie à la belle esclave, qui donna bientôt un fils à Khalil; mais il défendit à son petit-fils tout commerce avec elle. Khalil éluda cet ordre de son aïeul par toutes les ruses inspirées par l'amour; les périls de ce commerce clandestin entre l'héritier du trône et sa maîtresse en accrurent la violence et la constance. Rien ne put arracher le prince à un attachement que les Tartares attribuèrent au sortilége qui lui fit, peu de temps après, poser la couronne d'impératrice sur le front d'une concubine, et qui ruina le vaste empire de Timour par la main d'une esclave de Circassie.

XXII

Timour, qui croyait avoir pourvu par sa rigueur au danger d'une passion passagère dans sa famille, sortit enfin de Samarcande pour entraîner à sa suite deux millions de combattants tartares vers les frontières de la Chine. Les impératrices, ses fils, ses petits-fils, ses ministres, sa cour, sa capitale presque tout entière, le suivaient. L'hiver, tardif en Tartarie, glaçait encore les steppes couvertes d'une surface de neige sans limite. Le conquérant, sachant par ses géographes quel immense espace il avait à parcourir avant de franchir les frontières des steppes, ne voulut pas attendre le printemps. Des milliers d'hommes et d'animaux jonchèrent, les premiers jours, le désert de leurs cadavres; ils furent remplacés par d'autres, comme de vils matériaux d'une grandeur qui ne comptait pas les hommes, mais les résultats. Le récit des historiens de Timour, à ce début de la migration des Tartares vers la Chine, n'a d'analogie dans l'histoire moderne que le retour des armées de Napoléon, à travers les frimas de la Russie, après la désastreuse campagne de Moscou. La démence du zèle religieux et la démence de l'ambition personnelle dans ces deux hommes arrivent, par deux côtés opposés du globe, à la même prodigalité des vies humaines.

« Les oiseaux de proie, disent les historiens des
« deux campagnes, ne pouvaient suffire à dépecer
« les cadavres que l'armée laissait chaque nuit
« derrière elle. »

XXIII

Mais l'arsenal d'hommes de Timour était inépuisable, comme les tentes de ses Tartares. Le printemps, qui souffla enfin, fondit la neige, découvrit les pâturages et fit ruisseler, de halte en halte, les sources et les rivières marquées par les géographes. Timour arriva, toujours avec deux millions d'hommes, à Otrar, ville centrale de la Tartarie, entre le fleuve Sihon et le fleuve Gihon. Il envoya en avant des cavaliers pour s'assurer si l'armée pouvait encore traverser ce fleuve profond sur la glace ou pour construire des ponts. Les cavaliers revinrent et rapportèrent que les neiges des montagnes du bord du fleuve étaient encore épaisses de trois coudées et engloutiraient inévitablement l'armée. Timour fut contraint d'attendre à Otrar le ramollissement de la saison. Il était déjà à vingt marches de Samarcande.

L'incendie qu'il avait promené par toute la terre sembla le poursuivre lui-même au fond de ces déserts. Le palais qu'il habitait avec sa famille et sa cour, à Otrar, brûla en une nuit et dévora une partie de ses richesses. Otrar, comme Moscou de nos jours, semblait se dérober, par la flamme, à la servitude. La multitude qui suivait l'armée mourait de froid et de faim. Timour voulut renvoyer les impératrices et leurs enfants à Samarcande. Elles refusèrent de l'abandonner dans ses dangers et dans sa vieillesse. Il fut saisi d'une fièvre d'angoisse dont le délire lui donnait des songes réputés divins. Les houris, ombres des femmes qu'il avait tant aimées pendant sa jeunesse, lui apparaissaient et lui ordonnaient de se repentir de ses égarements avant de paraître devant son Dieu. Il s'humilia devant le jugement qu'il allait subir. En vain Tébrizi, le plus célèbre médecin de l'Asie, qui l'accompagnait dans toutes ses campagnes, lui prodigua toute sa science et tout son zèle ; il se sentit frappé à mort, et il la contempla de son lit avec autant d'intrépidité qu'il l'avait contemplée si souvent sur les champs de bataille. Il assembla autour de son tapis ses femmes, ses fils, ses petits-fils, ses ministres, ses émirs, dicta son testament, dont chaque legs était un empire, et édifia, par un dernier discours digne d'un sage, ce monde qu'il avait asservi pendant soixante ans.

« Je sens avec évidence, dit-il d'une voix encore
« ferme, que mon âme veut abandonner mon corps
« vieilli et fatigué ; elle va habiter un meilleur
« séjour à l'ombre du trône éternel de Dieu ; ne

« pleurez pas, ne poussez ni lamentations, ni gé-
« missements ; les larmes et les cris ont-ils jamais
« arrêté la volonté de Dieu ; au lieu de déchirer
« vos vêtements, de vous frapper le sein et d'arra-
« cher vos cheveux, élevez vos prières au ciel pour
« qu'il daigne me pardonner les fautes et les
« excès de ma longue vie. J'ai réussi à donner
« à la terre d'Iran une telle justice et un tel ordre,
« que nul aujourd'hui n'y peut opprimer son pro-
« chain, et que les forts y respectent les faibles.
« Quoique je connaisse l'instabilité de l'empire,
« ajouta-t-il en s'adressant à Djehanghyr et à ses
« autres héritiers, cependant je ne vous conseille
« pas de dédaigner ni d'abdiquer la puissance que
« je vous lègue, car cela causerait du vide et des
« désordres dans les royaumes, et la sûreté publi-
« que, le plus grand bien des hommes, en serait
« altérée. Dieu, au jour du jugement, nous deman-
« dera compte des charges que nous avons reçues
« de lui en naissant. »

Il nomma ensuite Pir-Mohamed-Djehanghyr héritier du monde asiatique et souverain de Samarcande après lui, et lui fit, en sa présence, prêter
serment par tous les émirs. Il pleura ensuite, non
de quitter le monde, mais de ne pas pouvoir embrasser une dernière fois son fils Schah-Rokh, qui

gouvernait alors l'Iran en son nom ; puis il dit aux émirs : « Allez, vous n'aurez plus d'autre au-« dience de moi ici-bas; je vais comparaître moi-« même à celle d'Allah. »

Ses femmes et ses enfants, qui entendirent ses suprêmes paroles du fond de la tente où ils sanglotaient derrière le rideau, se précipitèrent alors inondés de larmes autour de son tapis. Il les consola et leur donna des conseils secrets pour conserver l'harmonie entre ses nombreux enfants que les dissensions intestines détruiraient les uns par les autres. Puis, répétant une dernière fois son mot favori, qui résumait, selon lui, toute sagesse humaine dans la résignation aux volontés du seul Maître : « Nous sommes de Dieu, dit-il, et nous « retournons à Dieu ! » et il expira.

XXIV

L'armée tartare, sans âme et sans chef après lui, revint à Samarcande. Cet empire de la victoire, qui n'avait pour centre que la vie et pour lien que la main d'un grand homme, promptement tomba en lambeaux. Le nom seul de Timour resta le plus grand nom des destructeurs d'empires qui aient jamais promené le fer sur la face du globe, sans en excepter ni Alexandre, ni Gengis-Khan, ni César, ni Napoléon. Mais Timour, à travers l'obscurité qui couvre ses desseins et la poussière qui sort de ses démolitions, ne paraît pas avoir parcouru la terre, comme le représentent les historiens occidentaux, en barbare ivre et sanguinaire, ne cherchant qu'à grandir son nom sur l'asservissement de sa patrie et sur les ruines des royaumes. Tout indique, en étudiant de plus près son caractère, ses actes, ses paroles, ses institutions, qu'il poursuivait un dessein religieux et civilisateur pour les Tartares et pour l'Orient, et qu'il avait rapporté de ses conquêtes autant de sagesse que de gloire à la fin de sa vie. Mahomet fut le révélateur, Timour le conquérant du déisme. Fléau des idoles, apôtre armé, il portait la mort, mais il portait au moins une grande idée devant lui. Le Coran lui avait paru, de tous les livres sacrés de l'Asie, celui qui sapait le plus de superstitions et qui apportait le plus de raison dans la conception et dans le culte du Créateur. Il s'était fait le soldat, mais le soldat indépendant et philosophique du Coran. Il reconnaissait et il admirait dans le christianisme primitif une des sources pures du Coran. Si la vieillesse et la mort ne l'avaient pas arrêté sur la route de la Chine, et s'il avait connu les doctrines spiritualistes de

Confucius, il est probable que Timour aurait fondu lui-même, en une seule religion purement philosophique pour ses empires, les trois cultes auxquels il empruntait leur dogme, leur morale et leur civilisation. Alexandre n'avait pour mobile que l'éblouissement de la postérité, César que l'empire, Gengis que l'espace, Napoléon que la gloire ; Timour, comme Charlemagne, avait de plus la religion ; pour être le Charlemagne des Tartares, il ne lui manqua que le temps. Mais la Providence maudit ces déluges de sang humain, pour quelque cause que ces fléaux de la terre le répandent, et rien ne germe dans ce sang que ces noms stériles qui semblent grandir un seul homme, mais qui rapetissent l'humanité.

Tel apparut et disparut Timour, le frère de race, mais le Caïn des Ottomans. Revenons à eux.

LIVRE NEUVIÈME

I

Au moment où Bajazet s'enfuyait, après d'héroïques exploits, du champ de bataille d'Ancyre ou d'Angora, où avait péri sa fortune, nous avons vu que ses quatre fils, dernière espérance de son sang, fuyaient, comme lui, à travers la nuit, le sabre ou les cachots des Tartares. L'un de ses fils, Mousa, était atteint et ramené au camp de Timour avec son père ; l'aîné, Soliman, franchissait les montagnes de la presqu'île pour atteindre les bords de l'Euxin et pour se réfugier par mer à Andrinople avec le grand vizir, Ali-Pacha, et l'aga des janissaires, Hassan ; le second fils, Mohammed, âgé à peine de quinze ans, couvert de blessures et relevé du champ de bataille par un des plus intrépides généraux de son père, nommé Bayézid-Pacha, était parvenu à se faire jour, le sabre à la main, au milieu des Tartares qui lui fermaient la route, à traverser Tokat encore libre, et à s'enfermer, avec son sauveur, dans la forteresse d'Amasie.

L'héroïsme devançait les années dans cet enfant. Le poëme historique persan du Schah-Nameh se complaît à chanter les exploits de son enfance. Bloqué dans Amasie par un des généraux de Timour, Mohammed, dans une sortie, combattit corps à corps l'émir tartare et le tua d'une flèche de son arc. Les Ottomans de l'Asie Mineure, émus de la bravoure désespérée du fils de leur sultan, et confiants dans l'habileté militaire de Bayézid-Pacha, accoururent en foule à Amasie et lui formèrent une petite armée, qui triompha partout des détachements tartares. Timour, qui ne voulait que châtier et non détruire la race d'Othman, fit inviter le jeune Mohammed à venir avec sécurité dans son camp. Mohammed, d'abord empressé de revoir son père, prisonnier du khan, puis retenu par les conseils de Bayézid-Pacha, qui craignait un piége dans l'invitation de Timour, s'avança, puis s'éloigna en combattant toujours sur sa route. Le siége de Smyrne avait presque affranchi l'intérieur de l'Anatolie des troupes de Timour. Mohammed y occupa tout l'espace abandonné par les Tartares. Le départ du conquérant pour Samarcande et les combats incessants de Mohammed contre les princes turcomans restaurés par les Tartares, lui rendirent une partie des possessions paternelles dans ces contrées. Il régnait de fait à Amasie et à Tokat, il reconquérait Siwas, sans s'inquiéter des droits d'aînesse et des prétentions de ses frères.

II

Cependant son frère aîné Soliman, après avoir franchi le Pont-Euxin avec le grand vizir Ali et l'aga des janissaires Hassan, ces deux dépositaires de l'empire, était parvenu à Constantinople, et y avait conclu en passant une alliance, fréquente alors, avec l'empereur grec. Pour gage réciproque de l'indissolubilité de cette alliance entre l'héritier de Constantin et l'héritier d'Othman, Soliman avait épousé Théodora, nièce de l'empereur, et il avait laissé à la cour de Byzance sa propre sœur, la sultane Fatima, fille de Bajazet. Soliman, après cette alliance, qui lui assurait la sécurité en Europe, était accouru à Andrinople ressaisir le trône, le gouvernement et l'armée.

III

Isa, le troisième fils de Bajazet, échappé aussi aux fers de Timour, s'était réfugié à Brousse, dont les débris fumaient encore, et, secondé par le puissant Timourtasch, relâché après le reflux des Tartares, il tentait de se faire reconnaître pour sultan par l'Anatolie, que lui disputaient Mohammed, Mousa et Soliman. Les généraux et les pachas du sultan captif ou mort s'étaient attachés selon leur penchant ou leur ambition aux différents prétendants au trône. Yacoub-Pacha, qui avait conquis une imposante renommée en disputant la ville d'Angora à Timour, commandait l'armée de Mohammed, Timourtasch celle d'Isa. Le sang ottoman coula pour la première fois dans une guerre intestine au défilé d'Ermeni, défendu par Timourtasch contre Yacoub. Timourtasch, vaincu à Ermeni, se retirait vers le lac d'Ouloubad avec les débris de l'armée de son pupille Isa, quand il périt la nuit dans sa tente, assassiné par son esclave. L'esclave apporta la tête de Timourtasch au jeune Mohammed, dont elle assurait le triomphe sur Isa, son frère. Mohammed envoya cette tête à Andrinople en présent à Soliman, son frère aîné, pour lui montrer qu'il était désormais maître de l'Asie et de Brousse, et pour le décider au partage de l'empire entre eux deux. Soliman jouit de la mort d'un astucieux ennemi de sa cause, et dissimula avec Mohammed.

Mohammed entra sans compétiteur dans Brousse, à la tête d'une armée victorieuse. Isa, vaincu, ala gémir et conspirer à Constantinople, refuge des princes ottomans dépossédés. Mousa, captif du prince de Kermian, à qui Timour, en partant, l'avait laissé en gage, fut rendu à Mohammed avec les restes de Bajazet, encore errants sur la route de la tombe.

IV

Cependant Isa, encouragé par Soliman et assisté par l'empereur grec de Constantinople, repassa en Asie, rallia une armée de dix mille Ottomans, ravagea la province de Mohammed et s'avança jusqu'aux forêts du mont Olympe pour rentrer à Brousse. Vaincu une dernière fois par Mohammed, les princes d'Aïdin, de Tekké, de Mentesché, qui avaient embrassé sa cause, tombèrent dans les fers de Mohammed. Celui de Saroukan, surpris au bain par les vainqueurs, ne demanda, pour toute grâce à Mohammed, que d'être enseveli au tombeau de ses ancêtres, dans la délicieuse vallée de Magnésie, dont le ciel serait encore doux à ses mânes. Cette faveur suprême lui fut accordée. Isa, qui avait dû son salut à la vitesse de son cheval, se retira seul dans les plus hauts rochers du Taurus qui dominent le golfe profond de Satalie : il y vécut parmi les bergers, et y disparut sans avoir laissé ni trace ni mémoire. Les antres des rochers de Satalie le dérobèrent pour jamais, comme les cadavres du champ de bataille d'Angora avaient dérobé à toutes les recherches le corps de son frère Mustafa.

V

Mais le voluptueux Soliman, jusque-là indifférent ou immobile et n'appréciant de l'empire que les mollesses et les plaisirs du sérail d'Andrinople, ne pouvait laisser impunément le plus jeune de ses frères affermir son débris d'empire à Brousse. Secondé par Manuel Paléologue, descendu et remonté au trône de Byzance, il passa la Propontide avec une armée moitié ottomane, moitié albanaise. Il fit fuir devant le nombre et devant le droit Mohammed de Brousse, entra en sultan dans la capitale de l'Asie, et descendit de là sur Smyrne pour y punir Djouneyd, traître envers sa famille, qui s'était formé une principauté indépendante en Ionie sur les ruines de l'empire ottoman. Soit remords, soit faiblesse, Djouneyd, à l'approche de Soliman, déserte pendant la nuit sa propre armée et se présente à l'aurore, seul et la corde au cou, devant la tente du sultan, implorant sa grâce. L'armée, déconcertée par cet abandon, se dissout ; Soliman marche sur ses traces, entre à Éphèse, y étale le luxe d'un empereur et, faisant prendre à Ali-Pacha, son vizir, la route de la vallée du Caïstre, l'envoie combattre son frère Mohammed à Tokat et à Angora. Mohammed évite par d'autres vallées l'armée d'Ali, et s'avance lui-même inopinément contre Brousse, où il assiége Soliman, revenu d'Éphèse pour jouir des délices de sa capitale d'Asie. Soliman était au bain quand on lui annonça que les troupes de son frère étaient sous les murs. Il songeait déjà à fuir en Europe. Une conspiration dans l'armée de Mohammed et la fuite de son échanson inquiètent ce prince et le font rétrograder jusqu'à Iénischyr. Mousa, son second frère, qui avait pris parti pour Mohammed, s'offre d'aller à Andrinople lever l'étendard d'une troisième guerre civile contre Soliman. Mohammed l'encourage ; Mousa part ; il va lever une armée en Servie et en Bulgarie pour combattre son frère. Soliman traverse la Propontide avec l'élite de ses partisans, réclame à Constantinople le secours de l'empereur grec, promis par le traité, campe sous les murs de la ville et attend Mousa. Pendant la bataille entre les deux frères sous les remparts de Constantinople, les Serviens passent au parti de Soliman. Le sultan, fortifié par cette défection, poursuit Mousa et rentre à Andrinople. Mousa, abandonné et fugitif, erre sans suite et sans espoir dans les rochers du mont Hémus, épiant l'occasion d'une vengeance et rassemblant un à un quelques Épirotes pour tenter une seconde fois avec lui la fortune désespérée de l'usurpation.

VI

Soliman, comme la plupart des fils de sa race, n'avait d'énergie que dans le danger. Sa valeur n'était qu'un accès d'héroïsme ; la sécurité le laissait s'affaisser sur lui-même. L'amour, la chasse, les festins, le repos dans ses jardins, au bord des eaux qui rafraîchissent la vallée d'Andrinople, endormaient son activité. L'ivresse du vin, dont les barbares de la Servie lui avaient donné le goût, émoussait jusqu'à son ambition. Son palais retentissait des chants de la débauche ; son harem l'occupait plus que son conseil ; il passait des semaines entières sans sortir de l'appartement des femmes où ses eunuques entassaient, pour ses yeux, les plus belles odalisques de la Mingrélie, de la Perse et de Chio.

Mousa, au contraire, retrempé dans l'adversité, endurci à la fatigue, obstiné à la fortune, rôdait sans cesse avec une bande d'intrépides partisans dans les gorges du mont Hémus. Le mépris même qu'on avait à Andrinople de son impuissance faisait sa force. A un signal donné dans toutes les montagnes, cette bande, changée tout à coup en armée, parut avant l'aurore aux portes d'Andrinople. A peine osait-on troubler par un avis importun le sommeil ou les plaisirs de Soliman. Tous ses vizirs et tous ses officiers se rejetaient de l'un à l'autre le devoir et le danger de l'avertir. Le chef des eunuques, vieillard dévoué, se chargea le premier de communiquer la fatale nouvelle à son maître. Soliman, se soulevant à peine sur le coude, lui répondit, en souriant de dédain, par un vers persan qui conseille *aux buveurs et aux amants de remettre les soucis au jour qui les dissipe, et de laisser la nuit aux songes qui trompent même le malheur.*

Le vieux général grec renégat, Évrénos-Beg,

crut que le sultan aurait plus de foi dans son expérience et dans ses années. « Es-tu retombé « dans l'enfance, lui dit Soliman, de t'imaginer « que le chef d'une poignée de bandits pourrait « détrôner le sultan des Ottomans dans sa capi- « tale ? »

L'aga des janissaires, le fidèle Hassan, celui-là même qui avait sauvé Soliman du champ de bataille d'Angora, crut pouvoir élever avec plus d'autorité la voix pour sauver une seconde fois son maître. Sa franchise parut une offense à Soliman ; il ordonna aux Tschaouschs de lui couper la barbe avec un sabre, injure la plus cruelle qu'on pût faire à un Ottoman. Hassan, indigné et désespéré, monta à cheval en sortant du palais et, se faisant une parure de l'outrage immérité qu'il avait subi, parcourut la ville et les rangs des janissaires en montrant son visage déshonoré, en accusant l'ingratitude et la démence d'un ivrogne, et en le proclamant indigne de commander aux croyants.

À cet aspect, à ce geste, à ces paroles d'Hassan, la ville et l'armée répudient Soliman et ouvrent les portes à Mousa. Soliman, enfin éveillé, n'a que le temps de monter le cheval arabe le plus rapide de ses écuries et de fuir, suivi seulement de trois cavaliers de sa garde, vers les forêts de la route de Constantinople.

Au lever du jour, cinq frères archers du village turc de Dougoundji, qui allaient chasser dans la forêt, ayant aperçu de loin quatre cavaliers montés sur des chevaux de luxe magnifiquement équipés et croyant reconnaître parmi eux le sultan à l'éclat de son caftan et de ses armes, accoururent du haut d'une colline pour le contempler de plus près et pour se prosterner devant leur souverain. Mais, Soliman, encore troublé par le vin et voyant dans cet empressement une menace, banda son arc et tua d'abord le plus âgé des cinq frères, puis, d'une autre flèche, le second. A ces deux meurtres sans provocation, les trois autres frères visent à la fois au cœur du meurtrier ; Soliman tombe mortellement blessé à côté de son cheval. Les archers lui tranchent la tête et la portent au village, laissant son corps aux vautours de la forêt.

Ainsi périt Soliman, victime du seul vice qui eût déshonoré sa vie. Il avait le cœur d'un héros, l'esprit cultivé, mais l'âme sensuelle. Ses peuples, tout en le méprisant, ne pouvaient s'empêcher de l'aimer. C'était l'ivresse qui était coupable en lui, ce n'était pas l'homme. Il avait, dans ses moments lucides, un goût raffiné pour la poésie, pour la littérature, pour les arts; il aimait surtout la poésie persane qui mêle, dans *Hafiz*, une certaine sagesse mystique aux images voluptueuses de Salomon, d'Horace, d'Anacréon. Il comblait de ses dons et de ses familiarités les poëtes turcs qui donnaient à son âme la noble ivresse que le vin donnait à ses sens. Ses favoris étaient Hamza et surtout Ahmed, deux frères qui chantaient et qui écrivaient à la fois l'histoire de leur temps. Il leur permettait avec lui ces familiarités enjouées qui dépouillent le souverain de la majesté pour autoriser avec lui l'égalité des reparties. Il en était de même de Timour, qui, un jour qu'il se baignait, avait dit à Ahmed :

« Combien m'estimes tu, dans ma nudité ? — « Quatre-vingts aspres, répondit le poëte. — C'est « juste le prix de ma robe de bain, reprit Timour « — Aussi est-ce de ta robe que je parle, repar- « tit Ahmed, car, pour toi, tu ne vaux pas un « aspre. »

L'empereur s'estima assez lui-même pour pardonner au poëte cette licence, et même pour lui payer en nouvelles faveurs cette courageuse mais cynique vérité. La *Joie et la Lyre*, autre poëme turc d'un des poëtes de la cour de Soliman, répondit à la littérature licencieuse de ce Sardanapale d'Andrinople, et charme encore les festins et les harems de l'Orient.

VII

Mousa, à peine proclamé sultan, vengea sur les trois frères meurtriers involontaires de Soliman le sang d'Othman. Après avoir reçu de leurs mains sa tête qu'ils lui avaient apportée, il les chargea de fers, les fit reconduire dans leur village, et, ayant fait donner l'ordre à tous les habitants de Dougoundji de rentrer dans leurs maisons, il les brûla vivants sous leurs toits.

« Mon frère devait mourir, dit-il, mais ce « n'était pas par les mains ignobles de ces es- « claves! »

Il ne semblait vivre que pour la vengeance. Pressé de punir la trahison des Serviens qui l'avaient abandonné pendant la bataille livrée sous les murs de Constantinople, il marcha avec soixante mille hommes sur la Servie, ravagea le pays, massacra des milliers de prisonniers, et ayant fait entasser et niveler ces monceaux de cadavres, il les fit couvrir d'une nappe, et donna sur cette table à ses soldats un festin de vengeance où le vin se mêlait, en coulant, avec le sang des Serviens.

Au retour de cette expédition, il assiégea Constantinople. Manuel Paléologue, tremblant pour sa capitale, appela Mohammed, qui régnait à Brousse, pour opposer le frère au frère. Il lui fournit des vaisseaux pour traverser la Propontide et le reçut à Scutari, faubourg asiatique de Constantinople. Ce secours déconcerta Mousa.

Évrénos-Beg, ce vieux général qui avait servi sous quatre règnes et que Mousa retenait dans une subalternité humiliante pour sa vieillesse et pour son rang à sa cour, conseilla secrètement à Mohammed de passer hardiment en Europe et d'aller soulever les Serviens contre Mousa. Mohammed, à qui Évrénos avait préparé les voies, suivit ce conseil. Fortifié par les Serviens et par les vassaux montagnards d'Évrénos, Mohammed redescendit sur Andrinople, par la vallée de Philippopolis.

Mousa, abandonné de la plupart de ses alliés, ne se défendait plus qu'avec sept mille janissaires retenus à sa cause par l'énormité de la solde qu'il puisait dans le trésor et qu'il leur distribuait à pleines coupes. Les deux armées se rencontrèrent inopinément face à face sur les flancs de l'Hémus. L'aga des janissaires, Hassan, qui, après avoir été outragé dans sa barbe par Soliman, avait embrassé le parti de Mohammed, s'avança seul à cheval sur le front de ses anciens compagnons d'armes enrôlés par Mousa, et leur adressant à haute voix des reproches :

« Que tardez-vous, mes enfants, leur cria-t-il,
« de rejoindre votre général, et de servir avec lui
« la cause la plus juste, sous un prince courageux
« et reconnaissant, contre un prince abandonné
« de la fortune qui ne peut que perdre ses défen-
« seurs en se perdant lui-même ! »

VIII

Mousa, qui entendit avec indignation ces provocations d'Hassan à la désertion de ses janissaires, s'élança sur lui, le sabre à la main, suivi d'un groupe de cavaliers. Hassan ayant tourné la tête de son cheval pour s'éloigner, Mousa lui fendit l'épaule jusqu'au cœur d'un coup d'yatagan. Il allait redoubler, quand un cavalier esclave d'Hassan, voulant parer le second coup qui menaçait son maître, coupa lui-même le bras levé du sultan. La main, détachée du bras, tomba à terre en tenant encore le sabre. Le sang de Mousa répandit la terreur parmi son armée qui se dispersa de toute part devant la cavalerie de Mohammed. Mousa, abandonné une dernière fois, fit bander son bras mutilé avec la mousseline d'un turban et s'enfuit au hasard, au galop de son cheval et à la faveur des ténèbres, dans les marais qui bordent la Maritza, espérant se réfugier dans la Bulgarie. Le sang mal étanché trompa ses forces. On trouva le lendemain son cadavre couché dans la fange des marais, à côté de son cheval qui attendait son réveil. Le bruit se répandit dans l'empire que Mousa n'était pas mort de sa blessure, mais qu'il avait été étranglé dans sa fuite par deux de ses généraux qui le suivaient, et qui, las des désastres de cette guerre civile de dix ans, avaient voulu sauver l'empire en sacrifiant un des sultans.

La mémoire de Mousa ne laissa rien que son ambition et ses vicissitudes de fortune. Plus aventurier que souverain, il vécut en conjuré et mourut en soldat.

IX

Mohammed ou Mahomet Ier n'hérita pas de la paix par la mort de son compétiteur. Toute l'Asie, pendant son règne, ne fut remplie que des insurrections des princes turcomans, dont Timour avait rétabli les trônes et encouragé l'indépendance. Il ne régnait qu'à la condition de vaincre

sans cesse. Son enfance, passée dans les camps,
lui avait fait de la guerre un besoin et de la bravoure une habitude. Son extérieur martial répondait à son tempérament belliqueux. Encore à
la fleur de ses années, le front haut, le visage
ovale, les yeux noirs ombragés de sourcils persans,
comme l'arc des Tartares, le teint coloré par un
sang rapide et généreux, la bouche gracieuse, la
poitrine large et proéminente, les épaules robustement attachées, les bras démesurément longs,
comme ceux des races qui manient le sabre, une
physionomie que les historiens représentent comme
participant de la noblesse de l'aigle et de la majesté du lion, une élégance et un luxe de costume
qui relevait cette beauté naturelle, enfin, une disposition tout à la fois magnanime et gracieuse de
caractère qui rappelait la chevalerie arabe et qui
lui faisait donner le nom intraduisible de *Tchélébi*,
dont le synonyme le plus rapproché est, dans les
langues d'Occident, *gentilhomme*; tout appelait sur
Mohammed Tchélébi, ou Mahomet Ier, l'estime, l'amour, l'espérance des Ottomans. Sa gloire précoce
ajoutait un prestige de plus à ses droits. On avait
pu, dans son enfance, l'accuser d'ambition en ne
cédant pas sa part d'empire ou d'héritage à Soliman et à Mousa. Mais on ne doit pas oublier que

l'hérédité de l'empire par droit d'aînesse n'était pas alors la loi du trône en Orient, et que, tant que le père n'avait pas désigné de successeur, l'héritage se partageait ou se déchirait entre tous. D'ailleurs, les vices et les crimes de ses frères justifiaient trop aux yeux des Ottomans les prétentions du seul des fils de Bajazet qui promît un restaurateur à l'empire.

X

A peine Mousa avait-il laissé, par sa mort, l'Europe et l'Asie se renouer en une seule puissance ottomane, sous la main de Mahomet Ier, que le faible empereur de Byzance, forcé, comme on l'a vu, de conclure des traités contradictoires avec les trois compétiteurs au trône de Bajazet, s'était hâté de réclamer le bénéfice de celui qu'il avait conclu avec Mahomet. Le sultan, dont le seul but était de reconstituer l'unité un moment brisée de sa maison et de sa race, rassura, dès le premier jour, l'empereur de Constantinople sur l'esprit de conquête des Turcs, ajourné à d'autres temps, et restitua aux Paléologue toutes les villes et toutes les provinces que Soliman et Mousa et lui-même avaient momentanément détachées de l'empire grec en Thessalie et dans le golfe de Salonique.

« Dites à mon père l'empereur de Constantino-
« ple, répondit-il, avec une cordialité gracieuse et
« filiale, aux envoyés de Manuel Paléologue, que,
« grâce à son assistance, j'ai eu le bonheur de ren-
« trer dans les domaines de mes ancêtres, et qu'en
« reconnaissance de ses vœux pour moi je lui se-
« rai pendant toute ma vie loyal et dévoué comme
« un fils envers celui dont il a reçu le jour. »

Les ambassadeurs de la Hongrie, de la Servie,
de la Bulgarie, des princes chrétiens du Péloponèse, accoururent à Andrinople pour le féliciter
et pour renouer avec lui les anciennes relations
pacifiques interrompues par dix-sept années d'agitation et de vicissitudes de règnes.

« Dites à vos maîtres, » leur répondit à tous le
sultan avec une fierté modeste qui ne rougissait ni
d'accorder, ni d'accepter la réconciliation générale
avec ses voisins, « dites-leur que je donne à tous la
« paix, et que je la reçois avec reconnaissance de
« tous. Que le Dieu de la paix conseille la sagesse
« et la justice à ceux qui seraient tentés de la
« violer! »

XI

Mais pendant que l'heureux Mahomet Ier calmait et reconstituait ainsi la Turquie d'Europe, le prince de Caramanie troublait de nouveau l'Asie. Secondé par les autres princes turcomans et par le traître Djouneyd, prince de Smyrne, infidèle à tous les serments et à tous les pardons, le prince de Caramanie s'avança avec une armée confédérée jusque sous les remparts de Brousse. Il détourna de leur lit les torrents de l'Olympe, qui abreuvaient la ville, et il était près de contraindre les habitants, privés d'eau, à une capitulation, quand, par un hasard de circonstance, qui parut aux Caramaniens un prodige, le cortége qui apportait le corps de Mousa au tombeau de ses pères parut à quelque distance du camp des assiégeants. Une escorte de cavaliers turcs, de l'armée de Mahomet, accompagnait ce cercueil, pour honorer les restes d'un ennemi.

Caraman, à la vue de ce cercueil et de ces armes, sentit ou une terreur, ou un remords qui courait comme un frisson dans toute son armée. Les Turcomans s'enfuirent devant le cercueil du dernier des compétiteurs au trône de Bajazet. Ils comprirent sans doute que Mahomet Ier, désormais sans rival, serait un ennemi trop redoutable pour eux, et qu'il n'était pas temps de rendre l'insulte impardonnable, en ravageant sa capitale.

« Lâche que tu es, s'écria un des alliés de Cara-
« man, entraîné malgré lui dans cette panique, si
« tu fuis ainsi devant un mort, que feras-tu devant
« un ennemi vivant? »

Mais Caraman, dont le père avait été supplicié autrefois par Timourtasch dans les prisons de Bajazet, se contenta de venger par d'odieuses représailles les mânes de son père, en détruisant le sépulcre de Bajazet, dans les jardins extérieurs de Brousse, et en jetant les restes de l'ennemi de sa maison à la profanation du jour et du feu.

XII

A la nouvelle de cette confédération contre lui, Mahomet Ier, empruntant les vaisseaux des Grecs pour traverser la Propontide, marcha, avec son armée aguerrie de vétérans, au secours de Brousse, et à la conquête de l'empire de son père en Asie. Ne trouvant plus d'ennemis à Brousse, il s'avança sur Pergame, ville, autrefois grecque, de l'Anatolie, que Djouneyd avait annexée à sa principauté de Smyrne. Pergame, Kyma, les châteaux de la plaine de Mainoménos, fortifiés à loisir par Djouneyd, tombèrent, après de nombreux assauts, sous les armes de Mahomet et de son général, ami de toutes ses fortunes, Bayézid-Pacha. Un Albanais, de cette race aventurière qui prenait déjà parti dans toutes les guerres, avec ou contre les Turcs, nommé Aoudoulas, défendit jusqu'à la dernière brèche les remparts de Nymphéon, une de ces places fortes de Djouneyd. Bayézid-Pacha apportait une soif de vengeance personnelle dans l'attaque obstinée de Nymphéon, où tombèrent des milliers de ses soldats.

Djouneyd était père d'une fille unique, dont les charmes, la haute naissance et les trésors faisaient rechercher la main par les princes et par les guerriers les plus renommés parmi les Ottomans. Bayézid-Pacha, vizir d'un sultan, et commandant de ses armées, avait cru pouvoir demander pour lui-même sa fille en mariage au prince de Smyrne. Djouneyd, en recevant ce message, assembla son divan dans Pergame. Il fit comparaître devant tous ses courtisans et ses guerriers l'envoyé de Bayézid-Pacha, et, après avoir écouté d'un visage dédaigneux la demande que cet envoyé était chargé de lui adresser, il se tourna vers l'Albanais Aoudoulas, qui assistait au divan.

« Qui es-tu ? dit-il à Aoudoulas, comme s'il ne l'avait pas connu avant ce jour.

— Je suis ton esclave, répondit en s'inclinant Aoudoulas.

— Où es-tu né ? poursuivit Djouneyd.

— En Albanie.

— Eh bien ! reprit Djouneyd en s'adressant aux témoins de cette scène, je déclare libre cet esclave albanais, et c'est à lui que je donne ma fille en mariage. Quant à toi, reprit Djouneyd en apostrophant avec dédain l'envoyé de Bayézid-Pacha, va dire à ton maître ce que tu as vu ; j'ai choisi pour gendre un esclave albanais comme lui, mais plus jeune et plus digne que lui de défendre ou d'attaquer un empire. »

Cette insulte était restée gravée dans le cœur de Bayézid. Après la reddition de Nymphéon, où l'intrépide Aoudoulas n'avait pu trouver la mort sur la brèche, Bayézid-Pacha condamna son rival, devenu son captif, à la dégradation de sa virilité, et à servir dans son harem au rang des eunuques.

XIII

Mahomet Ier assiégea en personne Djouneyd dans Smyrne. Les chevaliers de Saint-Jean de Jérusalem, devenus les chevaliers de Rhodes, l'aidèrent euxmêmes à cerner Smyrne par des forteresses élevées contre ses murailles. Cette guerre n'était plus, comme celle de Timour, une guerre de religion, d'extermination, et de race contre race. Tous les princes chrétiens et toutes les républiques chrétiennes qui possédaient des ports, des châteaux, des provinces dans l'Ionie, dans l'Archipel ou dans la Grèce, se joignirent spontanément au sultan contre le barbare, infidèle à tant de maîtres, qui avait élevé sa domination sur les ruines de Smyrne, et sur les anarchies de l'empire de Bajazet Ier. La ville, qui ne voyait partout sur les flancs de ses montagnes et sur son golfe que des ennemis, trembla derrière ses murailles.

La mère, les femmes, les enfants de Djouneyd, que ce prince avait renfermés dans Smyrne comme dans un asile inexpugnable, sortirent bientôt en suppliants de la ville, et vinrent se prosterner aux pieds de Mahomet, pour implorer sa miséricorde. Le sultan, aussi généreux et aussi chevaleresque que son surnom de Tchélébi l'indiquait au monde, les releva avec bonté, et ne leur demanda d'autre rançon que la capitulation de la ville. Il se contenta, pour toute vengeance et pour toute sécurité, d'abattre les tours et les murs de Smyrne, pour que la troisième ville de l'empire ne devînt jamais l'asile de la révolte ou de la trahison d'un vassal.

Le grand maître des chevaliers de Rhodes ayant demandé une exception pour le château de son ordre reconstruit sur les fondements de celui qui avait été rasé par Timour, et ayant représenté au sultan que la réédification de ce château intéressait le pape, protecteur de son ordre, et tous les chrétiens,

« Je voudrais, lui répondit avec autant de bonté
« que de prévoyance Mahomet, je voudrais, sei-
« gneur grand maître, être le père de tous les
« chrétiens de la terre et pouvoir leur distribuer
« des présents et des honneurs, car il faut que les
« princes récompensent les bons et punissent les
« méchants ; mais il convient aussi de prendre en
« considération le bien-être de ses propres sujets
« et d'avoir égard à ce qu'un grand nombre de
« musulmans m'ont demandé. Quoique Timour ait
« dévasté toute l'Asie, il s'est, m'ont-ils dit, acquis
« un titre à notre reconnaissance en rasant le châ-
« teau de Smyrne, car c'était là que tous nos escla-
« ves fugitifs trouvaient un asile certain ; en outre,
« les hommes libres, qui voyageaient sur terre ou
« sur mer, y étaient conduits comme esclaves, ce
« qui entretenait continuellement la guerre entre

« les chevaliers de l'ordre et les Turcs. Timour,
« l'impie empereur tartare, fut généralement loué
« de cette sage mesure. Veux-tu donc que je sois
« plus impie que ce tyran? Mais, pour te satisfaire,
« tout en cédant au vœu des musulmans, je t'assi-
« gnerai, dans le territoire de Mentesché, un au-
« tre endroit où tu pourras faire construire un
« château. »

Le grand maître lui demanda que l'emplacement de ce château fût sur les terres ottomanes et non sur les terres chrétiennes des petites puissances qui possédaient ces rivages.

« Ce que je te donne est à moi, lui dit Mahomet,
« car le prince de Mentesché n'est que mon vassal. »

La mère, les femmes et les enfants de Djouneyd obtinrent facilement du sultan, par leurs larmes, le pardon du rebelle. Mahomet le reçut, lui restitua sa famille et ses biens et se contenta de l'éloigner du théâtre de ses intrigues en le reléguant en Servie, à la cour de son allié le roi Sisman, fils de Lazare, qui avait embrassé la religion du prophète.

XIV

La chute de Smyrne et de Djouneyd entraîna la soumission de toutes les principautés et de toutes les villes qui séparent l'Ionie de la Caramanie. Koniah, reconquise par lui, vit signer la paix générale de l'Asie Mineure. L'infidélité des Caramaniens troubla de nouveau cette paix à peine conclue. Mahomet, qui revenait à Brousse, tomba malade d'impatience à Angora. On craignit pour sa vie. Le prince, voisin de Kermian, lui envoya le plus accrédité des médecins et des poëtes chez les Turcs, le célèbre Sinan. Il guérissait à la fois l'âme par ses vers et le corps par ses préceptes. C'est lui qui a chanté, sous le nom de Schëiki, ce même poëme des amours de Schirin et de Ferhad, dont les aventures charment depuis plusieurs siècles les Persans.

« Ce qu'il faut au héros Mahomet, dit Sinan « après avoir consulté le pouls du malade, ce ne « sont pas des médicaments, c'est une victoire. Son « mal n'est qu'une mélancolie, cette maladie des « cœurs qui se dévorent eux-mêmes. » Maladie fréquente en effet dans la race méditative des Ottomans.

Le pacha et vizir Bayézid jura qu'il guérirait, à ce prix, son maître; il attira dans une embûche Caraman, enveloppa son armée, et fit prisonnier son fils aîné, Mustafa-Beg.

Le courrier de cette victoire de son vizir guérit

en effet Mahomet. Il traita le fils prisonnier de son ennemi en frère compatissant plutôt qu'en vainqueur irrité. Ce jeune prince, touché de la générosité du sultan, posa la main sur son cœur pardessous son caftan :

« Je jure au nom de mon père, dit-il avec l'ac« cent de la bonne foi, que, tant que cette âme qui
« est là sous ma main habitera ce corps, ni mon
« père, ni moi, nous ne regarderons seulement
« avec envie une des possessions du sultan. »

Ce serment était encore un parjure. A peine Mahomet avait-il comblé Mustafa-Beg des présents en usage chez les Tartares à la ratification des traités, tambours, drapeaux, chevaux de race, animaux rares, et ordonné à ses troupes d'évacuer les villes des Caramaniens, que le jeune prince prit congé de Mahomet pour retourner chez son père. Mais, à la première halte après Angora, Mustafa-Beg, qui avait pris les mœurs des Grecs avec leurs provinces, ayant rencontré les chevaux et les esclaves du sultan, sans défiance dans les pâturages, les enleva et les emmena comme une dépouille à son père.

« La guerre partout et toujours, s'écria-t-il, est
« le seul traité depuis le berceau jusqu'à la tombe
« entre les Caramaniens et les Ottomans. »

Et comme quelques-uns de ses guerriers lui rappelaient le serment qu'il avait fait à Angora et lui reprochaient d'avoir ainsi profané la parole humaine que Dieu appelle en témoin pour ou contre nous :

« Je n'ai point menti, » répondit-il avec une astucieuse dérision du mensonge de l'esprit par la vérité de la lettre. « J'avais caché sous mon caftan
« un pigeon mort et j'avais la main posée sur ses
« flancs, j'ai donc pu dire avec vérité : *Tant que*
« *cette âme animera ce corps, les Caramaniens ne*
« *violeront pas les possessions des Turcs.* »

Mahomet, pour venger tant d'outrages, répandit son armée dans les vallées de la Caramanie jusqu'au golfe de Macri, en face de Rhodes, et jusqu'à Tarsous, l'ancienne Tarse, en face de Chypre. Les princes perfides se réfugièrent dans les rochers escarpés de la Cilicie avec leurs troupeaux; puis, profitant de l'absence du sultan rentré à Brousse, redescendirent sur Koniah, s'emparèrent de la ville, y furent assiégés une troisième fois par les troupes de Mahomet, et y obtinrent une troisième paix aussi généreuse et aussi infidèle que les précédentes.

XV

Mahomet Ier s'occupa, dans son loisir de Brousse, de créer une marine à l'empire pour unir enfin l'Europe à l'Asie par un passage facile de la Propontide et pour défendre ses côtes contre les pirateries incessantes des petits princes chrétiens de l'Archipel, devenus le fléau des mers du Levant. Quarante-deux vaisseaux, construits avec les chênes de l'Hémus et de l'Olympe et commandés par Tschali-Beg, amiral de Mahomet, voguèrent de l'embouchure des Dardanelles vers l'île vénitienne, alors de Négrepont, pour y poursuivre des pirates de l'île d'Andros dont le duc insultait partout les rivages ottomans et emmenait les femmes et les enfants en esclavage.

Au moment où la flotte turque allait atteindre ces pirates, une escadre vénitienne, commandée par Lorédano, généralissime des flottes de la république, apparut à l'horizon de Lesbos. Les Turcs, incertains si cette escadre portait la paix ou la guerre, rentrèrent à toutes voiles dans les Dardanelles et jetèrent l'ancre dans leur port de Gallipoli, pour attendre l'explication de ce nuage de voiles. Ils savaient que les Vénitiens, alliés des ducs d'Andros, protégeaient les vaisseaux de ce vassal et pouvaient considérer comme une insulte faite à eux-mêmes la répression des pirateries de leur allié. Ils savaient de plus que Venise et Gênes se combattaient en ce moment sur ces mers, et que leurs bonnes relations avec les vaisseaux génois pouvaient leur être imputées à crime par les amiraux de Venise.

XVI

L'escadre de Lorédano, montée par deux provéditeurs de Venise, venait, en effet, au bruit des armements des Turcs, ou pour traiter avec eux en maîtres de la mer, ou pour incendier leur première flotte avant qu'elle pût leur disputer les flots du Levant.

Lorédano fit mouiller son escadre en face de Gallipoli, dans la Propontide. Des négociations s'ouvrirent entre les deux amiraux. Pendant ces explications, jusque-là amicales, un vaisseau génois sortit à pleines voiles de la rade de Gallipoli, cherchant à gagner la haute mer pour rejoindre la flotte génoise à Constantinople. Les Vénitiens tirèrent sur le vaisseau génois; les Turcs, croyant que ce canon était pointé contre leur propre flotte, répondirent au feu par le feu. Un combat sanglant s'engagea, comme de nos jours à Navarin, par un malentendu réciproque qui n'était peut-être qu'une extermination préméditée, masquée par une feinte erreur. Les Turcs combattirent en héros, mais en victimes inexpérimentées de l'élément qui les engloutit.

Lorédano, criblé de flèches sur la poupe de son bâtiment amiral, les arracha une à une de ses bras et de ses joues sans cesser de commander les manœuvres. Le vaisseau amiral des Turcs abordé par lui, neuf galères, huit navires emportés d'assaut par les Vénitiens, devinrent le théâtre d'un étroit, mais affreux carnage où les mères, les femmes, les enfants des Turcs, contemplaient du rivage rapproché l'égorgement de leurs fils, de leurs maris, de leurs pères. Un cri d'horreur s'éleva de toute la plage de Gallipoli, où les flots rejetaient les cadavres. Dix mille soldats ottomans en bataille sur les hauteurs de la ville obscurcissaient en vain les airs d'un nuage de flèches. Trente vaisseaux turcs furent pris, coulés ou incendiés en face du port où ils venaient d'être lancés aux flots. Le feu de cet incendie éclaira toute la nuit les rives de la Propontide jusqu'à Brousse.

Le lendemain les Vénitiens, implacables dans

la victoire, firent le triage des prisonniers qui avaient échappé au carnage de la veille. Ils pendirent aux vergues de leurs vaisseaux tous les Génois, Catalans, Siciliens, Français, qu'ils trouvèrent parmi les Turcs. Ils écartelèrent sur le pont du vaisseau amiral un de leurs compatriotes qu'ils soupçonnèrent de connivence avec l'amiral ottoman. Les matelots et les soldats mahométans furent emmenés en esclavage dans les îles et dans les possessions vénitiennes du Levant. Il ne resta pas une galère de Mahomet dans ses mers. Lorédano, promenant impunément son pavillon de Ténédos à Négrepont, de Négrepont à Constantinople, imposa partout le respect de cette république, qui avait été la première alliée des Ottomans sur la terre, mais qui ne souffrait point de rivalité sur les flots.

Mahomet, humilié, fut contraint, par le canon de Lorédano, à conclure un traité avec Venise, qui reconnaissait à ces intrépides navigateurs la suprématie incontestée de la Méditerranée. Ses ambassadeurs, reçus avec pompe par la république, masquèrent mal, sous l'éclat de leur réception, les concessions navales qu'ils venaient faire au doge au nom du sultan.

XVII

L'année 1416 fut employée par Mahomet Ier à des interventions armées au nord de la Turquie dans les querelles des Hongrois, des Serviens, des Polonais, des Valaques, des Croates, et à élever des places fortes sur la rive droite du Danube, barrière contre la Germanie. Il tira une quatrième fois Djouneyd de son exil en Servie pour lui confier le gouvernement de Nicopolis, sans mémoire des nombreuses trahisons dont ce général s'était tant de fois rendu coupable envers l'empire. Les talents de Djouneyd étaient si renommés, qu'ils l'emportaient même sur les vices de son caractère. Djouneyd rappelait, en Orient, ces condottieri italiens de la même époque dont on achetait le bras en méprisant le métier.

Ce fut à la même date que Mahomet Ier bâtit, sur les pentes du Danube, la ville et la forteresse de Giurgewo, qui flanquait encore naguère les positions ottomanes dans leurs manœuvres défensives contre les Russes, et auxquelles Mahomet donna le nom significatif de *Racine de la terre*, comme si la sécurité de l'empire s'était enracinée sous ces bastions. Il releva aussi les anciennes fortifications

romaines de Trajan, vainqueur des Daces, et le
pont que cet empereur avait construit sur le fleuve.
Ses généraux, tantôt vainqueurs, tantôt vaincus,
soutenaient pendant ces travaux des combats partiels, précurseurs de plus grandes luttes, en Bosnie,
contre les Styriens et contre les chevaliers du duc
d'Autriche. Les Hongrois, profitant de cette diver-
sion, sous le commandement de leur palatin Péterfy, livraient d'héroïques combats aux généraux
de Mahomet dans les bannats de leurs frontières.
Dans un de ces combats chevaleresques, où les généraux se défiaient souvent corps à corps entre les
deux armées, Péterfy renversa de son cheval le pacha Ikak, qui commandait les Ottomans, et, lui
mettant le pied sur la gorge, le perça d'un coup de
son épée. Le roi des Hongrois, Sigismond, encouragé par les exploits de Péterfy, que les gentilshommes et les paysans suivaient comme un vengeur
suscité par Dieu pour relever la gloire des Slaves,
leva une armée de vingt mille combattants, franchit le Danube sous Belgrade, refoula les Turcs en
Servie, et reconquit sur eux la plaine et la ville de
Sophia dans une bataille qui ébranla l'empire jusqu'à Andrinople.

XVIII

Mahomet Ier, retenu pendant ces désastres en Asie par les soulèvements partiels des longues guerres civiles encore mal assoupies, y déployait tour à tour la force, la politique et la générosité partie de sa politique. Une insurrection plus dangereuse dans le sein de sa capitale, de ses imans et de ses armées, lui fit oublier un moment les dangers de l'Europe et les agitations de l'Anatolie.

Après la mort de Mousa, le grand juge de l'armée, magistrature qui participait à la fois de la religion, de la jurisprudence et de la guerre, nommé Bédreddin, homme d'une haute renommée de science et de sainteté parmi les Turcs, avait été exilé à Nicée par Mahomet. Bédreddin rêvait dans son exil la vengeance de l'oubli dans lequel on laissait ses talents. C'était un de ces hommes qui troublent tout ce qu'ils ne réussissent pas à dominer. L'intrigue, vice assez rare chez les Ottomans, qui ont l'ambition franche comme le caractère, couvait d'autant plus redoutable qu'elle était moins soupçonnée dans le cœur dissimulé du grand juge. Il cherchait un brandon sur lequel il pût souffler invisiblement pour allumer le feu des séditions. Le hasard le lui offrit.

Il y avait alors à l'extrémité du cap Noir, qui forme un des côtés du golfe de Smyrne en face de Chio, sur les racines du mont Stylarios, un inspiré, qui promenait de village en village ses prétendues révélations religieuses, mêlées de théories sociales, telles qu'elles couvent dans tous les pays et dans tous les temps pour fasciner l'ignorance et pour donner les vertiges de l'espérance aux peuples. Ce visionnaire se nommait Mustafa. Il était fils d'un Turc indigent qui nourrissait quelques troupeaux de chèvres sur les flancs escarpés du cap Noir. L'imagination rêveuse des Turcs, leur religion presque individuelle qui laisse une grande liberté aux interprétations vraies ou chimériques du Coran, les longues guerres civiles qui avaient donné à chacun le droit et l'habitude de se choisir sa faction, les malheurs du temps à peine guéris par la main patiente et douce de Mahomet Ier, tout prédisposait en ce moment les Turcs aux agitations et aux propagations de nouvelles sectes. Celle de Mustafa était populaire comme toute doctrine née de l'indigence et qui promet aux indigents de les venger, par la main de Dieu, de la supériorité inique des heureux du monde et de l'inégalité inévitable des conditions sur la terre. Cette utopie pouvait être une plainte juste, mais n'était pas une doctrine praticable. Elle n'en avait que plus d'empire sur les imaginations : les doctrines applicables ont des limites, les doctrines chimériques n'en ont pas. Tous les gémissements, tous les griefs, toutes les misères, tous les rêves, y trouvent leur place et leur satisfaction. C'est la puissance des utopies.

Celle de Mustafa courut comme une flamme dans les tentes qui couvraient les pâturages de l'Ionie, et gagna bientôt les villages et les villes. Les partisans du nouveau prophète lui donnèrent le nom de père et seigneur de la vérité, *Dedé-Sultan*. Les derviches embrassèrent sa cause, qui était celle de leur propre secte : une abnégation générale de toute propriété, une communion absolue de tous les produits de la nature ou du travail, une expropriation de tous ceux qui possédaient, au profit de ceux qui ne possédaient pas ; les femmes seules, par une exception conforme aux mœurs jalouses de l'Orient, n'étaient pas comprises de nom dans la promiscuité universelle, mais elles y étaient comprises de fait, car, une fois la propriété, qui nourrit la femme et la famille, abolie, la femme et la famille tombaient de nécessité dans le domaine banal de ce communisme oriental. Les juifs et les chrétiens, caressés avec un habile artifice par les communistes du sultan Dedé, vinrent grossir le nombre de ses enthousiastes. On proclama en leur faveur l'égalité et la fraternité des trois cultes. Des anachorètes chrétiens de l'île de Chio, visités pendant la nuit par le prophète turc, qui leur assurait avoir traversé le détroit en marchant sur la mer, crurent ou feignirent de croire au miracle, l'attestèrent dans les îles, et confondirent le communisme monacal des derviches de la Grèce avec le communisme social des derviches turcs. Sultan Dedé affecta hautement l'empire au nom de sa mission divine, répandit son fanatisme dans toutes les montagnes qui s'étendent du golfe de Smyrne aux vallées de Magnésie et à la plaine de Nicée, et réunit autour de son drapeau une armée de dix mille combattants et d'une multitude sans nombre de fanatiques.

XIX

Mahomet Ier, répudié comme sultan par ces insurgés au nom de Dieu, qui, voulant refaire un monde, n'hésitaient pas à renverser un empire, sentit qu'il était temps de dissiper par les armes une secte qui ne cédait rien à la raison. Il fit sortir de Brousse un détachement de six mille janissaires, commandés par le fils du roi des Serviens, Sisman, devenu musulman et un des plus fermes soutiens de l'empire. Sisman, cerné et vaincu par les communistes armés de Dedé-Sultan dans les gorges du mont Stylarios, périt sur le champ de bataille avec tous les siens. Cette victoire des sectaires sur les premiers soldats qu'on leur eût opposés parut un arrêt du ciel en faveur de leur cause, et doubla leur nombre et leur audace.

Le pacha d'Aïdin, Alibeg, chargé par Mahomet Ier de marcher sur eux par les vallées de Tyra et par les bords du golfe de Smyrne, échoua comme Sisman contre l'insurrection croissante de ces montagnes. Après avoir perdu le plus grand nombre de ses soldats à l'assaut du mont Stylarios, il échappa avec peine à la poursuite de Dedé-Sultan et s'abrita avec les débris de son armée dans la vallée de Magnésie, entre Brousse et Smyrne.

L'empire menaçait de s'écrouler tout entier sous une secte. Mahomet, qui ne pouvait découvrir Brousse, ordonna à son fils Mourad, enfant de douze ans, gouverneur d'Amasie, sous la tutelle militaire de Bayézid-Pacha, de rassembler en une seule armée toutes les troupes et toutes les garnisons de l'Asie ottomane, et de marcher sur le noyau des montagnes de Smyrne par le rivage, pendant que lui-même cernerait le pied de ces montagnes par les vallées de l'Olympe. Mourad et Bayézid, entraînant avec eux tous les Ottomans des provinces, qui commençaient à trembler pour les biens plus chers à l'homme que sa propre vie, leurs champs, leurs toits, leurs troupeaux, leurs femmes, leur postérité, s'avancèrent en masse accumulée en route contre les destructeurs de la société civile. Les communistes chrétiens, juifs, grecs, mahométans, combattirent en désespérés et tombèrent en martyrs plus acharnés à leurs illusions qu'attachés à la vie. Presque tous refusèrent la vie qu'on leur offrait en échange de leur abjuration. Mustafa-Dedé, enchaîné et mutilé, fut conduit à Éphèse, pour que son supplice eût la pompe et le témoignage d'une grande ville. On lui offrit une dernière fois le pardon s'il voulait abjurer ses doctrines. Il préféra ses rêves à l'existence. On le crucifia, et on le promena crucifié et sanglant sur un chameau dans les rues d'Éphèse au milieu de ses disciples, à qui on offrait encore le pardon s'ils consentaient à maudire leur prophète : « Non, dirent-ils tous en tendant le cou « aux sabres et en jetant un dernier regard sur « leur chef crucifié; *Père sultan*, reçois nos âmes « dans ton royaume. »

Bien que le sultan Dedé fût mort sous les yeux

de cent mille témoins, à Éphèse, la foi dans son immortalité survécut même à son cadavre. Le bruit se répandit dans les îles et sur le continent qu'il était ressuscité et qu'il vivait caché dans les forêts de pins de l'île de Samos, voisine d'Éphèse.

Le communisme ottoman, obstiné à l'illusion comme tous les communismes qui ne se trompent qu'en plaçant le ciel sur la terre, n'avait pas péri tout entier avec son apôtre. Trois mille derviches, moines mendiants de l'islamisme qui trouvaient la justification de leur mendicité dans ce rêve, le relevèrent un moment dans la vallée de Magnésie, après le départ de Mourad. Mourad revint sur ses pas, et les platanes de la vallée de Magnésie, devenus les instruments d'un vaste supplice, portèrent en peu de jours trois mille cadavres de ces moines pendus à leurs rameaux.

XX

La Turquie d'Europe elle-même participa à cette contagion, dont le miasme survit à tous les siècles sans pouvoir jamais enfanter autre chose que des songes et des excès. Les montagnes des Balkans, entre la Servie et la Thrace, se soulevèrent au nom du même principe plus applicable à des peuples pasteurs, où les pâturages communs semblent déjà une réalisation du communisme. Mais ici les doctrines de Dedé-Sultan, fomentées par l'ambition de l'ancien grand juge de l'armée, Bédreddin, prirent un caractère politique et militaire qui menaça plus profondément l'empire. Les anciens partisans de Soliman, d'Isa et de Mousa, affectèrent de s'y affilier afin de restaurer leurs différents partis en caressant les imaginations des sectaires. Toutes ces factions, habilement flattées par Bédreddin, se fondirent en une grande faction prolétaire au service d'un tribun ambitieux. Bédreddin réunit autour de lui une armée suffisante pour balancer l'armée de son souverain. Vaincu et pris cependant à la bataille de Serès par le jeune Mourad, fils de Mahomet Ier, Bédreddin fut pendu à la suite d'un jugement rendu par les jurisconsultes de l'empire. Son titre de chancelier de la maison d'Othman, sa renommée et ses ouvrages, restes des monuments de la législation ottomane, ne le préservèrent pas du supplice. Le communisme oriental, qui ne parut qu'un délire dans le peuple ignorant de ces forêts, parut un crime irrémissible dans un homme trop éclairé pour être sincère. C'est l'hypocrisie et la sédition que Mahomet punit en lui plus que la doctrine. Le communisme, sophisme de la justice et de l'égalité, rêve de toutes les religions qui commencent par flatter les ignorances et les aspirations des classes opprimées, avait déjà eu des tentatives de réalisation violente ou pacifique en Arabie et en Perse, après Mahomet. Les doctrines du sultan Dedé furent son dernier accès en Orient. Il passa d'Orient en Europe pour y couver et pour y éclater à son tour; en Allemagne, après les guerres religieuses de la réforme, avec les anabaptistes; en Angleterre, après la révolution de Cromwell, avec les niveleurs ; en France, après la révolution de 89 et après la révolution de 1848, avec les socialistes de Babeuf et avec les socialistes radicaux d'autres théories. Partout il succomba sous le cri public et sous le soulèvement unanime d'une société qui préfère avec raison la mort à l'expropriation. La propriété, rendue équitable par l'égalité des conditions auxquelles on en jouit pour la transmettre à la famille, est la loi de la société humaine; la charité en est la vertu ; le communisme en est le délire. Ses accès seront partout dominés et courts comme une maladie de l'esprit humain.

Mahomet affermit son règne en le combattant en Asie et en Europe. Il ne resta d'autre trace de cette doctrine, étouffée dans son berceau, que des associations secrètes telles que celle des *assassins* ou ismaëlites, sorte de franc-maçonnerie sanguinaire qui enivrait ses fanatiques pour leur mettre le poignard à la main, à qui son fondateur, Hassan-Sabbah, trois cents ans auparavant, n'avait donné qu'un précepte destructeur de toute société et de toute morale résumé dans ces deux mots arabes : *Tout faire et tout oser.*

XXI

A peine Mahomet Ier, dont le règne a tant d'analogie avec celui de Louis XIV jeune arrachant son autorité aux factions de la Fronde, venait-il de triompher d'une faction fanatique, qu'une faction dynastique s'éleva dans les montagnes de l'Épire pour lui disputer le trône. Les mystères du Masque de Fer, sous Louis XIV, ne sont pas plus ténébreux que ceux du prétendant vrai ou faux qui sembla sortir du sépulcre pour redemander le sceptre à Mahomet.

On a vu, dans le récit du règne de Bajazet Ier, qu'un des fils du sultan, Mustafa, avait disparu pendant la bataille d'Angora, soit confondu et méconnaissable sous les monceaux de morts, soit esclave de quelque Tartare habile à cacher sa proie, soit fugitif et inconnu parmi les bergers du mont Taurus. Depuis cette disparition, vingt années s'étaient écoulées; Soliman, Mousa, Isa, Mahomet, s'étaient disputé et arraché tour à tour le trône sans que ce frère, évanoui ou mort, fût venu réclamer son droit ou sa part d'héritage. La guerre sociale qui venait de remuer toutes les imaginatons et toutes les factions réveilla sans doute, ou dans un véritable frère du sultan retrouvé, ou dans un ambitieux habilement suscité par d'autres ambitieux, l'idée de s'emparer du trône dont tant de sultans, tour à tour possesseurs et dépossédés, avaient rendu l'accès possible aux espérances et même aux chimères.

Tout à coup le bruit se répandit dans tout l'empire que le véritable héritier de Bajazet, le brave et malheureux Mustafa, était sorti miraculeusement de sa longue obscurité, avait été reconnu par les vieux serviteurs de son père, et principalement par le fameux Djouneyd, autrefois prince de Smyrne, maintenant gouverneur de Nicopolis et des bords du Danube, et que ce prétendant légitime réclamait l'empire contre un féroce usurpateur de ses droits. L'esprit intrigant et agitateur de Djouneyd, tant de fois traître aux sultans, qui lui avaient pardonné, comme pour lui laisser l'espérance de trahir encore d'autres bienfaiteurs, rendait le témoignage de Djouneyd suspect. Mais d'autres vieillards et d'autres pachas familiers de la cour de Bajazet Ier confirmaient cette assertion et reconnaissaient formellement, dans Mustafa, le fils déshérité de leur ancien maître. Les fils de Timourtasch et d'Évrénos, ces deux généraux et vizirs de Bajazet, attestaient également que Mustafa, avec qui ils avaient été élevés à la cour d'Ildérim, était bien le compagnon de leur enfance et l'émule de leurs exploits à la bataille d'Angora. Les princes grecs de Constantinople, qui avaient vu Bajazet et ses cinq fils à Byzance et à Brousse pendant les négociations si fréquentes entre les Paléologue et Ildérim, n'élevaient aucun doute sur l'identité du prince ottoman qui en appelait à leur souvenir; enfin, le prince des Valaques, Myrtsché, entraîné par son voisin Djouneyd dans cette cause, recueillait Mustafa dans ses États, et levait, de concert avec Djouneyd, une armée de confédérés pour rétablir le sultan légitime à Andrinople.

Mustafa et ses témoins racontaient que, laissé parmi les morts sur le champ de bataille pendant la nuit qui suivit la bataille d'Angora, il en avait été relevé par une horde de Tartares cherchant les dépouilles sur les cadavres; que, dépouillé par eux de ses armes et de ses habits de prince, et confondu dans une nudité complète avec d'autres blessés, prisonniers comme lui, ces Tartares n'avaient plus su au retour du jour lequel de leur captif était le prince ou le soldat; qu'on l'avait séparé bientôt de ses compagnons de captivité, et relégué sur les derrières de l'armée de Timour, parmi la multitude sans nom des esclaves; qu'il avait été vendu et revendu d'une tente à l'autre, et employé à la garde des chameaux; que la tribu à laquelle il appartenait, n'entendant pas sa langue, n'avait rien compris à ses signes et à ses réclamations pour faire reconnaître en lui un fils de sultan; qu'on l'avait emmené au retour de Timour à Samarcande, jusqu'au fond de la Tartarie; qu'il y avait langui dans la servitude pendant de longues années, sans espoir de revoir jamais sa patrie; qu'enfin il avait été acheté par un marchand de Bokhara et conduit à Bagdad; que là des Persans qui parlaient sa langue l'avaient écouté et amené à Constantinople, où les Paléologue avaient vérifié sa naissance; qu'on l'avait envoyé de là à Djouneyd, à Évrénos, à Timourtasch, comme les hommes de l'empire les plus propres à constater et à prendre en main sa cause, et que ces fidèles serviteurs de son père, ainsi que

Myrtsché et les princes de Servie, de Bulgarie, d'Épire, frappés de l'évidence de ses titres, n'avaient pas pu hésiter à proclamer en lui le véritable héritier d'Ildérim, le légitime empereur des Ottomans.

Cette fable ou cette vérité, et tout semble indiquer que ce n'était pas une fable, avait rallié en peu de mois autour de Mustafa et de ses protecteurs, Djouneyd et Myrtsché, une armée d'Ottomans convaincus, et tous les restes de ces bandes éparses de Bédreddin et du sultan Dedé, que les guerres civiles mal éteintes laissent toujours à la merci des nouvelles factions. Cette armée, grossie en Bulgarie, en Épire, en Grèce, descendait au nombre de quarante mille hommes vers le golfe de Salonique, pour faire de Salonique la capitale provisoire du nouveau sultan, pour s'étendre de là dans la Thrace, s'allier avec les Paléologue de Constantinople, leur emprunter des vaisseaux de transport pour passer en Asie, et soulever ainsi les deux continents contre Mahomet, enfermé dans Brousse.

L'énergie et la rapidité de Mahomet Ier trompèrent ce calcul de Djouneyd, devenu le vizir de Mustafa. Soit que Mahomet reconnût ou ne reconnût pas son frère dans le prétendant si miraculeusement envoyé du sépulcre contre lui, il n'hésita pas à n'y montrer à ses peuples qu'un simulacre d'empereur, suscité, grâce à une ressemblance de visage, par la perfidie infatigable de Djouneyd. Soixante mille hommes de l'armée que son fils Mourad venait d'aguerrir contre les révoltés de Smyrne et du Balkan passèrent avec lui de Brousse à Gallipoli, et dispersèrent comme une poussière sans consistance l'armée de Djouneyd et de Mustafa dans la plaine de Salonique. Le prétendant et son vizir Djouneyd ne retrouvèrent pas devant Mahomet le courage dont ils avaient illustré leur jeunesse, l'un à Angora, l'autre à Smyrne. Voyant d'avance leur supplice dans leur défaite, ils se tinrent l'un et l'autre hors de la portée des traits pendant la bataille, montés sur des chevaux rapides, et prêts à fuir la mort plus qu'à saisir la couronne dans la victoire.

Au premier signe de déroute dans leur armée, ils galopèrent vers les ports de Salonique, où Démétrius Lascaris gouvernait pour l'empereur de Byzance et leur donna asile. Mahomet Ier réclama en vain de l'empereur grec ces deux ennemis. « Les « hôtes sont sacrés, répondit Démétrius; je ne des« honorerai pas l'empereur, mon maître, en vous « les livrant. » Après une longue négociation, Mahomet obtint seulement de Paléologue que Mustafa et Djouneyd, enfermés dans le couvent de la Vierge-Marie, sur le rocher de l'île de Lemnos, y fussent retenus captifs jusqu'à leur mort sous la garde des empereurs grecs, qui reçurent pour ce service un tribut annuel du sultan.

XXII

Kasim-Sultan, dernier fils de Bajazet Ier, laissé en otage, comme on l'a raconté, à l'empereur de Constantinople, par Soliman, au moment où il s'enfuyait d'Angora en Europe, était avec sa sœur Fatima les seuls enfants qui survécussent de la nombreuse famille d'Ildérim. Kasim avait été refusé à l'arrêt atroce, devenue loi de l'empire sous Bajazet Ier, qui condamnait à mort tous les frères du sultan, pour assurer le repos de l'empire. Mahomet-Tchélébi avait répudié à son avénement au trône cette législation barbare. Le divan de Brousse avait néanmoins condamné Kasim à perdre la vue. Mahomet adoucit, autant qu'il peut être adouci, un tel malheur, et donnait à son frère, dans le palais de Brousse, toutes les jouissances de la vie. Sa sœur Fatima, mariée par lui à un émir de Bithynie, vivait également dans le palais, objet de la tendresse et des complaisances de Mahomet. Son cœur généreux se consolait dans l'entretien habituel de cette sœur et de ce frère des désastres de la famille d'Othman, décimée par tant de dissensions et tant de désastres. Toutes ses pensées se tournèrent vers la paix, vers la justice et vers la guérison des plaies de l'empire. La concorde la plus intime régnait entre lui et la cour de Byzance, sur laquelle il n'empiéta, comme il l'avait juré à Manuel, ni un village, ni un esquif de la Propontide.

Les deux empereurs s'invitaient mutuellement à leurs fêtes, sur les rives d'Europe et d'Asie. Mahomet entra même seul avec une confiante sécurité dans Constantinople, malgré les embûches que lui faisaient redouter ses vizirs.

Une galère magnifiquement décorée, et portant sous un même dais deux trônes, promena lentement les deux empereurs dans le Bosphore, aux yeux et aux applaudissements des deux peuples réconciliés par leur sagesse. Manuel, passant à son tour le détroit, alla se reposer sous les tentes impériales, élevées pour Mahomet sur le rivage d'Asie. Le vieux et le jeune empereur, enfermés dans la même tente, s'entretinrent longtemps des moyens d'assurer la félicité passagère de leurs sujets, en maintenant les limites existantes entre les deux races. Les mœurs tendaient à se rapprocher, comme les cœurs. Les cultes mêmes se respectaient sans se confondre. La loyauté de Mahomet conquérait l'estime des chrétiens; la tolérance de Manuel conquérait l'amitié des Ottomans. Manuel, pour abréger le voyage de Mahomet à Andrinople, lui donna passage, escorte et honneurs à travers ses États.

XXIII

En se rendant à Andrinople, Mahomet Ier, atteint d'une dyssenterie incurable, sentit qu'il allait quitter l'empire et la vie. Il dissimula quelques jours l'anéantissement de ses forces pour enlever le temps des intrigues aux factions qui pouvaient renaître sur son cercueil si son fils n'était pas là pour les devancer; mais, le troisième jour après son entrée à Andrinople, pendant qu'il se rendait à la mosquée, un évanouissement le précipita de son cheval. Revenu à lui, il recommanda à son vizir Ibrahim et à Bayézid-Pacha, son général, de cacher sa mort jusqu'au moment où son fils Mourad, alors à Amasie, serait arrivé, pour qu'il n'y eût point d'intervalle d'un maître de l'empire à l'autre. Tranquille sur la foi d'Ibrahim, fils du célèbre vizir Ali, et sur la fidélité de Bayézid, tuteur de sa tombe comme il l'avait été de son berceau, Mahomet fit répandre dans Andrinople le bruit de son prochain rétablissement et s'éteignit insensiblement dans la prière et dans l'entretien de ses amis, de ses sages et de ses poëtes qui lui présageaient l'immortalité.

XXIV

Son dernier soupir ne causa aucune rumeur ni aucun changement d'habitude dans le palais. Le grand vizir Ibrahim et le généralissime Bayézid se concertèrent avec les eunuques pour dérober l'interrègne au peuple et à l'armée. Soigneux de préparer à Mourad une armée toute prête et toute concentrée dans la capitale pour intimider tous les prétendants ou toutes les factions, ils promulguent, au nom de Mahomet Ier déjà mort, un ordre impérial qui convoquait à Andrinople toutes les troupes éparses en Europe, pour marcher de là, avec le sultan, en Asie, où ils supposent des agitations, pour motiver ce rassemblement et cette campagne. Les troupes obéirent sans soupçon de la vérité. Les janissaires seuls, inquiets de ne pas voir leur maître comme ils en avaient l'habitude tous les vendredis, aller à la mosquée, murmurèrent, prononcèrent le mot de révolte et refusèrent de se préparer au départ s'ils ne voyaient de leurs

propres yeux leur sultan. Cette exigence séditieuse
pouvait confondre toute la sagesse du plan d'Ibrahim et de Bayézid. Le médecin du palais, Kourt-
Ouzoun, complice de leur mystère, embauma le
cadavre, composa les traits, colora les joues, coiffa
le front, vêtit le corps du manteau impérial et,
asseyant le corps de Mahomet derrière une fenêtre
fermée du kiosk, sous prétexte de la rigueur de
l'air qui pouvait nuire à la convalescence, il déroba, sous les plis du manteau, deux eunuques
qui feraient mouvoir au besoin les bras de l'empereur. Les janissaires, défilant dans les jardins
devant cet automate animé des couleurs et des
mouvements de la vie, saluèrent de leurs cris de
joie l'image de leur maître. Tout soupçon tomba
dans la ville, et les ordres d'Ibrahim s'exécutèrent
à loisir dans toute la Turquie d'Europe. Pendant
quarante et un jours ce subterfuge de Mahomet et
de ses ministres trompa Andrinople et laissa gouverner l'empire par une ombre.

Pendant ce temps, Elvan-Beg, premier échanson de Mahomet Ier et confident d'Ibrahim et de
Bayézid, envoyé par eux en courrier à Amasie, révélait le mystère au jeune Mourad. Mourad, s'échappant sans bruit de son palais d'Amasie,
traversait à cheval toute la péninsule de l'Asie

Mineure avec Elvan-Beg, et, entrant inopinément dans Brousse, y saisissait l'empire en attendant l'arrivée du grand vizir, de Bayézid et de l'armée d'Europe qui accourait à lui sous le faux prétexte de réprimer les troubles de l'Asie.

XXV

Telle fut la mort de Mahomet Ier à peine au milieu de sa carrière. Mais il l'avait commencée si enfant que l'histoire peut la trouver longue et pleine. Les Ottomans, dans leur langage biblique, l'ont proclamé le Noé de leur race qui sauva leur empire naufragé du déluge de sang des guerres civiles. Jeune, on ne put lui reprocher qu'une ambition qui fut vraisemblablement celle de ses tuteurs Ibrahim et Bayézid-Pacha plus que la sienne. Dans sa longue lutte contre des frères vicieux et contre des factions subversives, il fut héroïque. Après la victoire et la pacification on ne put lui reprocher que le plus généreux des excès ; l'excès de clémence qui, ne se lassant jamais de pardonner à des traîtres, encouragea quelquefois la trahison. Mais tout homme qui succède aux longues proscriptions civiles, qu'il s'appelle César, Henri IV ou Mahomet Ier, doit beaucoup pardonner s'il ne veut pas trop punir et perpétuer le ressentiment par les supplices. Le calme de l'empire après lui donna raison à la clémence de Mahomet contre la sévérité de ses accusateurs. Il fit aimer l'empire que ses prédécesseurs avaient fait craindre ; il ne visa pas à conquérir, mais à pacifier : c'est la conquête des véritables hommes d'État.

XXV

Il mérita d'avoir de grands ministres par sa constance à les soutenir, et des amis véritables par sa fidélité en amitié. Il eut, comme Louis XIV, l'instinct des monuments, cette postérité en relief que les hommes de gloire aiment à laisser sur la terre après eux comme une perpétuité de leur nom. Il consacra à son Dieu et à son peuple, et non à son propre orgueil, les monuments qu'il éleva dans ses deux capitales. La grande mosquée d'Andrinople dont chaque façade a deux cents pieds de longueur, dont neuf coupoles, soutenues par des colonnes aériennes, portent les dômes comme autant de ciels sur la tête des croyants, et que deux minarets semblables à des obélisques à jour flanquent comme deux bornes à ses portes, entre le recueillement du sanctuaire et les bruits du monde, atteste son opulence, son goût et le génie de ses architectes. La mosquée de Brousse, commencée par son aïeul, continuée par son père, achevée par lui, au milieu de laquelle les sources murmurantes du mont Olympe coulent, pour rafraîchir les fidèles, dans un bassin de marbre, comme une bénédiction des eaux du créateur des éléments, porte aussi aux siècles le souvenir de sa piété. La chaire où les imans lisent le Coran au peuple, sculptée extérieurement par le ciseau arabe, ressemble à une corbeille de fleurs, de fruits, de coquillages, des bords de laquelle s'échappent tous les dons de la nature végétale. Une colonne d'eau jaillissant en gerbe écumante de la galerie supérieure de l'édifice, fait scintiller à travers sa poussière liquide un perpétuel arc en ciel aux rayons du soleil.

Mahomet Ier employa une somme de cinquante mille ducats d'or, trois années de travail de ses sculpteurs, à la construction d'une autre mosquée à Brousse, nommée la *Mosquée verte et salutaire*. Cette mosquée, sans péristyle, portée comme un cube de mosaïque sur une base de marbre blanc, est revêtue par compartiments de tous les marbres de couleur arrachés aux carrières de l'Asie et de l'Archipel. La porte en marbre sanguin est ciselée de maximes du Coran en relief, dont chaque lettre compose une fleur d'a-

rabesque. Le dôme en porcelaine transparente de Perse laisse, comme dans le palais de Timour à Samarcande, filtrer la lumière du ciel à travers son azur. « Les coupoles et les minarets, » dit le savant historien de Hammer, qui fait revivre toutes les traditions locales des villes si longtemps habitées par lui, « étaient revêtus, récemment en-
« core, de porcelaine verte d'Ispahan qui les faisait
« briller au soleil de l'éclat des émeraudes, d'où fut
« donné par le peuple, à ce chef-d'œuvre de l'art
« ottoman, le surnom de la *Mosquée verte*. » C'est là que Mahomet avait marqué la place de son tombeau entre une maison de prière, une maison d'école et une maison de distribution perpétuelle d'aliments aux pauvres.

XXVI

Son règne, quoique agité par tant de guerre et interrompu par tant de révoltes, ne laissa pas moins une mémoire littéraire dans les annales de l'esprit humain. Les Turcs, déjà rivaux des Persans, des Arabes, des Égyptiens, semblaient avoir contracté dès cette époque, dans leur commerce avec les Grecs lettrés et raffinés de Byzance, une émulation de poésie, de science, de théologie, de jurisprudence, de médecine et d'histoire qui est le luxe du loisir des peuples qui cessent de conquérir pour civiliser.

Le plus justement célèbre des Ottomans illustres de la cour de Mahomet Ier fut Bayézid-Pacha, son sauveur, son général, son vizir et surtout son ami. Jamais Mahomet n'oublia que Bayézid l'avait relevé du champ de bataille à Angora et, déguisé en derviche mendiant dans les montagnes du Tokat, l'avait porté sur ses épaules lorsque les pieds saignants de l'enfant ne lui permettaient plus de fuir les cavaliers de Timour.

Le sultan se plaisait à entendre les poëtes épiques ou élégiaques de son temps lui réciter les prémices de leurs poésies. Son médecin, Scheiki, était en même temps son poëte favori. Le Caramanien Djémali, auteur d'un poëme intitulé le *Soleil et la Gaieté*, lui enseignait à lire et à apprécier tous les ouvrages d'esprit de son temps en turc, en persan, en arabe, en grec, langues qu'il possédait également et qui enrichissaient rapidement le dialecte primitif et borné des Turcs. La renommée de son amour des lettres et de sa munificence pour les lettrés attirait et retenait autour de lui, à Brousse, l'élite des hommes éminents de tout l'Orient. Au lieu de ravager, comme ses prédécesseurs, les territoires, les villes et les trésors de Byzance, il leur empruntait les arts de la paix et ne les dépouillait que de leur génie.

Le règne trop court de Mahomet Ier, le Généreux, fut une halte des Ottomans en Asie et en Europe pendant laquelle il laissa contracter à son peuple le loisir, l'ordre, la discipline, le goût de l'agriculture, le sentiment civil, le respect des limites, la sainteté des traités, les principes de la navigation, les habitudes du commerce, l'estime des supériorités de l'intelligence, la tolérance pour les cultes, la fréquentation cordiale avec les chrétiens, les négociations avec les puissances européennes et, enfin, tous les bienfaits de la paix dont les Turcs avaient besoin pour étancher les plaies de dix années de dissensions civiles et pour accroître leur population décimée par trois règnes de guerre. Quelques empereurs firent plus pour la gloire des Ottomans, aucun ne fit plus pour le salut et la consolidation de l'empire, et, pour dernier bienfait de Mahomet à sa nation, il lui laissait avec son fils Mourad un sage et un grand homme dans un enfant.

XXVII

Mahomet Ier, mourant avec une religieuse sérénité, avait semblé entrevoir lui-même l'éclat que le règne de son fils allait répandre sur le nom d'Othman. Au moment où Ibrahim et Bayézid expédiaient à Mourad un courrier pour lui annoncer la maladie de son père, le sultan s'était fait apporter la lettre, et il avait écrit de sa main mourante ces deux vers persans après sa signature :

« Notre nuit approche, mais elle sera suivie d'un jour plus brillant.

« La fleur passagère de notre vie se fane, mais elle refleurira dans une autre vie. »

FIN DU TOME DEUXIÈME.

PARIS. — IMP. SIMON RAÇON ET COMP., RUE D'ERFURTH, 1.

www.ingramcontent.com/pod-product-compliance
Lightning Source LLC
Chambersburg PA
CBHW050912230426
43666CB00010B/2131